中国新发现语言研究丛书

【末昂语研究】

周德才／著

民族出版社

中国社会科学院重大课题

《中国新发现语言研究丛书》
编审委员会

序

中国是一个统一的多民族、多语言的社会主义国家。中国共产党和中国政府坚持民族平等和语言平等政策，历来重视少数民族语言的调查研究，为此从20世纪50年代开始，国家就组织了大批人力、物力和财力，对少数民族语言进行广泛和深入的调查研究，取得了很大的成绩，发现了不少新的语言。五六十年代的语言调查成果，曾作为国家“六五”重点项目写成《中国少数民族语言简志》丛书，列入国家民委民族问题五种丛书之一，于1980—1987年正式出版。

20世纪80年代以来，中国改革开放政策的实施和实事求是思想路线的贯彻，促进了民族语文事业新的繁荣和发展，也为民族语文研究工作者开拓了思路，提供了机遇。在此期间，民族语文研究工作者深入边疆、山区、海岛，又陆续发现了一批鲜为人知的语言。这些语言使用人口不多，往往不为人们注意，但它们都具有较高的科学研究价值，尤其是一些使用人口越来越少的语言，亟需抓紧时间调查，以保存这些可贵的语言材料。为此，我们从1992年开始在中国社会科学院和国家社会科学规划机构的支持下，对这些语言逐个进行系统、深入、全面的调查，已经取得了一批研究成果，并决定以《中国新发现语言研究丛书》的形式陆续出版。

我们认为，新发现语言的系统调查、深入研究与及时刊布，对于进一步了解国情；对于发展语言科学，推动民族语文研究的进一步发展；对于丰富祖国的文化宝库，繁荣各民族文化；对于深入研究各民族的关系，进一步做好民族工作，促进和发展社会主义民族大家庭的团结和进步，都是大有裨益的。

在编辑出版本丛书的过程中，我们得到了全国哲学社会科学规划办公室、中国社会科学院科研局、中国社会科学院民族学与人类学研究所、上海远东出版社、中央民族大学出版社、民族出版社和世界少数民族语文研究院东亚部的支持和帮助，在此谨向他们表示衷心的感谢！

《中国新发现语言研究丛书》
编审委员会
1996年1月

目 录

第一章 绪论

第一节 末昂人概述

末昂人是彝族的一个支系。富宁县的彝族世居久远，亦属古老世居民族之一，仅次于壮族。富宁的彝族共分六个支系，即黑彝、白彝、花彝、白花彝、高裤脚彝和汉彝。

末昂人自称 muɯaŋ ^{51}，由于服装裤形宽，裤长及膝，他称高裤脚彝[①]，主要居住在富宁县板仑乡的龙洋、龙迈、木腊、公金渭、克拉和里达镇的里拱等 12 个村寨，713 户，人口 4079 人[②]。另外，广西壮族自治区与富宁县接壤的者长、达那、念必以及邻国越南等地都还有末昂人居住，人口 2500 多人[③]。1956 年武自立

---

① 末昂人他称高裤脚彝，是与末昂人的服装特征有关。末昂人男女服装基本一致，头包黑白方格花巾，黑布帕外缠，均喜欢穿宽裆黑色短裤长至膝盖，男女喜欢绑腿，传说古时打仗为方便驰行而剪短裤脚，上衣白色对襟往右开。妇女上衣的袖口、衣襟两边绣有黑色图案，与男子区别。

② 2003 年的统计数字，由富宁县民宗局提供。

③ 该数字由富宁县民宗局提供。

调查了富宁末昂语，末昂居民522户2088人[①]。

末昂人主要聚居于富宁的西南部板仑乡，但里达乡也有少量聚居。都是大分散小聚居的分布状况，也有少数户与当地的壮、汉、瑶、苗等族杂居。如龙迈、木腊是彝（高裤脚彝）、壮、汉杂居的大寨子；牛场村的木甘寨就是彝（高裤脚彝）、壮同村；木兄坪村的直伦、上下木羊是彝（高裤脚彝）、苗杂居的寨子；小睦伦是汉、彝（高裤脚彝）、瑶杂居的寨子等。由于长期与这些民族相处，受这些民族特别是受壮族文化影响较深，许多习俗与壮族相同或接近。一是以树为图腾崇拜，每个村寨都种植和保护竹篷和大树，很多农户周围均种金竹。长辈去世以木片为牌位留于家中，待每年举行“跳宫节”时，各户将牌位移来舞场，再由毕摩统一送往宫亭继往祖山安置，称为集体送祖。二是彝族村边所建的宫亭与壮族村边所建的老人亭景观相同，亭周围培植大树（多为榕树）亦同，只是壮族是春节和二月初二集体祭祀老人亭，而彝族是二至六月间各村举行“跳宫节”时集体祭祀宫亭。三是彝族的住房多为“人楼居梯而上”的干栏式结构，与壮族的住房景观一致。四是相传古时与壮族争居水头（坝区），至今遇红白喜事皆以糯食为礼的习俗也与壮族无异。五是传说古代曾与壮族为两兄弟，现在壮族袭居彝族故地之处，每年均祭祀彝族残余的鬼神，有的称祭龙。壮族是古越人的分支，这说明了富宁的彝族与百越族群有密切的联系[②]。即使本身不是越人，也吸收和保留了越人的文化或特征。

---

① 武自立：《云南富宁末昂话初探》，载《民族语文》，1993（2）。

② 《富宁县民族志》，368页，昆明，云南民族出版社，1998。

第二节　历史与迁徙

末昂人口仅 1 万多人。据口传历史，他们的祖先是古代的氐羌部落，在由北向南迁徙的过程中，曾在滇池一带有过短暂停留，后因纷争四起，战乱频繁，为了生存和繁衍，不断向南迁移，最后定居于现在的居住地。

彝族是客居富宁县较早的民族，亦属古老世居民族之一，仅次于壮族。楚国庄蹻入滇，其部众是否流入富宁，查无此证，待考。据史料记载，最早进入富宁县是公元前 86 年（西汉昭帝始元元年），居住洱海东北的廉头、姑缯部落及谈指（今贵州兴义、贞丰）、同并（今弥勒）等地的 24 个小部落，由于不愿接受汉朝官吏的强制剥削（即羁縻政策），先后起而反抗，战争一直延续 4 年之久。最后被西汉王朝从内地派遣军队利用句町贵族的武装所镇压，当时有部分彝族先民为了逃避战乱而流入广南、富宁边疆内居住。第二次是在三国时期，即公元 225 年，诸葛亮南征，征讨雍闿、孟获的叛乱，平定叛乱后，“移南中劲卒青羌万余家于蜀”，以扩充蜀汉的军事实力，而叟和昆明族则因反抗失败而被排斥压制。富宁的彝族即是在此时被迫南迁的叟人和昆明人，与羌人有一定区别。第三次是唐朝南诏统治时期，乌蛮中最大的贵族蒙舍诏首领皮罗阁，在唐王扶持下，兼并五诏，统一了滇西洱海地区乌蛮、白蛮各部落后，建立了南诏政权，称为南诏国，被朝廷封之为云南王。此后皮罗阁的子孙便世袭了南诏国王。为了扩大统治范围，东征西讨，兼并了东方滇池下下爨区后，又与唐王朝抗争。此时今红河以南及文山绝大部分地区（包括富宁）属唐朝控制的安南都护府地。自公元 816 年始至 874 年间，南诏多次进攻邕州及安南都护府，文山及邕管桂西一带受到波及，战乱先后持续一百多年。致使有的彝族士兵和难民南迁，流入富宁落居。壮族称彝族为“布孟”、“布蒙”或“孟人”、“蒙人”。此与孟获和蒙氏家族有极大关系。

彝族迁入富宁之初即由西向东扩展，与壮族杂居，社会较为稳定，人口相当发达。到了宋元时期，全县各地均有聚落。在今木央、田蓬、里达、睦伦地区形成蒙彭、蒙尤、蒙信三个部落，各有区域。蒙彭即高裤脚白彝部落，简称高白彝；蒙尤即花彝部落；蒙信即黑彝部落。他们积极开垦农田，发展经济。到了明初沈大忠替袭富州土知州后，实行分封，派出子弟强占民田，大肆搜捕倮倮，迫使彝族向高山迁移。明末，土司下属的普厅哨官李天保反土司，彝族共举义旗，失败后，土官沈明通再次赶杀彝族，从此东部的彝族全部迁至普厅以西地区，并将西部划归广南土同知管辖。约在清初，西部彝族各支系因号地而出现纷争，甚至械斗，致使高白彝全部从木央、田蓬一带向东迁入木腊、龙洋地区，从此各有戒心，严分区域。

第三节　风俗习惯

一、跳宫节

彝族是一个人口众多，支系众多的民族。有句彝族谚语说：天上星星多，彝族支系多。历时 3 天的跳宫节反映的是末昂人历史上一场保卫家园的圣战。狂欢的舞蹈和激烈的铜鼓声中，参加者仿佛回到了厮杀震天的古战场。

末昂人有着独特的节日体系，一年一度的跳宫节是末昂人最盛大的节日。跳宫节一般为3天，每年农历四月初三从广西最东边的末昂寨子开始举行，然后自西向东，一个寨子接一个寨子，轮到云南省文山壮族苗族自治州富宁县的龙洋寨时正值农历四月初八，所以，龙洋的跳宫节又叫“四月八大节”。

跳宫节又称“跳公（弓）节”、“打宫（公、弓）节”等。关于节日的来历，当地民间有许多说法，一说是欢庆丰收、祈年求丰；一说是为了纪念末昂人迁徙史上一场保卫家园、奠定和平的圣战，重新演绎当年金竹救祖，大败敌军的场面。

跳宫节的第一项内容祭祀神山，从四月初七拉开帷幕。末昂人信仰万物有灵的原始宗教，每逢各类节日开始，都要举行祭祀山神、寨神、树神的活动，他们把这些仪式视为隆重的序曲，村寨中的核心人物都要在活动中纷纷登场。

祭祀山神实际上就是为村寨祈福，所以跳宫节中所有的核心人物——宫头、八大将军、摩公、寨老都到齐了。宫头是整个跳宫活动的统帅，一般由两人当任，一正一副，由摩公于每年的正月初三卜卦选出，一年一换。当过宫头的男子，此生不能再做。宫头之下有八大将军，由宫头选派。八大将军中又分为两个等级，一个头脑灵活、办事果断、有丰富经验的叫郎头，郎头实行世袭制，不参加作战，只负责指挥其余的七大将军。摩公相当于整个活动的军师。寨老在村寨中德高望重，宫头和八大将军都要服从他的指挥。整个跳宫活动和古代战争密不可分。

相传很久以前，末昂人居住的地区物产丰富，人们在宫头、宫主（宫头之妻）的带领下，过着丰衣足食的生活。不幸这块宝地被官兵看中，调来千军万马攻打山寨。因为疏于防备，加之村民们的裤子又宽又长，行进时常常被绊倒，山寨很快失陷了。为了收复失地，宫头下令族人把裤管割掉一半，撕成布条绑在腿上，然后在山谷中巧布战阵，只身下山，引来敌军进入包围圈。宫头骁勇善战，却在敌人快进入包围圈时体力不支，不得不躲进一蓬金竹丛中，并把筒帽取下，扔进山谷。官兵以为宫头已进山中，蜂拥而入。这时只听得铜鼓敲响，末昂人勇斗顽敌，夺回家园。

胜利后，末昂人不忘金竹救主之恩，把它连根拔起，带回寨中，种在最大的一块草坪上以做纪念。这一天正好是农历的四月初八。种有金竹的草坪后来改称宫坪，成为寨中的圣地，竹子也成为神物，代代相传。

四月八日凌晨，寂静的山谷突然喧闹起来，人们从各家各户蜂拥而出，集中到寨中的公共活动场所——宫棚哄抢谷种。这是跳宫节的第二道程序，由宫头献出谷种，大家争抢，抢得越多，预示着来年的收成越好。半个时辰后，抢到谷种的人们，就像真的获得丰收一样，高高兴兴地回家了。整个山寨骤然醒来又昏昏睡去，瞬间恢复了沉寂。

二、婚姻习俗

旧社会，彝族的婚姻由老人包办，盛行姑舅姨表优先婚，谓“亲上加亲”，违者视为不孝，遭亲属反对，众人谴责。末昂人的婚姻也是如此，姑舅姨表优先婚，禁与异族异支通婚。与异族通婚者，所生子女视为“假彝”。“假彝”在族内难找配偶，双方老人也不认亲，在同桌就餐时真彝坐上席，“假彝”不管年龄多大职位多高也只能坐下席，有时还受到责难，故在农村与异族通婚者少。

《云南志略》说："嫁娶尚舅家，无可匹者方许别娶。"亦因姑舅表婚俗不能讲价还价，再婚之礼更不能多要，多要被视为高价勒索，遭到谴责。嫁妆由女家自筹，一般有柜子、被子、席子、衣服（一至二套）、银链，项链有就给，无则免。男方择吉日接亲，必在晚上。新娘到新郎家直入洞房，无需拜堂。次日返娘家住 6 天，第 7 天必背一捆柴回新郎家，从此长住。

男到女家上门礼物从简，由男方带一只狗或十来斤酒肉到女方家，请亲友共餐即成女婿，可继承财产，但要养老送终。

三、节日文化

荞年节　过去祖先因被官府驱赶，到处搬迁，开荒地先种春荞麦，正月种四月收，才能尽快解决夏荒度日，故每年四月收荞麦后，杀鸡祭祖，做荞粑吃，遂成四月过"荞年节"的习俗。各寨均在四月自定休息一天举行。有的户无荞粑就煮糯米饭代替。

竹枪节　每年五月二十四至二十八各村寨组织活动。青少年男子手持竹枪，集中一地，分班对射。中老年人围观或指导，射得准即拍手称赞，谓练武好打猎，遂为节日。

尝新节　末昂人于八月第一个龙日（即辰日）举行。各家到田中摘十二穗稻谷，按东西南北分放在瓶子里与糯米一起煮，视哪方先熟，若东方先熟，则认为当年丰收；西方先熟，有灾欠收；南方先熟，则有鬼来打扰；北方先熟，多有贵客来访。

修路节　九月初二至初五日，各寨按村界，每户一人到界内参加修路，修毕杀鸡献祖。

其他节日 正月初一至十五欢度新年；二月初二，祭龙神求风调雨顺；三月初三，祭树神保平安；清明节扫墓求人财两旺。

四、服饰文化

在云南众多的少数民族中，彝族人口最多、分支最为复杂、居住分布最广，服饰也多姿多彩。据调查，仅云南彝族的服饰就可区别出上百种不同样式。但是，毕竟是一个有着共同渊源关系的民族,各地彝族的服饰也往往表现出一些共同的民族文化特征。总的来说，彝族服饰集多种装饰工艺于一身，美观大方，纹样丰富多变，色泽沉着和谐，色调简洁明朗。

末昂人尚白色，主要衣式为白衣（虽绣有各色丝线图案，但不掩白底色）、黑裤加黑头帕、花头格巾和绑腿，妇女腰佩大黑腰环。

五、丧葬习俗

彝族古为火葬，清代始行棺木土葬。父母去世，子女为其沐浴更衣，穿寿服，嘴含银器，置于堂屋正中，有的置火灶边，待时入棺。棺木周围立数根木杆，上挂白布幡 3~5 张，幡长 7~9 尺不等。布幡古时曾用蜡染成天地日月星辰或龙虎图案。亲属昼夜守在灵柩四周，哭诉死者在世抚育儿女成家立业的艰辛，祈求死者到阴间后，保佑在世子孙平安，粮丰畜旺，并请师公（彝语称“毕摩”或“贝马”）来超度亡灵，为死者指路归阴，时间一般二至三五天，由师公选择吉日安葬。超度时，“毕摩”按祖师口传“开路经”的彝语念诵（富宁彝族“毕摩”无超度经文书籍，靠代代口传），先颂死者在世勤劳勇敢、艰苦创业的功劳，后指给死者沿迁来的路线回去找本族祖宗。居木央一带彝族原在滇池，指给死者要经过广南、砚山、文山、红河、弥勒、路南到达滇池昆明与祖宗欢聚。孝男孝女和部分助丧者昼夜在手持八卦铃的师公带领下，用长葫芦笙伴奏，排成三行跟随师公围绕亡灵跳“脚踩舞”，边跳边唱丧歌，直至送殡上山为止。

老人辞世，每一女婿献黄牛一头，丧家出一头。最后一天，拉牛到灵前，由女婿持斧先到灵前，后到铜鼓前，再到众人前一一跪拜，然后斧击牛头，牛倒即从牛身上跳过去，以示勇敢，受到赞扬，若击牛不倒则视为无能。牛肉一半给丧家，一半或一腿给献牛者，牛肉必一次吃光。

龙洋、木腊、龙迈的“蒙空”支系，规定治丧有长短之分，死者当过宫头的，治丧必二三昼夜，杀猪、牛多一些；其余治丧一二天，一猪一鸡即可。现可以狗替换牛。木腊村的“蒙空”人实行二次葬，人死先埋在自己菜园内，跳宫节前迁出，由大女婿拈骨（未腐就用刀刮），以酒消毒后，放入通底的木缸中，另择吉日往祖宗所在的山地安葬。全村不分亲疏，各带酒肉到坟地祭献一次，酒肉吃不完即丢弃，后由自家祭祀。迁葬后做一块木牌代替亡灵，按男左女右插入房屋后排的领条上，不设香炉烧香火，下代人死，才由新的木牌替位，老的木牌在跳宫时送往山上，三月初三杀鸡祭之。老人去世后戴孝 6 天，所有亲属禁吃辣椒，不喝酒划拳，不唱歌跳舞，炒菜不许锅铲击出响声，违者谓不吉。

木央乡大坪一带的“蒙吉”支系，每年正月初一，每户一人持草纸、香、鞭炮、一对粽粑、半块腊肉、一瓶酒到上年逝世的人的新坟边共餐，意为“安慰丧家之人和对死者的最后一次送别聚会”，称“合家吃年饭”。

未婚的成年人死了，由父母或弟或侄子安葬，制挂木牌，实行“冥婚”。男性者找一位未婚而死的女性灵牌，经其在世父母同意，将灵牌抱到男家，与男性灵牌合在一起意为夫妻，说在世未婚，则死到阴间成婚。又看女性灵牌来家后无凶事，就说明双方自愿了，留在家供奉，若发生人病畜死，就免配。

鉴于彝族办丧杀牛过多，影响生产，本民族干部钱厚忠、王正福、龙太林及上层人物高廷芳、石开武等6人提出改革倡议。县人民政府责成县民委于1983年1月28日至2月1日召开全县有58人参加的彝族代表座谈会。会议学习了党的民族政策，各位代表对丧事大量杀牛，“采月亮”乱婚，近亲婚配，不准妇女吃肉，母亲死后，后家（外公或舅）全收死者用过的用具等陈规陋习进行了充分的讨论。认为过去老人去世，几个儿女几头牛，浪费太大，可用猪、羊、狗代替，经代表倡议和宣传后，木桑村彝族办丧家儿子共出一头牛，所有女婿共出一头牛，有利于生产的发展。

六、原始宗教

祭祖 彝族崇拜祖先，要经过三个环节：一是“跳宫节”时，各户把祖宗竹牌送到“宫坪”内，由毕摩统一送到山坡宗祠棚内，杀猪宰羊分别祭献。献毕就地用餐，每一户派一位代表参加就餐。二是扫墓，一般在“清明”和“立冬”时节。按宗族进行祭扫活动，费老有积蓄者，费老出一半，各户摊一半，每户派一人参加祭扫活动。一般到坟地先祭“山神土地”，后分工清理坟地周边的杂草，烧香、磕头、祭献。三是逢年过节自家祭祖。

祭神 彝族崇拜自然，信仰多神，认为天地日月、山川树木、风雷电火、水塘怪石、禽畜鸟兽和人类等都是神的化身，应当适时祭祀，祈福消灾。主要祭祀有主神（即寨神）、龙神（祭龙）、土地山神、田公地母神、门神、灶神、竹神、树神、风雷神、财神等。

巫术 彝族信奉巫卜。“巫师”又称“毕摩”，谓可斩妖驱鬼。巫师占卜有鸡卦、蛋卦、摇秤砣、断茅草等方式。彝族看病、选地基、测墓基、红白事、受灾遇难等都要打卦占卜看吉凶。彝族毕摩皆男性，念经无文以口头相传。

第四节 文学艺术

一、民 歌

彝族民歌丰富盛行，富宁末昂人的《铜鼓歌》尤为著名，反映了富宁彝族的来历。如：[1]

彝家先辈人，居住在昆仑，
巍巍昆仑山，绿草嫩生生；
祖辈养牛马，游牧度光阴，
古老昆仑山，处处是牛群。
昆仑大草地，部落好几支，
人人同心思，争夺好地皮；

① 《富宁县民族志》，406~409页，昆明，云南人民出版社，1998。

彝家部落小，常常争不起，
为了求生存，迁到雪山里。
皑皑雪山下，彝民安下居。
创建新家园，生儿带育女。
祖辈在雪山，耕种无农具。
那时雪山下，铜矿遍地有。
老辈想办法，炼铜铸农具。
农具来耕作，犁深又省力。
庄稼绿油油，粮食有收入。

自从会炼铜，彝家乐呵呵。
老辈用红铜，做成大铜鼓。
铜锅来煮饭，轻便省柴火。
结实又牢靠，再也难打破。
彝家人高兴，边跳边敲敲。
铜锅变铜鼓，铜鼓是铜锅。
饮过深山水，吃过苦荞粑。
翻山又过河，来会孟获公。
石林风景好，滇池水清清。
百代不厌居，可恨又变天。
背着铜鼓行，吹着芦笙来。
泪水湿透衣，回头不成人。
晋毛才歇脚，兵祸又临头。
十日一步走，为难我祖先。
再次大搬家，流离又失所。

从西往东来，最后到特磨。

进入普腊[1]地，到处长苞芽。
普腊土地肥，土黑又松泡。
开田又种地，不怕苦与劳。
辛勤来劳动，庄稼长不错。
谷穗像马尾，包谷像牛角。
棉桃像拳头，绽花一朵朵。
长势太喜人，个个乐心窝。
彝家庆丰收，都把铜鼓敲。
改朝又换代，皇帝换几个。
直到宋灭唐，再次遭兵祸。
彝家受排挤，重又受煎熬。
官家逼皇粮，捐税如牛毛。
越人和罗罗，日子都难过。
罗罗和越人，共同反宋朝。
结果都失败，东藏又西逃。
官府和土司，撵我彝人跑。
多数去普梅，少数去了交(趾)。
各走各的路，各逃各生活。
彝家四兄弟，人称“四大炮”。
兄弟又分支，分别各在各。

① “普腊”，今富宁县城。

二、舞　蹈

彝族歌舞盛行，源远流长，凡过节、婚嫁、入宅、跳宫节、过荞年等喜庆之日，全村男女老少聚于草坪或办喜事之家，合着音乐的旋律，翩翩起舞，日夜皆然。

铜鼓舞 末昂人的铜鼓舞是由一头有面、中空无底、呈平面曲腰状称为铜鼓的打击乐器伴奏，一种典型的载歌载舞的群众性自娱舞蹈，以鼓手有节奏地击鼓，由鼓点的节奏变化而引导舞蹈者的动作和队形变化。其特点动作按其形式有六七种，每种动作各有不同的舞步和节拍，风格不尽相同。男女均可参加铜鼓舞，人数不限，舞蹈的风格和律动别具一格。它以胸、腰及胯部的大幅度扭摆为基调，舞风清新、淳朴。步伐不复杂，基本是一步一并脚，向前进或横走，膝部随扭摆而屈伸。有时拉手，有时左、右手交替上下甩动。男子左手抱铜鼓，右手敲击，脚步男女相同。舞蹈时歌唱，跳到高潮时呼叫，情绪激越，充分体现了当地人民的豪放、朴实，抒发了他们纯洁快乐的思想感情。

葫芦笙舞 末昂人称为“央”。是用五根长短不一的竹管在一只有吹口的葫芦上，内装弹簧片作发音器。末端一根长竹管上倒置着另外一只通风的小葫芦，作共鸣器。葫芦笙舞以葫芦笙伴奏得名，是板仑乡龙洋、木腊、龙迈几个村在过节日时跳的大型民间舞蹈。由“宫头”持笙在前领舞，舞队的人越多越好。

相传天地分开不久，突发大水，万物无存，唯有两兄妹藏于一个大葫芦里，浮在水面，幸免于难，后来结为夫妻，生儿育女，繁育了后代。相同或类似的葫芦传说，也普遍流传于彝语支民族当中。

彝族舞蹈丰富多彩，除了铜鼓舞、葫芦笙舞以外，还有木鼓舞、二胡舞、扇子舞、弦子舞等。

三、民　乐

彝族民间乐器有大木鼓，小皮鼓，铜鼓（分公鼓、母鼓），大、中、小号铓锣，铜钗，铜钹，大铜锣，长葫芦笙，三弦，月琴，二胡等。以公母铜鼓、大木鼓、长葫芦笙等著名。主要用于跳宫节、贺新房和嫁娶、丧事等事。乐曲有铜鼓舞12调，木鼓舞5调，葫芦笙舞6调，还有弦子、二胡等十余种曲调。

四、体　育

跳竹竿 先用两根长约一米的小棍横摆于两头地上，将两根长约三米的竹竿搭在上面，两人在竹竿两头，两手拿竹竿，一开一合，一合一开运行不停。舞者两人或四人，从竹竿一开一合中一同跳进跳出，周而复始，快而灵活。该项目在1987年文山壮族苗族自治州第四届民族传统体育运动会上，被评为“优秀节目”。

射弩 弩，竹木制之，木上刻有放箭槽，下安板柄，以竹为弓，横穿丁小前两头。彝弩自古有之，用于自卫和狩猎。解放以后，射弩已列为民族传统体育项目，参加州、省以及全国民族传统体育项目比赛，获得过好的成绩。

五、传　说

《四神造天地》 远古的时候，大地是混沌不清的，分不清上中下和东西南北，后来出现了四个神：八哥、典尼、支格和嘎鲁弟兄四人，共同商议开天辟地之事。先由老四嘎鲁造四根铜柱和四把铜扫把；老二典尼用铜柱在东西南北角撑天，让大地分开，并定出日出日落的方向来；老大八哥到玉帝那儿，要来了花草、树木、青蛙及鸟类等各种动植物，请玉帝放出两条江河，让大地万物复苏。但天上有七个太阳，老三支格用弓箭射落了五个太阳，剩下的两个一个为太阳，一个变月亮。

第二章　语　音

末昂人长期与壮侗语族诸民族杂居，不仅吸收和保留了壮侗语族诸民族的文化特征，而且在语言上也受到壮侗语族诸民族语言的影响。

末昂语是一种有声调的语言，每一个音节都由声母、韵母、声调组成。音节清晰、响亮，独立性强。语音特点是：

1．声母系统中的塞音、塞擦音、擦音、鼻音、边音有清浊对立，鼻音、边音清浊对立的词相对较少。

2．在双唇部位上有腭化音声母 pj、Pj、bj、mj。但腭化音声母在整个音节中出现的频率比较低，仅与单元音韵母 a、u 相拼。

3．喉塞音ʔ一般只出现在无声母的音节之前或鼻音、边音之前，如ʔm、ʔn、ʔl 里，这种先喉塞辅音在音节中出现的频率也较低。

4．韵母比较丰富，除了单元音韵母外，还有鼻音尾韵母、复元音韵母和带辅音韵尾的韵母。单元音韵母全部成松紧对立，鼻音尾韵母、复合元音韵母和带辅音韵尾的韵母一般不构成松紧对立。

5．末昂语的声调有 5 个调。声调与松紧元音的关系比较密切，高平调里，一般不出现紧元音。

6．有 9 种音节结构形式（C 代表辅音，V 代表元音，T 代表声调）。即 VT、CVT、CVVT、CVVCT、CVCT、CCVT、CCVVT、

CCVCT、VCT。

本书所介绍的末昂语语音、词汇、语法，以云南省富宁县板仑乡龙洋村的末昂语为标准。

第一节　声　母

末昂语的声母有 46 个，都是单辅音。双唇音、舌尖中音分腭化与非腭化两类，鼻音、边音相对的还有先喉塞鼻、边音。

一、声母表

表 2–1　声母表

发音方法 / 发音部位	塞音			鼻音	先喉塞鼻音	边音	先喉塞边音	塞擦音			擦音		腭化音
	清不送气	清送气	浊					清不送气	清送气	浊	清	浊	
双唇音	p	ph	b	m	ʔm								pj phj bj mj
唇齿音											f	v	
舌尖前音								ʦ	ʦh	ʣ	s	z	
舌面前音				ȵ	ʔȵ			ʨ	ʨh	ʥ	ɕ	ʑ	

续表

发音方法 / 发音部位	塞音			鼻音	先喉塞鼻音	边音	先喉塞边音	塞擦音			擦音		腭化音
	清不送气	清送气	浊					清不送气	清送气	浊	清	浊	
舌尖中音	t	th	d	n	ʔn	l	ʔl						tj thj dj nj lj
舌根音	k	kh	g	ŋ	ʔŋ						x	ɣ	
小舌音	q	qh	ɢ										
声门音	ʔ												

二、声母例词

表 2-2　声母例词表

p	pi^{51}	背诵	pau^{51}	拍（拍手）
pj	pju^{33} ɣɛ^{33}	露	pja^{33}	蜜蜂
ph	phuɯa^{33}	张（张嘴）	phɛ i^{33}	呕吐
phj	phju^{33}	银子	phja^{33}	衣服（上衣）
b	bau^{33}	搓（搓绳子）	bɛ i^{13}	扔（扔掉）
bj	bja^{31}	瓶子	bju^{51}	脱（锄头脱了）
m	mo^{51}	交（交朋友）	mɯ^{51}	弹（弹三弦）
mj	mja^{13}	粮食	mju^{33}	猴子
ʔ m	ʔ mɯe^{33}	慢（走路）	ʔ m a^{33}	雌性
f	fau^{33}	万	fa^{33}	教（教生牛犁地）

续表

v	v a33	雪	vɛ 31	豺狼
t	ta33	留（留饭）	tɛ 33	吐（吐口水）
tj	tju31	眼睛	tja51	夹（用筷子夹）
th	than33	松树	thau31	裹脚布
thj	thj ɛ 51	弹（用手指弹）	thje51	声音
d	dau51	答应（许诺）	do55	蓑衣
dj	dja55	近	djɛ 13	嘈杂
n	no55	豆子	nɛ 33	勒（用绳子勒）
ʔ n	ʔ nat55	丢失	ʔ nei33	压（压豆）
nj	njo33	发笑	nja33	早
l	lo55	水蛭	la̱31	手
lj	lju33	吞	ljaʔ 31	摆（摆手）
ʔ l	ʔ la55	歌	ʔ la51	魂
ts	tsa55	藤子	tsɯ33mo33	拼命
tsh	tshɯ33	指（指方向）	tshɛ 33	根（树根）
ʣ	ʣau13	踩	ʣa55	捉（老鼠）
s	sɛ 33	果子	san33ʑ an33	庄稼
z	zam31	撒（撒食）	zɯ33	抢（抢劫）
tɕ	tɕa31	稻秧	tɕe13	骂
tɕh	tɕhau33	花（花布）	tɕho33	冷淡（感情冷淡）
ʥ	ʥei55	直（线直）	ʥa31	桥
ȵ	ȵiu31	花	ȵe55	心脏
ʔ ȵ	ʔ ȵa33	娇（撒娇）	ʔ ȵai33nei31	今天
ɕ	ɕ a31	茶	ɕ e̱31	浇（浇水）

续表

ʑ	ʑu^{33}	拿（拿着）	ʑo^{33}	拘捕
k	ko^{51}	喊（喊人）	ka^{33}	闻（耳闻）
kh	kha^{33}	稻子	khɛ^{33}	脚
ɡ	ɡɛ^{33}	啃（啃骨头）	ɡua^{33}	嚼
ŋ	ŋui^{55}	锥子	ŋom^{31}	闭（闭嘴）
ʔŋ	ʔŋau^{33}	山羊	ʔŋoŋ^{55}	蹲
x	xa^{33}me^{33}	燕麦	xo^{33}	斗笠
ɣ	ɣau^{33}	毯子	ɣɯe^{31}	闪（闪腰）
q	qo^{51}	敲（敲门）	qau^{55}	泼（泼水）
qh	qha^{55}la^{33}	凝结（血）	qhau^{33}	断
ɢ	ɢue^{31}	淡（酒味淡）	ɢɛ^{31}	鞋子
ʔ	ʔa^{33}	儿子	ʔi^{31}me^{33}	毛

三、声母说明

1. 清塞音、清塞擦音及腭化音有送气与不送气的对立，如 p、ph；t、th；ts、tsh；tɕ、tɕh；k、kh；q、qh；pj、phj；tj、thj 等。

2. 浊塞音 b、d 及腭化音 bj、dj 在发音时带有鼻冠音的成分，但与单纯的 b、d、bj、dj 没有形成对立的现象，故在辅音系统里不单独列出鼻冠辅音声母 mb、nd、mbj、ndj 等。

3. 塞音中，绝大部分单纯音辅音声母与腭化辅音声母的对立。如：p、pj，ph、phj，b、bj，m、mj，t、tj，th、thj，d、dj，l、lj 等。

4. 塞音、塞擦音浊辅音声母没有送气与不送气的对立，一般只有不送气音。如：b、d、g、G、ʥ、ʥ。

5. 产生腭化的辅音一般在双唇和舌尖中的塞音、塞擦音、鼻音、边音辅音里。如 pj、phj、bj、mj；tj、thj、dj、nj、lj。

6. 小舌音只分布在塞音里，并且有弱化的趋势。

第二节 韵 母

韵母共有 56 个，其中单元音韵母有 14 个，均松紧对立，元音都是舌面元音；复合元音韵母 8 个，都是二合元音；带辅音韵尾的韵母 34 个，其中鼻音尾韵母 13 个，塞音尾韵母 21 个。鼻音韵尾和塞音韵尾都包括了双唇、舌尖、舌根和声门音，表现出较强的系统性。但带塞音韵尾的韵母在整个韵母系统中所表现不对称，和带 m、n、ŋ、p、t、k、ʔ 韵尾的韵母。

一、韵母表

表 2–3 韵母表

		舌面元音							
单元音韵母	松元音	i	e	ɛ	a	o	u	ɯ	
	紧元音	i̱	e̱	ɛ̱	a̱	o̱	u̱	ɯ̱	
复元音韵母		ei	ai	au	ui	ue	ua	ɯe	ɯa

续表

		舌面元音
辅音韵尾韵母	鼻音尾韵母	in　en　an　uan am　om　um　ɛm iŋ　aŋ　uŋ　oŋ　ɯaŋ
	塞音尾韵母	ap　op　up it　et　ɛt　at　ɯt ik　ek　ak　ɯk　ok iʔ　eʔ　aʔ　oʔ　uʔ　ɛiʔ　uiʔ　uaʔ

二、韵母例词

表 2–4　韵母例词

i	li^{55}	旧	pi^{55}	干
i̱	（a^{31}）ti^{31}	独子	li̱^{31}	过滤
e	me^{33}	白薯	ȵe^{55}	心
e̱	me̱^{31}	嫂子	ȵe̱^{31}	弟弟
ɛ	nɛ^{33}	今天	kɛ^{31}	过去
ɛ̱	tɛ̱^{31}	鼻子	kɛ̱^{31}	怕、慌张
a	ȵa^{55}	青草	ma^{13}	土匪
a̱	lja̱^{31}	喉咙	la̱^{31}	手
o	no^{55}	豆子	bo^{33}	棉花

续表

o̱	to̱^{31}	竖	bo̱^{31}	饱
u	phu^{31}	葫芦	tɕhu^{33}	刺
u̱	lu̱^{31}	象	thu̱^{33}	厚
ɯ	pɯ^{13}	稗子	bɯ^{55}	憎恶
ɯ̱	pɯ̱^{31}	方（方桌）	kɯ̱^{31}dʑɯ^{33}	侧（侧身）
ei	ʔei^{33}	穿（针线）	bei^{55}	分（家）
ai	sai^{33}	杀	ʔai^{33}	烫
au	kau^{33}	脖子	ɣau^{33}	毯子
aɯ	dʑaɯ^{51}	酸	qhaɯ^{33}	断（断子）
ui	mui^{33}	现在	kui^{13}	磨石
ue	ŋue^{51}lɛ^{31}xa^{33}	睡着	ɢue^{31}	淡（酒味淡）
ua	kua^{33}	脖子	ɡua^{31}	无名指
ɯe	vɯe^{55}	歪	kɯe^{33}	重
ɯa	phɯa^{33}	开（花开）	pɯa^{33}	敞开
ɛm	ŋɛm^{31}	叫（猫叫）	xɛm^{33}sa^{51}	凉爽
am	ɡam^{33}	脆、酥	am^{31}	铁
om	bom^{31}	箱子	pom^{33}	垃圾
um	ȵum^{51}	闭（眼）	ljum^{31}	晒（太阳）
in	pin^{33}	芋头	min^{33}koŋ^{33}	夜里
en	ven^{55}	蛇	ŋen^{55}	森林
an	van^{55}	叔父	ban^{33}	姑父
uan	kuan^{31}	捻（毛线）	(ʔa^{31})khuan^{33}	幺儿子
iŋ	tiŋ^{51}	抵（押）	ʑiŋ^{33}ko^{55}	光荣

续表

uŋ	tuŋ^{33}	推（车）	kuŋ^{33}la^{55}	回来
oŋ	loŋ^{33}	甘蔗	oŋ^{33}	头
aŋ	maŋ^{33}	天	naŋ^{33}	田
ɯaŋ	mɯaŋ^{51}	末昂（自称）	pɯaŋ^{33}	亮
ap	qhap^{55}	烙（饼）	qhap^{33}	冒（烟）
op	ʔoŋ^{33}gop^{55}	磕头	pop^{31}	箩筐
up	pup^{13}	写（字）	xup^{31}kau^{33}	散（街）
it	sɛ^{33}dit^{13}	柿子	bit^{55}	抹
et	ʑet^{31}ŋui^{55}	干部	ɕet^{31}	尺子
ɛt	bɛt^{31}	削（果皮）	lɛt^{31}	闩（门）
at	lat^{31}	下去	pat^{33}	涩（味）
ɯt	lɯt^{31}	输（输赢）	dɯt^{33}ȵi^{33}	二月
ik	vik^{33}	开（花）	lik^{33}a^{33}	习惯
ek	kek^{31}	韭菜	gek^{51}	钩（钩住）
ak	lak^{33}	重孙	ljak^{31}	摆手
ɯk	lɯk^{31}ɣa^{31}	减产	xɯk^{31}	街
ok	khok^{51}	粗心	khok^{13}	弯（弯腰）
iʔ	liʔ^{31}	过滤	miʔ^{31}	蚕
eʔ	ȵeʔ^{33}	捏（鼻子）	ŋeʔ^{51}	舔
aʔ	ɕaʔ^{33}	受伤	laʔ^{31}	沾（手沾泥）
oʔ	soʔ^{51}	建筑	toʔ^{51}	竖
uʔ	luʔ^{51}	煎（煎鱼）	luʔ^{31}	象
ɛiʔ	khɛiʔ^{31}	呻吟	tsɛiʔ^{33}	泡（泡饭）
uiʔ	khuiʔ^{51}	拖（东西）	(ʔi^{31}) tɕuiʔ^{31}	催（工）
uaʔ	tuaʔ^{55}	围腰	ŋuaʔ^{31}	躲

三、韵母说明

1．单元音韵母有严整的松紧对立，出现的频率很高。复合元音韵母、带鼻音尾的韵母和塞音尾出现的频率很低，并且不构成松紧对立。

2．作鼻音韵尾的有前鼻音 n、后鼻音 ŋ 和双唇鼻音 m。鼻韵尾韵母有鼻化音的倾向。

3．元音 u 在发音时带有唇齿音，与单纯的圆唇音 u 不构成对立，故在元音下面不标出唇齿音符号。

4．塞音作韵尾的有 p、t、k、ʔ，与壮语的语音特点很相似。

5．绝大多数单元音韵母虽然有松紧对立的现象，但是在具体词有紧元音松化的趋势。

第三节　声　调

一、声调的调值及例词

末昂语有 5 个声调，即 55，51，33，13，31。舒声韵在 5 个调上都出现，其调值、例词如下：

表 2–5　末昂语声调调值和例词

调　值		例　词					
高平调 55	舒声韵	$mɛ^{55}$	地	$tshɛ^{55}$	麂子	ka^{55}	火塘
		$mɛ^{55}$	泥土	$ŋe^{55}$	金子		

续表

调 值		例 词					
	促声韵	qhap^{55}	烙	bit^{55}	抹	tuaʔ^{55}	围腰
		ʔoŋ^{33}gop^{55}	磕头	khak^{55}	瓜		
高降调 51	舒声韵	lja^{51}	掴人	sau^{51}	席子	ka^{51}	倒（水）
		lau^{51}	乞讨				
	促声韵	toʔ^{51}	竖	khuiʔ^{51}	拖	gek^{51}	钩
		qhap^{51}	冒	khok^{51}	粗心		
中平调 33	舒声韵	naŋ^{33}	田	me^{33}	火	kɛ^{33}	铜
		ŋo^{33}	石头	mai^{33}	今天		
	促声韵	pat^{33}	涩	vik^{33}	开	lak^{33}	重孙
		ȵeʔ^{33}	捏	ʦɛiʔ^{33}	泡		
低降调 31	舒声韵	dzam^{31}	刚才	lu^{31}	象	ʔi^{31}ɕi^{31}	时候
		ʔlo̰^{31}	蜗牛	moŋ^{31}	马		
	促声韵	pop^{31}	箩筐	ɕet^{31}	尺子	lɛt^{31}	闩（门）
		lat^{31}	下去	kek^{31}	韭菜		
低升调 13	舒声韵	ŋaŋ^{13}	羊	pɯ^{13}	稗子	ʥo^{13}	漱口
		tei^{13}	燃火	kui^{13}	磨石		
	促声韵	pup^{13}	写	khok^{13}	弯	sɛ^{33}dit^{13}	柿子
		ʦat^{13}	撕	ljet^{13}	绕（线）		

二、声调说明

1. 高平调出现在促声韵尾上时实际读 54 调。例如：bit$^{55/54}$“抹”，tuaʔ$^{55/54}$“围腰”。出现在舒声韵尾上时实际读 44 调。例如：tshɛ $^{55/44}$ “麂子”，mɛ $^{55/44}$ “地”，ŋe$^{55/44}$ “金子”。

2．促声韵的 31 调在实际的音值为 21 调。但在舒声韵的 31 调实际音值仍然是 31 调。

3．13 调不管是舒声韵还是促声韵里，出现的频率都很低。而 33、31 调在词汇中出现的频率很高，其次是 55、51 调。

4．舒声韵和促声韵都出现在四个声调里。声调类型与藏缅语族语言类似。

第四节　音节结构

末昂语的音节结构类型有九种形式。例词如下：

1．元音+声调。例如：a^{31}nai^{55}na^{31} “母马（未生育）”。

2．元音+辅音+声调。例如：ɛʔ^{33} “叫”。

3．辅音+元音+声调。例如：mɛ ^{55} “地”，tshɛ^{55} “麂子”，ka^{55} “火塘”。

4．辅音+元音+元音+声调。例如：ʥau^{51} “造”，bei^{33} “很”。

5．辅音+元音+辅音+声调。例如：vik^{33} “开”，lak^{33} “重孙”。

6. 辅音+元音+元音+辅音+声调。例如：tuaʔ ^{55}“围腰”，pɯaŋ ^{33} “亮”。

7．辅音+辅音+元音+声调。例如：lja^{51} “捆人”。

8．辅音+辅音+元音+辅音+声调。例如：ljak^{31} “摆手”。

9. 辅音+辅音+元音+元音+声调。例如：ʔmɯe^{33}“慢（走路）”。

第五节 语流音变

我们把语言的声音分解为一个一个的音素，分别描写它们的音质特征和作用，这是必然的。但是，这些音素在实际的语言中总是处在一个不间断的语流中，一个挨着一个地紧密地组合成一串连续的声音。连在一起的几个音相互之间自然要互相影响、互相适应。这使他们在发音上产生种种变化。语流中一个音由于受到前后或者说话的快慢、高低、强弱等因素的影响而在发音上产生某种变化，这叫语流音变。末昂语的语流音变有同化、变调、增音、减音等。

一、同 化

语流中两个邻近的不同音，其中一个受到另一个的影响而变得跟它相同或相近，这叫同化。按照同化音与被同化音位置的前后，可以分为顺同化和逆同化。同化主要是为了读起来顺口。

1．同化音在前，被同化音在后的，叫顺同化。例如 ʑe^{33}ȵi^{55} →ʑe^{33}ȵe^{55}“果核”、mja^{33} phju^{33}→mja^{33} phja^{333}“白米”。后一个音节的元音受前一个音节元音的影响，同化为相同的元音。

2．同化音在后，被同化音在前的，叫逆同化。例如 ban^{33}pe^{33} →pan^{33}pe^{33}“床单”、toŋ^{51}dau^{33}→doŋ^{51}dau^{33}“桶底”。前一个音节的辅音声母受后一个音节辅音声母的影响，同化为相同或相近的辅音。

二、变　调

音节连读时候的调值跟单念时候的调值不一样，这种现象叫做变调。音节连读时，可以是前一个音节变调，也可以是后一个音节变调，还可以是前后两个音节同时变调。末昂语的变调主要有如下几种。

1．31+33/31

la̠^{31}ȵa$^{33/31}$	食指	ʔe^{31}lan$^{33/31}$	近来
poŋ^{31}to$^{33/31}$	山洞	nɛ̠^{31}khoŋ$^{33/31}$	去年

2．55+33/55

moŋ^{55}li$^{33/55}$	驴	ŋa^{55}ɕa$^{33/55}$	水花雀
ɣɯe^{55}ŋau$^{33/55}$	哭诉	lau^{55}xa$^{33/55}$	破晓

3．55/33+31

no$^{55/33}$ ma^{31}	豆茎	ɣɛ$^{55/33}$ noŋ^{31}	水库
mao$^{55/33}$ kuo^{31}	香菌	ma$^{55/33}$ gom^{31}	枕头

4．31/33+ 33

kui$^{31/33}$ xan^{33}	桂花	ɣɯ$^{31/33}$ li^{33}	利息
la$^{31/33}$ goŋ^{33}	胳臂	vɯ$^{31/33}$ loŋ^{33}	合并

5．51/33+33

gau$^{51/33}$ ka^{31}	小钹	phoŋ$^{51/33}$ me^{31}	野火

ŋo$^{51/33}$ ʑu^{31}	石碑	ma$^{51/33}$ zo^{31}	墨斗

6．33+13//33

bei^{33}dʑa$^{13/33}$	非常	ʑa^{33}pha$^{13/33}$	贫农

三、增　音

在连读发音时，增加了单说时没有的音素，叫增音。末昂语的增音一般是以元音起首的虚词，往往受前一音节的影响增加辅音。例如：

bei^{55} a^{31}	→	bei^{55} wa^{31}	分了
so^{33} a^{31}	→	so^{33} wa^{31}	走了
dʑaɯ^{51} a^{31}	→	dʑaɯ^{51} wa^{31}	酸了
sɛ i^{33} a^{31}	→	sɛ i^{33} wa^{31}	洗完了

四、减　音

在连续发音时减少了单独发音时存在的音素叫减音。减音又叫语音脱落。减少的音素可以是元音，也可以是辅音。末昂语的减音主要是在前音节的喉塞辅音受后一个音节的影响下，连读时喉塞辅音脱落。如：

ʔi^{31}çi^{31}	→	i^{31}çi^{31}	时候
ʔoŋ^{33}ŋau^{13}	→	oŋ^{33}ŋau^{13}	摇头
ʔa^{33}mɯ^{31}	→	a^{33}mɯ^{31}	女儿
ʔi^{31}qam^{31}	→	i^{31}qam^{31}	赌咒

第三章　词　汇

第一节　词的结构

任何一种语言都是音义结合的符号系统。词是语言中能够独立运用的最小符号。用它可以对现实现象进行分类、定名，因此，研究语言符号的意义一般都以词作为基本单位。

末昂语的词汇系统主要有几个方面的特点：（1）单音节和双音节词为主体，两个以上的多音节词较少，四音节词主要是四音联绵词。词的结构形式与词性之间有一定的倾向性联系，如单音节词主要是动词和形容词，名词有一部分单音节词，是末昂语词汇的主体部分。（2）有些词进入句子或与其他词结合时，在语音的形式或在结构的形式上常常会有一些变化。我们在“语流音变”中，谈到了末昂语词的同化、变调、增音和减音的变化形式。（3）词有语音、语义、形态、结构四种类型。构词方式是附加和复合结构为主，其中以产生复合词的结构类型能产性最强。（4）一种语言里的词，核心的问题就是把词的语音形式和词的意义联系起来，否则起不到交际的作用。末昂语词汇的语义关系表现出末昂语语义的概念和切分的特点。

我们可以从不同的角度来认识，因此，对词汇系统可以作多种不同的分类：从词的意义和结构上来看，可以把词分为单音节词、多音节词或单纯词、合成词；从词的使用状况，可以把词分为基本词和一般词；按照词的来源上讲，可以分为固有词和外来语借词。

一、单纯词

由一个语素构成的词，叫单纯词。单纯词有单音节的单纯词，也有多音节的单纯词。多音节的单纯词大多以双音节居多。

（一）单音节的单纯词

thɯ^{55}	拥挤	tɛ i^{33}	吐	ʑ o^{31}	丈夫
aŋ^{33}	官	va^{55}	老鼠	pan^{55}	耳环
ɕ a^{31}	茶	sɛ^{33}	果子	kui^{13}	磨石
ȵiu^{31}	花				

（二）双音节的单纯词

在双音节的单纯词里，有的在声母或韵母上有互谐的现象。指两个音节连缀成义而不能拆开来讲的词。其中有双声的，有叠韵的，有非双声叠韵的。

1. 双声的单纯词

指两个音节的声母相同的联绵词。例如：

ɣɛ^{33}ɣam^{31}	水獭	ɣ ɛ^{55}ɣ o^{31}	泡沫
ŋo^{55}ŋɯ^{31}	沙子	ka^{55}kaŋ^{55}	半路

$va^{55}vai^{31}$	蝙蝠

2. 叠韵的单纯词

指两个音节的“韵”相同的联绵词。例如：

$ŋa^{55}ba^{31}$	麻雀	$ɣɛ^{33}vɛ^{31}$	边
$kha^{33}la^{55}$	壁虎	$qau^{55}tau^{33}$	管
$san^{33}ʑan^{33}$	庄稼		

3. 其他

$ɣo̱^{31}ve^{33}$	蛔虫	$xam^{51}ga^{33}$	打哈欠
$sa^{55}au^{55}$	叹气	$ʔa^{31}thju^{31}la^{33}$	打喷嚏

二、合成词

合成词有复合式和附加式两种，以复合式为主。

（一）复合式

复合式的合成词至少要由两个不相同的词根结合在一起构成。从词根与词根之间的关系看，有并列、修饰、主谓、支配、补充等五种，以修饰关系为最多。

1. 并列式

（1）由两个名词性词素并列构成名词。例如：

$khɛi^{33}\ la^{31}$	肢体	$me^{33}\ ʑo^{31}$	夫妻
脚　手		妻　夫	

pa^{33} ma^{33}	父母	vɯ^{31} ȵe^{31}	兄妹
父 母		兄 妹	

（2）由两个动词性词素并列构成名词

ȵi^{31} khaŋ^{33}	生活	sa^{33} dam^{31}	食物
住 家		吃 喝	
vei^{31} ɣoŋ^{33}	生意	pau^{31} bɛt^{31}	推刨
买 卖		推 削	

（3）由两个动词性词素并列构成动词

tei^{33} pɛi^{31}	告诉	tsat^{13} to^{31}	撕
说 给		扯 破	
pau^{31} ɣɛ^{31}	熄	bei^{55} sɛi^{51}	选
吹 灭		分 选	

2. 修饰式

其中心成分是名词素，修饰成分有名词素、动词素、形容词素。修饰成分有的在中心成分前，有的在中心成分后，可分为以下几类。

（1）由名词素修饰成分加名词素中心成分构成的名词，修饰成分在前。例如：

ŋɛ^{33} khaŋ^{33}		草房	ŋa^{55} khui^{33}		鸟巢
草	房		鸟	窝	
mɛ^{55}poŋ^{33}		土洞	sɛ^{55} me̱^{31}		蛀虫
地	洞		树	虫	
tju^{31} me^{55}		眉毛	va̱^{31}me̱^{31}		猪毛
眉	毛		猪	毛	
sɛ^{55} phja^{31}		树叶	ɣau^{33} ɣɛ^{51}		菜汤
树	叶		菜	汤	

（2）由形容词素修饰成分加名词素中心成分构成的名词，修饰成分在前。例如：

kha^{55}no^{31} phju^{33}		糯米	mja^{33} phju^{33}		白米
糯	米		白	米	
mɯ^{31} sɛ^{33}		香椿树	phaŋ^{55}sɛ^{33}lan^{33}		泡核桃
香	树		泡	核桃	

（3）由名词素中心成分加形容词素修饰成分构成的名词，修饰成分在后。例如：

phju^{33} ȵe^{55}			红米	ɣu^{55}bi^{55}			小肠
米	红			肠	小		
mɯ^{31} le^{31} ȵiu^{55}			舌尖	mɯ^{31}ga^{33}kha^{33}			苦荞
舌	头	尖		荞	子	苦	

ɣɛ^{55} ɡa^{13}	冷水	ɣɛ^{55} ȵe^{55}	热水
水 冷		水 热	
tɯt^{31} tɕo^{31}	白糖	ɣa^{33} khoŋ^{55}	瘦肉
糖 甜		肉 瘦	
ka^{33} ka^{31}	大路	khui^{33} bi^{55}	小狗
路 大		狗 小	
pɯ^{31}ʐo^{33}na^{55}	黑蚂蚁	ɣa^{33} tshɛ^{33}	臭肉
蚂蚁 黑		肉 臭	

（4）由修饰词素成分加中心成分名词素修饰构成的名词，修饰成分在前。例如：

dei^{33} ʑau^{33}	椅子	sa^{33} ʑau^{33}	食物
坐 东西		吃 东西	
pu^{31} thoŋ^{33}	吹火筒	ȵiu^{31} vat^{55}	花朵
吹 筒		开 苞蕾	

（5）由名词素中心成分加动词素修饰成分构成的名词，修饰成分在后。例如：

ʔoŋ^{33} mɛi^{55}	头旋	vei^{31} ɣoŋ^{33}	生意
头 转		东西 卖	
ɣɛ^{55} vi^{55}	漩涡	ɣɛ^{55} bam^{55}	瀑布
水 转		水 掉	

3．主谓式

前一词根表示被陈述的事物，后一词根是陈述前一词根的。也就是由一个名词素和一个动词素或形容词素构成。可分为以下几类。

（1）构成名词的。例如：

la̱^{31}	pa^{33}	月亮	paŋ^{33}	na^{33}	肺病
月	亮		肺	疼	
sɛ^{51}	tɕa^{31}	细柴	ɕa^{55}	pha^{33}	富人
木	细		人	富	

（2）构成动词的。例如：

me^{33}	gɛi^{31}	地震	sa^{33}	kau^{55}	呼吸
地	震		气	吸	
mja^{33}	mo^{51}	煮饭	tau^{33}	mja^{33}	唠叨
饭	煮		话	多	

（3）构成形容词的。例如：

ȵe^{55}	na^{33}	心疼	ȵe^{51}	mau^{31}	贪心
心	痛		心	贪	
tju^{31}	ȵe^{55}	眼热	ȵe^{55}	va^{31}	满意
眼	红		心	满	

4．支配式

由被支配的名词素和起支配作用的动词素构成名词。名词素在前，动词素在后。例如：

khɛ i^{33} tja^{51}	鞋子	pa^{55}gom^{31}	枕头
脚 夹		头 枕	
pa^{33} ʥɛ^{33}	包头	tau^{33} lja^{55}	门闩
头 包		门 闩	

5．补充式

后一个词素补充说明前一个词素。有名词素中心成分加量词素补充成分构成名词，量词在名词之后。例如：

tju^{31} ma^{33}	眼珠	poŋ^{33} ɣɛ^{55}	山
眼 核		山 座	
ɣ ɛ i^{33} ma^{33}	书	moŋ^{31} duʮʮ	马
书 本		马 匹	
sɛ^{55} ʥam^{31}	树	phja^{33} ljam^{33}	衣服
树 棵		衣服 件	
kha^{33} mao^{33}	谷粒	poŋ^{31} to^{33}	山洞
稻 颗		山 洞	

6．其他类型

tan^{33}tɕam^{31}mɯ^{31}kui^{33} 哑巴

话 语 不 会

$a^{55}mo^{55}dan^{33}gan^{33}$　　男傧相

新郎　陪伴

$a^{31}mɯ^{31}nai^{55}na^{31}$　　母马（未生过）

母马　未生

$khɛ^{33}\ mja^{33}\ doŋ^{33}ɣa^{33}$　　箭筒

箭　装 筒

（二）附加合成词：附加成分主要有前加、后加两种

前加式：前加成分出现较多的是词头 a^{31}，主要是加在名词词根前构成名词。例如：

$a^{31}\ ti^{31}$　　独子、独女

$a^{31}nai^{55}na^{31}$　　母马（生过）

$a^{31}ʑoŋ^{55}$　　胎盘

$a^{31}mɯ^{31}nai^{55}na^{31}$　　母马（生过）

后加式：$khoŋ^{55}$、ka^{55} 加词根后面构成方位名词。例如：

$ʔi^{33}\ koŋ^{33}$　　间（物中间）

$na^{33}koŋ^{55}$　　间（田中间）

$aŋ^{33}ka^{55}$　　上面

$khaŋ^{55}ka^{55}$　　下面

$khoŋ^{33}ka^{55}$　　里面

$noŋ^{33}ka^{55}$　　外面

tat^{33}、ma^{33}：在动物名词词根后加 tat^{33}、pha^{33} 表示雄性，加 ma^{33} 表示雌性。例如：

va^{33} tat^{33}	公猪	va^{33} ma^{33}	母猪
ŋ aŋ ^{13} tat^{33}	公山羊	ŋ aŋ ^{13} ma^{33}	母山羊
mja^{31} tat^{33}	公猫	mja^{31} ma^{33}	母猫
ɣ a^{13} pha^{33}	公鸡	ɣ a^{13} ma^{33}	母鸡
ɣ a^{13}pi^{55} pha^{33}	公鸭	ɣ a^{13}pi^{55} ma^{33}	母鸭

第二节　四音格词

末昂语有比较丰富的四音格词。四音格词的音节是按语音和谐的要求并按一定的构词方式搭配起来的。从语音上看，音节之间有叠音、双声、叠韵、和谐等关系。

四音格词是汉藏语系的普遍性特征。就汉语来说，四音格词早在先秦时期就已经形成，这是有文献可考证的。在半个多世纪以来，非汉藏语系语言的四音格词研究也取得了一些成果。

一、按音节结构分类

从音节结构是否相同来分，四音格词可分为以下几种形式：

1．ABCB 式

naŋ^{55}dza^{33}ʑa^{55}dza^{31}	田边地角
ȵiu^{33}mɯ^{33}fa^{55}ȵiu^{33}	生牛

khɛ i^{51}la^{31}kom^{31}la^{33}	抽筋
kau^{33}mau^{33}sɛ i^{55}mau^{33}	紧急

2．ABAC 式

ʑe^{31}vɛ i^{31}ʑe^{31}dja^{55}	远近
tɯ^{31}pau^{33}tɯ^{31}sau^{33}	算
ɣɯa^{33}phɯ^{33} ɣɯa^{33}la^{33}	胖
vɯ^{31}çe̠^{31} vɯ^{31}ʔe^{33}	斗争
na^{33}ɣa^{33} na^{33}ŋa^{31}	困难

3．AABB 式

toŋ^{33}toŋ^{33}tau^{33}tau^{33}	破破烂烂
kui^{31}kui^{31}kuan^{33}kuan^{33}	弯弯曲曲
mja^{33}mja^{33}bja^{33}bja^{33}	多多少少
phju^{55} phju^{55}phja^{55}phja^{55}	哭哭啼啼

4．ABCD 式

ŋo^{55}ŋɯ^{31}nai^{33}an^{33}	沙滩
ŋaŋ^{33}baŋ^{55}tat^{55}dɯ^{31}	阉公绵羊
ŋat^{31}mɯ^{31}sɛ^{33}lan^{33}	铁核桃
na^{31}aŋ^{33}mja^{33}ʑe^{55}	早饭
khɛ^{33} mja^{33} doŋ^{33}ɣa^{33}	箭筒
ʑi^{33}koŋ^{33}mo^{51}ta̠^{31}	样子
kɯ^{31}na^{31}ma^{31}xa^{33}	入赘
ʑe^{31}ta^{33}pa^{51}so^{13}	跟踪

以上四种类型中，ABCD 式的数量最多，ABAC 式的数量较少。

二、按构词方式分类

从构词上分析，四音格词主要有以下几种形式：

（一）并列式

并列式主要由两个词性相同、词义相近的双音节词并列组成。其词义大多是这两个双音节词意义的总和。例如：

ʑe^{31}vɛi^{31}ʑe^{31}dja^{55} 远近
远 近

na^{33}ɣa^{33} na^{33}ŋa^{31} 困难
困 难

ȵiu^{33}mɯ^{33}fa^{55}ȵiu^{33} 生牛
嫩牛 生牛

ɣɯa^{33}phɯ^{33} ɣɯa^{33}la^{33} 胖
胖 泡

（二）重叠式

重叠式由两个动词、两个形容词重叠构成。例如：

kui^{31}kui^{31}kuan^{33}kuan^{33} 弯弯曲曲
弯 弯 绕 绕

mja^{33}mja^{33}bja^{33}bja^{33} 多多少少
多 多 少 少

$toŋ^{33}toŋ^{33}tau^{33}tau^{33}$　　破破烂烂
破　破　烂　烂

$phju^{55}phju^{55}phja^{55}phja^{55}$　　哭哭啼啼
哭　哭　啼　啼

第三节　借　词

语言是随着社会的发展进步而不断发展丰富起来的。语言发展有两种途径：一是通过本族语的再生与调整，逐步提高本族语表达能力；二是通过语言接触吸取外族的语言成分来丰富自己。末昂语也不例外。

在漫长的历史过程中，末昂语受周边语言的影响，从周边语言中借入词语，特别是汉语和壮语，来丰富自己的词汇系统。借词有些是成批借入，而有的借词可能是零星借入的。如果是成批的并且有严整的语音对应关系的话，那么这些词可能是成批量的借入（如现代汉语的“文化词语”）；而有的借词找不到与其他语言在语音上的对应关系，那么这些词可能就是零星借入的词。借词部分主要以汉语和壮语借词来介绍。

汉语借词是末昂语汇系统中一个重要的组成部分，在日常的生活、生产和学习、交流当中，占10%以上，如果涉及现代高科技技术、军事、政治等词语，所占的比例远远超过本族语词，这是强势语言、文化优势在语言中表现。例如明太祖朱元璋统一全国后，建立了一套“兵自为食”的卫所屯田制度，实行“屯田成边”，以屯田作为增加军事力量，从内地迁入了大批汉族军民进入云南，不仅带来了先进的生产技术和先进的文化，而且在儒家传统的政治思想、宗教礼仪等方面对末昂人及其他民族产生了深远的影响。我们从末昂人的历史文化、宗教信仰、思想政治文化及末昂语中的大量汉语借词里，就深刻领略到了这一点。

汉语借词的使用频率与使用者的文化水平的高低、年纪大小有很大的关系。如受过学校教育的人，比没有受过学校教育的人使用借词的频率高；而受过高一级教育的人比受过低一级教育的人，相对来说使用借词的频率就高；年纪小的人比年纪大的人使用频率高。

末昂语汉语借词有时间层次，可分为现代新借词和老借词两类。所谓的新借词就是指从当地现代汉语方言中借入的词。所谓的老借词是从汉语的中古或者上古时期借入的词。但有的老借词往往无法辨认是固有词或老借词，在辨别这些老借词时，必须借助一些语言理论和研究的方法，特别应用历史比较法的语音对应规律，来鉴别它们的本来面目。

借词涵盖范围广，词类上包括名词、动词、形容词、副词等多种词类，语义上涉及职业、食品、衣物、农业、手工业、日用品、文化用品、科技用语等各种语义类。被借的语言主要有汉语和壮语。

一、汉语借词

汉语借词是从当地现代汉语方言中借入的汉语词。例如：

ʑa^{33}ʑi^{55}	洋芋	mo^{31}ʑi^{55}	魔芋
phi^{33}ko^{33}	苹果	li^{31}ti^{33}	荔枝

tsu^{33}çi̱^{31}	主席	tso^{33}li^{33}	总理
pu^{33}tsan^{33}	部长	su^{33}tsi^{33}	书记
çe^{31}tsan^{33}	县长	tɕhi^{33}tsan^{33}	区长
ça^{33}tsan^{33}	乡长	thui^{33}tsan^{33}	村长
sɯ^{31} tsan^{33}	社长	tan^{33}ʑe^{31}	党员
thuan^{33} ʑe^{31}	团员	laŋ^{33}si^{33}	老师
tɛ^{33}pja^{33}	代表	mo^{31}fa^{31}	模范
ʑe^{33}ço^{31}	英雄	ça̱^{31}fo^{33}	窗户
fɛ^{31}tsau^{31}	肥皂	ça^{33} tsau^{31}	香皂
gui^{33}	柜子	te^{33}xua^{31}	电话
te^{33}ten^{33}	电灯	la̱^{31}tsu^{31}	蜡烛
tshi^{33} tshɯ^{33}	汽车	ȵiu^{31} tshɯ^{33}	牛车
moŋ^{33}tshɯ^{33}	马车	tan^{33}tshɯ^{33}	单车
fei^{33}tsi^{33}	飞机	tshɯ^{33}lau^{55}	车轮
xo^{33} tshɯ^{33}	火车	tsi^{31}xua^{31}	计划
ʑi^{31}tse^{31}	意见	tsɯ^{31}fu^{33}	政府
koŋ^{33}tɕha^{31}	工厂	koŋ^{33}nɛ^{31}	工业
kho^{33}ço^{31}	科学	tsi^{31}su^{31}	技术
kɯ^{31}me^{51}	革命	ze^{31}toŋ^{51}	运动
mɛ^{55}	煤	tɕhe^{33}	铅
lui^{33}	铝	liu^{31}xua^{33}	硫磺
ça̱^{31}	硝	ti^{33}	锑
çe^{33}çia^{33}	麝香	sau^{31}tsi^{51}	哨子
tei^{31}ʑei^{33}	电影	tɕhiu^{31}	球
ʑe̱^{31}sɯ^{31}	颜色	mja^{51}	庙

pa^{33}tsi^{31}	八字	ɕo^{31}ɕa^{31}	学校
tɕiu^{31}vu^{31}	觉悟	tsi^{31}ʑo^{31}	自由
zɯ^{31}vu^{31}	任务	thɛ^{31}tu^{31}	态度
tse^{33}ʑe^{31}	经验	ɕa̱^{31}mei^{33}	生命
kui^{31}xan^{33}	桂花		

二、壮语借词

壮语借词是以文山壮族苗族自治州富宁县壮语词语为例。

ɕo^{55}	鼠	十二生肖“子”
pja^{55}	牛	十二生肖“丑”
ȵi^{31}	虎	十二生肖“寅”
mao^{55}	兔	十二生肖“卯”
ɕe^{31}	龙	十二生肖“辰”
si^{55}	蛇	十二生肖“巳”
na^{55}	马	十二生肖“午”
fat^{33}	羊	十二生肖“未”
san^{31}	猴	十二生肖“申”
ʑo^{55}	鸡	十二生肖“酉”
sɯ^{31}	狗	十二生肖“戌”
kɯ^{33}	猪	十二生肖“亥”

ɕo^{55}ŋɛ^{33}	初一	ɕo^{55}ȵi^{33}	初二
ɕo^{55}ɕa̱^{31}	初三	ɕo^{55}si^{31}	初四
ɕo^{55}xa^{33}	初五	ɕo^{55}ko^{31}	初六
ɕo^{55}ɕe^{55}	初七	ɕo^{55}pe^{31}	初八

ɕo^{55} ku^{33}	初九	ɕo^{55} ɕiu^{31}	初十
ɕo^{55}ŋɛt^{33}	初十一	ȵi^{33}ɕo^{33}	初二十
ȵi^{33}ŋɛt^{33}	初二十一	san^{33}ɕo^{55}	初三十

三、借词的构词方式

（一）全音译词

全音译词就是把近似语言的语音形式直接借用“音译”过来，如 fei^{33}tsi^{33}“飞机”、la̠^{31}tsu^{31}“蜡烛”、pu^{33}tsan^{33}“部长”、xo^{33} tshɯ^{33}“火车”、tsu^{33}ɕ i̠^{31}“主席”、ro; tso^{33}li^{33}“总理”、tsi^{31}su^{31}“技术”等。

（二）半音半义译词

ɣɛ^{33} kau^{31}	水缸	（ɣɛ^{33} 水：义；kau^{31} 缸：音译）
tɕe^{33}fen^{55}	米粉	（tɕe^{33} 米：义；fen^{55} 粉：音译）
pu^{31}thoŋ^{33}	吹火筒	（pu^{31} 吹：义；thoŋ^{33} 筒：音译）

第四节　词义关系

每一种语言的词汇含义有各种不同的关系，这种关系可称为词义关系，这些关系反映了词和词汇系统的发展演变。词义对现实现象的反映是概括的反映，是对现实现象的分类，把有共同特点的现象归在一起，给以一个名称，使它和其他现象区别开来。

词义关系是客观事物在语言词汇中的反映。客观事物是有类别的，词义也一样。不同的词义相互联系、相互制约，并形成一定的体系。词义关系恰似动物植物界“生物链”一样，一方面保持均衡，另一方面要优存劣汰，有些方面的词由于环境的需要显得枝繁叶茂，有些方面的词又由于环境的不需要，连原有的词也显得青黄不接。词义的构成也因语言的不同而不同，即不同的民族由于语言特点不同，反映词义的语言形式也会有所不同。揭示词义的内在联系和各种关系，是词汇研究的一项重要内容。①

从末昂语词义关系上，我们可以把末昂语词义分为同义词、反义词、近义词、多义词和同音词。

一、同义词

同义词就是内容相同而形式各异，也就是说同一事物由不同的词来表示。这些不同的词在任何上下文中都可以互换，因而它们之间构成了同义关系。说两个词项为同义词并不是说两者的意义完全相同，即可在所有语境中互换，内涵也完全相同，只要意义足够接近，可在某些语境里自由选用而不致使整个句子的意义产生差别，就可称作有同义关系。

同义词也可分为等值的同义词和非等值的同义词。

（一）等值同义词

等值同义词在使用时可以相互换用。末昂语里完全相同的等义词极少。等值同义词有的由旧词与新词构成，而有的由末昂语与借词之间构成。如：

① 戴庆厦、岭福祥主编：《彝语词汇学》，北京，中央民族大学出版社，1998。

冰	ɣɛ^{55}	va^{55}
雪	maŋ^{33}	va^{33}
火花	me^{33}	ljam^{31}
火炭	me^{33}ŋɯ^{31}	laŋ^{55}
半路	ka^{55}tɕa̠^{31}	ka^{55}kaŋ^{55}
上面	laŋ^{33}ka^{55}	tha^{33}ka^{55}
下面	khaŋ^{55}ka^{55}	la̠^{31}ka^{55}
时期	va̠^{31}ɕi^{31}	kha̠^{31}
前天	ɣu^{33}nai^{33}	n̥e̠^{31}nai^{31}
公山羊	ŋaŋ^{13}tat^{33}	ŋaŋ^{33}xoŋ^{33}
龙	tsoŋ^{33}	ʐa^{33}
小狗	khui^{33}bi^{55}	khui^{33}a^{33}
地基	mɛ^{33}ɣaŋ^{55}	kha^{33}
小牛	n̥iu^{33}a^{33}	n̥iu^{33}bji^{55}
鸭子	pi^{55}	ɣa^{33}pi^{55}
谷糠	kha^{33}phei^{55}	va^{33}phei^{33}
胰	mam^{51}	pɛ i^{51}
麻风	no^{55}te̠^{31}	zaŋ ^{33}te̠^{33}
屁（放屁）	pe^{31}	pe^{31}li^{55}
扭伤	lja^{55}	ŋ ui^{55}
大毒疮	tsei^{33}kan^{33}	ɣ aŋ ^{33}mɯm^{33}
平辈	tɯ^{31}bao^{33}	tɯ^{31}ɕ am^{31}
晚辈	ɣ a̠^{55}bao^{31}	ɣ a^{55}ɕ am^{31}
干部	ʑ et^{31}ŋ ok^{55}	ʑ et^{31}ŋ ui^{55}
舅父	pa^{33}	kan^{33}pa^{33}

舅母	ma^{33}	$kan^{33}ma^{33}$

末昂语与壮语构成同义词的有：

汉义	末昂语	壮语
正月	the^{33}la^{33}	tsaŋ^{33}la^{33}
二月	n̥i^{33}la^{33}	dent^{33}n̥i^{33}
三月	soŋ^{31}la^{33}	dɯt^{33}sam^{33}
四月	lɛ^{33}la^{33}	dɯt^{33}se^{55}
五月	ŋa^{33}la^{33}	dɯt^{33}ŋo^{55}
六月	khoŋ^{33}la^{33}	dɯt^{33}ʑo^{55}
七月	ɣɛ^{33}la^{33}	dɯt^{33}ɕe^{55}
八月	ʑe^{33}la^{33}	dɯt^{33}pe^{55}
九月	kao^{33}la^{33}	dɯt^{33}ko^{55}
十月	ʂai^{55}la^{33}	dɯt^{33}ɕo^{33}
十一月	ʂai^{55}thi^{33}la^{33}	dɯt^{33}ʔe^{33}
十二月	ʂai^{55}n̥i^{33}la^{33}	dɯt^{33}lam^{33}
鼠（十二生肖“子”）	va^{55}	ɕo^{55}
牛（十二生肖“丑”）	n̥iu^{33}pja^{55}	
虎（十二生肖“寅”）	tshoŋ^{33}	n̥i^{31}
兔（十二生肖“卯”）	thu^{31}	mao^{55}
龙（十二生肖“辰”）	dzoŋ^{33}	ɕe^{31}
蛇（十二生肖“巳”）	vɛ^{31}	si^{55}
马（十二生肖“午”）	moŋ^{33}	na^{55}
羊（十二生肖“未”）	ŋaŋ^{33}	fat^{33}
猴（十二生肖“申”）	mja^{33}	san^{31}

鸡（十二生肖“酉”）	ɣa^{55}	ʑo^{55}
狗（十二生肖“戌”）	khui^{33}	sɯ^{31}
猪（十二生肖“亥”）	va^{33}	kɯ^{33}

末昂语与汉语构成同义词的有：

汉义	**末昂语**	**汉语**
主席	ʑe^{33}ven^{33}bao^{33}	tsu^{33}ɕi̱^{31}
老师	mɯ^{31}na^{55}laŋ^{31}	laŋ^{33}si^{33}
算盘	zoŋ^{51}zo̱^{31}ɕe^{51}	ɕua^{31}phan^{31}
电影	sa̱^{31}la^{51}bat^{31}	tei^{31}ʑei^{33}
学校	zɛi^{33}ma^{33}ɣa^{51}	ɕo^{31}ɕa^{31}
自由	ʔɛ^{51}nɛ^{51}	tsi^{31}ʑo^{31}
炸	zau^{51}	tsa̱^{31}
跌	lɯ^{33}	te̱^{33}

（二）非等值同义词

非等值同义词就是在某种理性意义上基本相同，但在感情色彩方面有一定的差别；有的是动词的自动和使动的区别；有的是所进行的对象的不同；有的是人与动物、植物个别器官和行为方式上的不同等。

1. 自动词与使动词及所针对事物对象的不同。如：

吃	mja^{33}sa^{33}（自）	mja^{33}pɯe^{33}（使）
喝	ɣɛ^{33}dam^{33}（自）	ɣɛ^{33}dam^{33}ȵi^{31}（使）
站	ʑau^{33}（自）	ʑau^{33}la^{51}（使）

骑	sɛi^{33}（自）	sɛi^{33}la^{51}（使）
睡	ʑe^{33}（自）	ʑe^{33}na^{51}（使）
醒	na^{31}（自）	tɕe^{31}（使）
伸手	la̠^{31}tshɯ^{33}（自）	la̠^{31}tshɯ^{33}la^{55}（使）
背（孩子）	bak^{51}（自）	bak^{51}la^{51}（使）

2. 人与动物、植物的名称和行为方面使用的非等义词。如：

树	vɛ^{33}no̠^{31}（杉树）	sɛ^{55}tso^{31}（柏树）
脚	khɛi^{33}（人脚）	poŋ^{33}tshe^{55}（山脚）
皮	gɯ^{33}（人～）	mɛ^{33}（地～）
烟	mɯ^{33}（草～）	me^{33}（炊～）
花	ȵiu^{31}	vat^{55}（马樱～）
皮	gɯ^{33}	kot^{55}（眼～）
圈	zoŋ^{55}（鸡～）	kam^{33}（牛～）
锅	tsau^{55}（菜～）	loŋ^{33}（饭～）
抬	tshɛi^{33}（～菜）	dʑau^{31}（～东西）
干涸	sɛi^{55}la^{55}（水源～）	pe̠^{33}la^{55}（池塘～）
破	to^{31}（脚～）	pja^{31}（房子～）
泡	tsɛiʔ^{33}（～饭）	tje^{13}（～豆）
断	pɯe^{31}（绳子～）	qaɯ^{33}（扁担～）

3.“人”与“畜”年龄和体质上基本成熟，但生育和未生育的区别在称谓上有所不同。如：

人～
- $la̱^{31}ka^{55}$（青年男子，指未生育过的）
- $sɛi^{55}kak^{55}$（青年男子，指成家生育过的）
- $sɛi^{31}me^{33}aŋ^{33}$（青年女子，指未生育的）
- $sɛi^{55}bɛi^{33}man^{33}$（青年女子，指成家生育过的）

猪～
- $va^{33}tat^{55}ɕɛ^{55}$（小公猪，刚长大的）
- $va^{33}tat^{55}$（公猪，指已生过崽的）
- $va^{33}ʔma^{33}a^{33}mɯ^{31}nai^{33}ɕɛ^{55}$（母猪，还未生过崽的）
- $va^{33}ʔma^{33}a^{31}nai^{55}na^{31}$（母猪，指已生过崽的）

鸡～
- $ɣa^{13}phao^{33}$（公鸡，未阉过的）
- $ɣa^{13}pao^{33}dɯ^{31}$（公鸡，阉过的）
- $ɣa^{13}ma^{31}moŋ^{33}ɣo^{33}sɛ^{55}$（母鸡，未下过蛋的）
- $ɣa^{13}ma^{31}ɣo^{33}na^{31}sɛ^{55}$（母鸡，指已下过蛋的）

4. 对“阉”（公）一词，因对象的不同而不同。如：

人（指男性做过结扎手术的）	$dɛ^{33}$
牛（骟牛）	tat^{55}
鸡（骟鸡）	$dɯ^{31}$
猪（骟猪）	som^{31}

从上述词类来看，组成同义词的词以动词、形容词最多。其次是名词和量词。

二、反义词

反义词是指意义相反、概念互相对立的词。反义词也像同义词一样有客观的基础。客观事物有各种各样的关系，有的是彼此接近、类似的，有的是彼此相反、对立的。事物的接近、类似反映到语言里就产生了同义词；事物的相反、对立反映到语言里就产生了反义词。[①]

末昂语词汇系统里，并不是每个词都有与其相配的反义词，是否有反义词要看客观对象是否存在对立关系。反义关系是人类社会中普遍现象，但由于各民族语言特点不同，所以在表示反义关系的语言形式上各具特点。

末昂语的形容词最能表示事物的性质、特征和状态，它反映的对立关系最为明显，所以反义词最多。组成反义关系的语词大多是由不同的词构成，但也有的反义词是由词组构成的。如：

kau^{33}	大	bei^{31}	小
moŋ^{55}	高	djau^{33}	低
ʑa^{31}xau^{33}	凸	ʑa^{33}bo^{33}	凹
lu^{55}	圆	pja^{31}	扁
mo^{55}	长	tau^{33}	短
dʑoŋ^{55}	尖（笔）	lo^{33}	秃
thu̱^{33}	厚	pa^{33}	薄
khɯe^{33}	重	lja^{55}	轻

① 马学良主编：《语言学概论》，武汉，华中工学院出版社，1981。

bjau^{33}/no^{33}	软	kɛi^{51}	硬
tso̱^{33}	白	ȵa^{13}	黑
mei^{31}	晴	ŋau^{31}	阴
no^{33}	好	pja^{55}	坏
ȵa^{55}	快	mɯe^{33}	慢
ɣɯe^{33}	新	li^{55}	旧
sɯe^{33}	生（肉）	mɯe^{33}	熟
ɣɯe^{51}	笑	ŋau^{33}	哭
vei^{31}	买	ɣoŋ^{33}	卖
phɯa^{33}	开（门）	pɛi^{33}	关
no^{33}	年轻	mau^{33}	老
na^{33}	早	mja^{31}	晚
bo̱^{31}	饱	mɯe^{31}	饿
tsham^{51}	甜	qha^{33}	苦
ȵe̱^{31}	热（天气）	ɡa^{55}	冷
sa^{55}za^{31}	易	na^{33}	难
sa^{55}	富	ʑa^{33}	穷
ʑiŋ^{33}ko^{55}	伟大	bei^{33}bi^{55}	渺小
zau^{31}	旱	ʑe^{33}	涝
lau^{33}la^{33}	美	lau^{33}ka^{33}	丑
so^{51}la^{33}	胖	kom^{33}	瘦

由词组表示的反义词，有一部分是由否定词（mɯ^{31}）加正面词构成的。这种结构可称之为否定式反义词，主要出现在表示性质、状态的语义关系上。如：

mau^{33}	忙	mau^{33}	（工作）紧
mɯ^{31}mau^{33}	闲	mɯ^{31}mau^{33}	（工作）松

lau^{33}la^{33}	俊（男子）	lau^{33}	好（人）
mɯ^{31} lau^{33}la^{33}	俊丑（男子）	mɯ^{31} lau^{33}	坏人（人）

tsɯe^{31}	真	tsi^{33} lɛ^{31}	积极
mɯ^{31} tsɯe^{31}	假	mɯ^{31} tsi^{33} lɛ^{31}	消极

词组表示的反义词中，正反两面都是两音节或两音节以上词的。如：

ʑiŋ^{33}ko^{55}	伟大	ʔo^{33}lau^{33}ɣa^{55}	先进
bei^{33}bi^{55}	渺小	la^{33}ɣa^{55}ɣa^{31}	落后

khɛi^{33}ge̠^{31}nom^{31}	香	tsi^{33} lɛ^{31}	积极
tsha^{33}ge̠^{33}nom^{55}	臭	mɯ^{31}tsa^{55}lɛ^{31}	消极

phau^{33}khei^{33}	贵（价值）	ʑa^{31}xau^{33}	凹
phau^{33}ljaɯ^{33}	贱（价值）	ʑa^{33}bo^{33}	凸

正义词是单音节词，反义词是两音节或两音节以上词的。如：

lau^{33}	好	mɯ^{31}lau^{33}	坏
tja^{33}	正	pja^{33}ʑa^{33}	反

mau^{33}	老	la^{31}kha^{55}	年轻
nɛi^{33}	紧	ʑa^{51}bja^{33}	松

反义词在语言中起着积极的作用，它能揭示矛盾，突出对立面，从而形成鲜明的对照。

末昂语与彝缅语反义关系词的举例比较如下：

	买	卖	要	给	晴	阴
末昂语	vei^{31}	ɣoŋ^{33}	ʑo^{33}	pɛi^{31}	pɯ^{31}to^{13}	ŋau^{31}
巍山话	ve^{55}	vu^{31}	xa^{55}	gu^{31}	be^{55}	ti^{51}
喜德话	vu^{33}	vu^{21}	lʅ^{55}	bʅ^{21}	tsha^{33}	ndʐʅ^{33}
禄劝话	vo^{21}	vu^{55}	ŋɔ^{33}	bi^{21}	tsho^{21}	dʑa^{21}
傈僳语	vu^{33}	vu^{31}	nu^{33}	go^{31}	bɑ^{31}	ti^{51}
拉祜语	vɯ^{31}	xɔ^{53}	xɤ^{54}	pe^{31}	kɛ^{31}	nɑ^{54}
哈尼语	ʔɤ^{55}	ɔ^{31}	ɔ^{55}	bi̱^{31}	ɔ^{31}sa^{55}sa^{55}	ɔ^{31}tshø^{31}tshø^{31}
载瓦语	vui^{51}	uŋ^{21}	o^{51}	pji^{21}	phoŋ^{21}	tsau^{55}
缅甸语	wɛ^{22}	jãu^{55}	lo^{22}	pe^{55}	tθɑ^{22}	õ^{55}

	开	关	富	穷	笑	哭
末昂语	phɯa^{33}	pɛi^{33}	ça^{55}	ʑa^{33}	ɣɯe^{51}	ŋau^{33}
巍山话	fu^{55}	tshʅ̱^{31}	bu^{33}	ʂa^{31}	ʑe^{55}	ŋu^{55}
喜德话	pho^{21}	go^{55}	gɑ^{55}	ʂɑ^{33}	ʑʅ^{33}	ʑi^{33}ŋo^{34}
禄劝话	phu^{21}	pi^{55}	ba^{33}	ʂa^{33}	ɣo^{21}	ŋɯ^{33}
傈僳语	phu̱^{33}	tsi^{55}	bo̱^{33}	çua^{55}	xɯ^{31}	ŋu^{44}
拉祜语	phɔ^{33}	xo^{54}	pɔ^{33}	çɑ^{33}xɑ^{11}	ɣɯ^{31}	xɔ^{31}

哈尼语	phɔ^{33}	phi^{31}	bɤ^{31}	ʃɔ^{31}	ɯ^{55}	ŋø^{55}
载瓦语	phoŋ^{55}	mji̱^{21}	vo^{55}	mjuŋ^{51}	vui^{51}	ŋau^{51}
缅甸语	phwi^{53}	peˀ^{44}	the^{55}	shi^{55}jɛ^{55}	ji^{22}	ŋo^{22}

从上述反义关系例词的比较上可以看出，末昂语与彝语支相同或对应的成分比较高，而与缅语支相同或对应的成分相对来说比较低。在彝语支语言中，与彝语相同或对应的比较高。

三、近义词

近义词是意义相近而语音则不相通的词。末昂语的近义关系涉及的面比较广，而且关系交错复杂，因而对它作全面的区分是很难的，有的近义词也可能是同义词里的非等值同义词，而同义词里的非等值同义词，也可能是近义词。

“抓”：	ȵam^{31}	抓（抓人）
	ʑo^{33}	拘（拘捕人）
“握”：	to̱^{31}	握（握刀把）
	ʑei^{31}	握（握手）
“摘”：	kau^{13}	摘（摘果子）
	be^{31}	摘（摘花）
“搓”：	bau^{33}	搓（搓绳子）
	khui^{51}	搓（搓手）
“捂”：	bɯɐ^{33}	捂（捂住嘴）
	kɛi^{33}	掩（掩耳）

“划破”：	tshei^{33}	划破（手）
	tei^{31}	扎破（手）
“撒”：	kha^{33}	撒（撒种）
	zam^{31}	撒（撒食）
“扣”：	khek^{31}	扣（扣子）
	bɯt^{31}	扣（扣小鸟）
“破”：	lom^{31}	卷（卷席子）
	phe^{51}	卷（卷袖子）
“抹”：	ɣau^{51}	抹（抹叶子）
	bei^{51}	抹（抹包谷）
“钻”：	xau^{51}	钻（钻洞）
	thoŋ^{51}	钻（钻孔）

四、多义词

一个词兼表几个意义的词叫多义词。各意义之间往往有密切联系。多义词的产生和发展，是人类社会的发展在语言中的具体体现。用一个词兼表几个意义而不必另造新词，它具有一定的弹性而能够向外延伸，使它能够兼表有关的事物。在多义词的多广意义中总有一个本义的，其他的意义都是从本义中派生出来的。但是有些多义词里，很难区分得出哪个是本义，哪个是派生的，这就要从具体的语境中来加以鉴别。

多义词词义的派生一般有内在联系的基础，这就是派生义和被派生义所指的事物的某一方面特征有联系。这种联系作为派生新义的线索，与生活环境、风俗习惯、语言成分相互作用有关。因而表达同一类现实现象的词义在不同的语言中各有不同的表现。[1]

末昂语的多义词列举如下。

名词中的多义词：

khaŋ^{33}：　①房屋　　②家

gɛ i^{33}：　①皮肤　　②树皮

ŋ ɛ^{55}：　①金子　　②黄

动词中的多义词：

lju^{33}：　①吞　　②咽

pup^{13}：　①写（字）　　②画（图）

tshɛ i^{33}：　①端（碗）　　②抬（菜）

bau^{33}：　①挑　　②扛

ʑ o^{33}：　①栽（秧）　　②种（地）

形容词中的多义词：

qhɛ i^{31}：　①嘶（马嘶）　　②嚎（狼嚎）

　　③啸（老虎吼叫）

vɯɛ^{55}：　①歪（帽子）　　②歪（嘴）

ʔ au^{31}：　①稀（粥稀）　　②稀（庄稼）

zau^{33}：　①亮（房子）　　②亮（玻璃）

---

① 戴庆厦主编：《彝语词汇学》，北京，中央民族大学出版社，1998。

从语言学的角度来说，一个词能派生多个词义，或一个词包含几个意义，可以大大减少语言符号的数目，这也是从语言的经济角度上来考虑的。

多义词产生的主要是由人们对事物的认知程度和认知方式所决定的，其次是词义演变发展的结果。

五、同音词

同音词即多词同音，语音形式相同而词义不同，各个词的词义之间没有历史的现实的联系，各自独立，互不相关。末昂语的同音词如下：

me^{33}	白薯、烟（炊烟）	ve^{33}	相同、人家
$phja^{33}$	值、赚（钱）	va^{31}	扬（谷子）、戴（项圈）
do^{33}	挖、刻（刻字）	$khui^{31}$	擦（擦窗）、痒
la^{51}	歌、魂、掀（掀窗帘）		
dei^{33}	坐、密（筛子眼密）		

六、词义关系及特点

任何一种语言的词义关系中，同义词和反义词是语言词汇中最常接触到的大量词语结构组织。在词义关系的研究和论述中，一般侧重于同义词和反义词。

人们在日常生活用语当中，都比较熟悉所谓同义词和反义词，这不是偶然的。一方面由于有这类关系的词确实相当多，说话或写作，很容易就碰上。另一方面，这些词是说话或写作时经常要选用的，以便使话语说得（或写得）贴切、得体。[①]

词义所概况的现实现象有各种不同的关系，同义词是重叠关系，反义词是对立关系。同义和反义中的“同”和“反”是对立的统一。反义词必须以共同的意义领域为前提，没有“同”就无“反”，“反”是“同”中的对立关系。[②]

末昂语的同义词与多义词相反，同样的意义也可以跟不同的语音结合，这就形成了发音不同而意义相同的同义词。如抓（抓人）ȵam^{31}，拘（拘捕人）ʑo^{33}，两个读音不同而意义相同。

词的固定义在词典中以义项的形式记录下来。义项是词或语素在词典中的意义单位。一个词有多少义项，是根据这个词在运用中意义的共同点来确定的。例如“低”djau^{33} 可以在多种句子中运用。

末昂语的反义词与相对的正面词而言，在语言中起着积极的作用，它揭示矛盾，突出对立面，形成了鲜明的对照。如ʑa^{31}xau^{33}“凸”——ʑa^{33}bo^{33}“凹”，thu̱^{33}“厚”——pa^{33}“薄”，ɣɯe^{51}“笑”——ŋau^{33}“哭”。末昂语的近义词在某种情况下，与同义词的非等义词是很难区分的，我们在上述的叙述中也提到这种情况。这种现象在汉语里也有存在。

从20世纪60年代以来，研究汉语词汇的学者，有的主张不区分同义词、近义词，认为同义词＝等义词＋近义词。而有的学者就主张区分同义词和近义词，当初提出的不是近义词，而是“义

① 刘叔新、周荐：《同义词语和反义词语》，北京，商务印书馆，2000。

② 叶蜚声、徐通锵：《语言学纲要》，北京，北京大学出版社，1981。

近词”这样的概念，以与语言词汇中真正统一的单位相区别。①

多义词的产生是由人们对事物的认知程度和认知方式所决定。多义词的存在是语言丰富的表现，是好事而不是坏事，如果一个词只有一个意义，词的数量就会极其庞大，人们就得花巨大的精力去记使用率很多的单义词。如果一个词不只表示一个事物，而是表示一系列相近的事物，人们就能经济地使用语言。②

从语言学角度来说，一个词能派生多个词义，或一个词包含几个意义，可以大大减少语言符号的数目，这些都是语言的经济性、简明性的表现。③

综上所述，语言是随着社会的发展而不断向前发展。一个词刚产生的时候只有一个意义，因而称之为本义；后来在使用过程中，人们从本义引申出了新的意义，称之为转义。本义和转义的并存，就产生了一词多义现象。如末昂语的“犁”çe̠^{31} 本义是“犁”，是名词，用犁来犁田的行为动作，也叫做 çe̠^{31}，词义之间是有一定意义上的联系的。

① 刘叔新、周荐：《同义词语与反义词语》，北京，商务印书馆，2000。

② 马学良主编：《语言学概论》，武汉，华中工学院出版社，1981。

③ 戴庆厦主编：《彝语词汇学》，北京，中央民族大学出版社，1998。

第四章　词　法

末昂语的词可分为名词、代词、数词、量词、动词、形容词、副词、连词、助词、叹词和介词等十一类。

语法是语言的要素之一。语言要表达意义，不能没有词汇，也不能没有语法。但是，语法要表示的意义与词汇意义不同，词义是客观事物或现象在人们意识中的概括的反映，它以一定的客观事物为概括的对象；语法是语素、词、词组、句子等语言单位之间的各种关系在人们意识中概括的反映。[①]

末昂语按照词汇意义和句法功能，可以将词分为实词和虚词两个基本类别。实词是指能够单独充当句子成分的词，如有名词、动词、形容词、代词、数词、量词；虚词是指不能单独充当句子成分的词，如有副词、助词、介词、连词等。语序和虚词是表达

---

① 本章的语法理论体系参考了朱德熙：《语法讲义》（北京，商务印书馆，2000）；邢公畹主编：《现代汉语教程》（天津，南开大学出版社，1992）；马庆株：《汉语动词和动词性结构》（北京，北京语言学院出版社，1992）；戴庆厦、徐悉艰：《景颇语语法》（北京，中央民族学院出版社，1992）；丁椿寿：《彝语通论》（贵阳，贵州民族出版社，1993）；陈士林、边仕明、李秀清编著：《彝语简志》（1985 年 7 月）；以及有关语言简志等。

语法意义的主要手段，形态变化较少。基本的语序与彝语支的语言大致相同，为 SV 或 SOV 型语言，即主语－谓语或主语－宾语－谓语，如 ʑa^{51}（他）sa^{33}（吃）“他吃”（主语－谓语）或 ŋa^{33}（我）mja̱^{31}（饭）sa^{33}（吃）“我吃饭”（主语－宾语－谓语）。以下重点介绍末昂语实词和相关虚词的语法特点。

第一节　名　词

名词是表示人、事物、时间、处所等的名称。所谓的事物，包括具体的、物质的，也包括抽象的、无形的；也可能表示动作行为或性质，但这在句中经常用做主语、宾语和定语。名词一般不能重叠，不能直接受副词的修饰，在句中作句子成分时，没有格的变化形式。名词可以受名词、动词、形容词、代词、数量词的修饰。

一、名词分类（一）

按照名词能否受数量词的修饰，名词可以分为普通名词和专有名词两种。

（一）普通名词

普通名词是指一般的人、事物、时间、处所等名词，能受数量词的修饰。如：

ȵiu^{33} pu^{33}	黄牛	ɕa̱^{31}	人
ɕa̱^{31}bao^{33}	男人	ɕa̱^{33}man^{33}	老人

no^{55}	豆	tju^{31}kot^{55}	眼睛
ŋo^{33}	石头	poŋ^{31}to^{33}	山洞
xa^{33}	海	sɛ^{55}	树
mɛ^{55}tɕaŋ^{55}	地方	ka^{55}	火塘
va^{33}	猪	luʔ^{31}	象
ɣa^{13}	鸡	pu^{33}tum^{31}	青蛙

（二）专有名词

专有名词是指个别的人、事物、时间、处所等名词，是与普通名词相对而言。专有名词一般不受数量词的修饰。如：

a^{33}lu^{55}	阿鲁（人名）	mɛ^{33}khoŋ^{33}	今年
maŋ^{33}pju^{13}	太阳	la̱^{31}pa^{33}	月亮
mɯ^{33}aŋ^{31}ʑaŋ^{31}	彝族	ʑe^{33}ven^{33}bao^{33}	毛主席

有个别专有名词能受数量词的修饰，在特定的语境里它不再是专有名词了。比如 ŋa^{33} pa^{33} ȵe^{33}ma^{33} nɛi^{55}“我有两个父亲”，这一句里的“父亲”一词能受数量词的修饰。作为儿子（女儿）而言，他（她）可能就是继子（继女），因此“父亲”一词在这样特定的语境里，它已不再是专有名词了。

二、名词分类（二）

按照名词所表示的意义，名词又可分为一般名词、时间名词、方位名词和处所名词等类。如：

（一）一般名词

ŋo^{33}	石头	sɛ^{55}	树
no^{55}	豆	me̱^{31}	尾巴
ŋa^{55}	鸟	ɕa̱^{31}	人
te^{33}ka̱^{31}	大腕	khɛ^{33}djoŋ^{33}	弩
khɛ^{33}mja^{33}	箭	zɛi^{33}	纸
pu^{33}tum^{31}	青蛙	ma^{13}ɣɛi^{33}	墨水
pa^{33}	父亲	sɛ^{55}	亲戚
ma^{33}	母亲	kɛi^{55}	胆

（二）时间名词

mɛ^{33}khoŋ^{33}	今年	khoŋ^{33}ŋei^{33}	新年
la^{33}n̥i^{33}	闰月	tsaŋ^{33}ɕa^{31}ʔe^{33}	除夕
nai^{31}mian^{55}	昨天	mɯi^{33}	现在
khɛ^{31}	以前	ɣo^{33}khɛ^{55}	从前
min^{33}koŋ^{33}	夜里	ɣu^{33}nai^{33}	前天
maŋ^{33}	天（日）	gam^{33}pha^{55}	早晨
ʔe^{31}lan^{33}	近来	min^{33}pha^{55}	晚上
dzam^{31}	刚才	nai^{33}ga^{33}	白天

（三）方位名词

pɯ^{33}to̱^{31}pja̱^{31}	东	pɯ^{33}ki^{33}pja̱^{31}	西

ki^{33}pja̱^{31}	南	n̥a̱^{33}pja̱^{31}	北
lja^{55}kan^{55}	左边	vɯ^{33}kan^{55}	右边
laŋ^{33}ka^{55}	上面	khaŋ^{55}ka^{55}	下面

（四）处所名词

ʔi^{31}lja^{55}ɣa^{33}	周围	lja^{55}ɣa^{33}	附近
vɯ^{33}kan^{55}	旁边	noŋ^{33}ka^{55}	外面
khoŋ^{33}ka^{55}	里面	i^{33}ŋɛ^{55}	顶端
lɯ^{33}aŋ^{33}kan^{55}	后面	ʔi^{33}koŋ^{33}	中间

三、名词的语法特征

（一）名词能受名词、形容词、代词、数量词的修饰，但不能受否定副词 mɯ^{31}“不”的修饰。

1．名词受其他名词修饰时，作修饰语的名词在前，作中心的名词在后，修饰语和中心词之间不加任何结构助词。如：

mɯaŋ^{51} phja^{33}	末昂衣服	n̥iu ɣa̱^{33}	牛肉
末昂　衣服		牛　肉	
va̱^{31} me̱^{31}	猪毛	sɛ^{55} phja^{31}	树叶
猪　毛		树　叶	
pja^{33} toŋ^{55}	鱼翅	ɣa^{33} kua̱^{31}	鸡脖子
鱼　翅		鸡　脖子	

2．名词受形容词的修饰时，名词在前，形容词在后面。如：

ɣan^{33}kha^{33} 苦菜　ju^{31} na^{55} 黑眼球
菜　苦　眼球　黑
ɣu^{55} kat^{31} 大肠　ɣu^{55} bi^{55} 小肠
肠　大　肠　小
ma^{33} kha̰^{31} 苦竹　ça̱^{33} man^{33} 老人
竹　苦　人　老

3．名词受代词修饰时，代词在前，名词在后，修饰语与中心词之间结构助词可加可不加。如：

ŋεi^{13} ʔe^{31} ʑau^{33}dau^{33} ʑau^{33} 我的东西
我　的　东　西
nεi^{51} khau^{33} 你家
你　家
ʑa^{51} ʔe^{31} phja^{33} 他的衣服
他　的　衣服
ŋεi^{13} dan^{33}gan^{33} 我的朋友
我　朋友

4．名词受数量词组修饰时，名词在前，数量词组在后。直接修饰名词的量词，它包含了数词"一"，从某种意义上来讲就是"数量词"。如果量词与"二"以上的基数词组成"数量词组"修饰名词时，数词就不能省略。如：

ȵiu^{31} （tɯ^{31}） kho^{31}　　一朵花
花　一　朵
ȵiu^{33} （tɯ^{31}） mau^{33}　　一条牛
牛　一　条
ɕ a̱^{33} soŋ^{33} pha^{33}　　三个人
人　三　个
moŋ^{31} lɛ i^{33} mau^{33}　　四匹马
马　四　匹

（二）名词在句子中充当主语、宾语、定语，和判断动词一起能构成合成谓语。如：

mai^{33} tsi^{33} maŋ^{33}　　今天几号?
今天　几 号（日）
ʑ a^{33} mja̱^{31} tso^{33} mɯ^{31} sa^{33}　　他连饭也不吃。
他　饭（助）　不　吃
ɕ a̱^{33} la^{31} ɣ o̱^{31} kue^{33}　　人到齐了。
人　来　到齐　了
mai^{33} soŋ^{31} la^{33} ɕo^{55} ɕa̱^{31} ʑ a̱^{31}　　今天是三月初二。
今天　三　月　初二　是
ɣ ɛ i^{33} ʔ e̱^{31} pɯ^{33} ŋ ɛ i^{13} ʔ e^{31} ʑ a̱^{31}　　这本书是我的
书　这　本　我　的 是

第二节　动　词

动词在句中对其他语法成分有着重要的制约作用，因而动词的研究历来成为各种语言语法研究中的一个热点。

一、动词分类

从语义上说，动词是表示动作、行为、存在、变化、消失以及心理活动等的实词。按其意义动词可分为以下不同的类别。

（一）表示动作、行为的

soŋ^{51}	看	muɯa^{33}	见
pe^{33}	背（柴，自动）	pe^{33}la^{55}	背（柴，使动）
kau^{33}	听	dam^{31}	喝
sa^{33}	吃（自动）	puɯe^{33}	吃（使动）
dei^{33}	坐	kau^{51}	跑
so^{33}	走	tsho^{51}	踢
ŋ oŋ^{55}	蹲	ta^{51}	抱
ta^{31}	爬（爬树）	pɛ i^{33}	翘（翘姆指）
dei^{51}	咬牙	kɛ i^{51}	跳
ʑ au^{33}	站（自动）	ʑ au^{33}la^{51}	站（使动）

（二）表示存在、变化、消失的

nɛ i^{55}	有	nɛ i^{33}	存在
dʑa^{33}la^{55}	发展	pei^{55}	变化
ɣ ɛ^{55}sa^{33}	死亡	ma^{55}te̱^{31}la^{33}	提高

（三）表示心理活动的

ʔ oŋ^{33}	爱	ʔ oŋ^{33}	羡慕
khau^{33}	嫉妒	ʔ i^{31}tsɯ^{31}	相信
kɛ̱^{31}	害怕	bɯ^{55}	憎恶
qau^{31}ao^{33}	恨	vɯ^{55}tsha^{31}	害羞
bɯ^{55}	嫌	dʑaɯ^{31}	高兴
kɛ̱^{31}	慌张	ȵe^{55}va^{31}	满意
ʑ a^{55}mɯ^{31}tsɯ^{31}	怀疑	ɣ a^{33}tɛ i^{31}	想念
bau^{33}ʑ e^{31}ɣ o^{31}	喜欢		

（四）表示可能、意愿、必要的

kui^{33}ȵi^{55}	能	dau^{33}ȵi^{55}	愿意
dau^{33}ɣ au^{33}	敢	ma̱^{31}le̱^{31}	应当
ʑ o^{33}	要	te^{33}ȵi^{55}	可以
mo^{51}kɯe^{33}	会		

（五）表示判断的（判断动词），如：ʑa̱^{31}“是”

判断动词 ʑa̱^{31}“是”与否定副词 mɯ^{31}“不”连用表示否定，如：

（1）ŋa^{33} mɯ^{31}na^{55}laŋ^{31} mɯ^{31} ʑa̱^{31}　　我不是老师。
我　老　师　不　是

（2）na^{55} ʑo^{33} ʑa̱^{31} mɯ^{31} ʑa̱^{31}　　你是不是要。
你　要　是　不　是

（3）na̱^{31}te̱^{31} mo^{51}nu^{33} mɯ^{31} ʑa̱^{31}　　不是这样做。
这样　做　助　不　是

（4）mai^{33} soŋ^{31}la^{33} ɕo^{55}ɕa̱^{31} ʑa̱^{31}　　今天是三月初二。
今天　三　月　初　二　是

（5）ɕa̱^{33} lau^{33} soŋ^{31} pha^{33} ʑa̱^{55}mo^{33}ɕat^{31} ʑa̱^{31}
人　那　三　个　农　民　是
那三个人是农民。

（6）mai^{33} ŋɛi^{13}ʔe^{31} ʑi^{31}nɛi^{51}nɛi^{31} ʑa̱^{31}
今天　我的　生　日　是
今天是我的生日。

（7）ve^{33} vɯ^{55}lja^{31}te^{33} ve^{33} ʔe^{31} ʑa̱^{31}
别人　吵架　别人　的　事　是
别人吵架是别人的事。

（六）表示趋向的（趋向动词）

le^{31}　上　lat^{31}　下

to̱^{13}	出	xau^{33}	进
to̱^{13}la^{33}	出来	xau^{33}la^{33}	进来
ʔoʔ^{55}ʔe^{33}	出去	xau^{33}li^{31}	进去
la^{31}le^{31}	上去	lat^{31}ʔe^{55}	下去
kuŋ^{33}la^{55}	回来	kuŋ^{33}le^{33}	回去

二、动词的一般特征

1．动词是不受程度副词 bei^{33}“很”、ɣa^{55}sɛi^{51}“太”等修饰的。动词在句中充当谓语，判断动词和名词、名词性词组可做谓语。如：

（1）ʑa^{33} ɣɛi^{33} la^{51} pup^{13} 他写信。
他 信 写

（2）ŋa^{33} mɯaŋ^{51} phau^{33} ʑa̱^{31} 我是末昂人。
我 末昂 人 是

（3）mai^{33} soŋ^{31}la^{33} ɕo^{55} ɕa̱^{31} ʑa̱^{31} 今天是三月初二。
今天 三 月 初 二 是

（4）ŋa^{33} mɯ^{31}na^{55}laŋ^{31} mɯ^{31} ʑa̱^{31} 我不是老师。
我 老 师 不 是

2．一般动词可以受名词、代词修饰时，名词、代词在前，动词中心语在后。如：

mja^{33} sa^{33} 吃饭　　phja^{31} tei^{31} 泡衣服
饭 吃　　衣服 泡

$ɣɛi^{33}$ ma^{33} 读书 $ça̱^{31}$ ko^{51} 喊人
书 读 人 喊
$ça̱^{31}$ zau^{33} 嫁人 $tsan^{33}$ $tshɛi^{31}$ 借钱
人 嫁 钱 借
$ɣɛ^{55}$ dam^{31} 喝水 $ŋa^{55}$ $bɯt^{31}$ 扣鸟
水 喝 鸟 扣

3．动词作谓语时，在宾语之后。可以受时间副词、否定副词、形容词的修饰，做修饰语的副词、形容词一般在动词中心词之前。如：

$ʑa^{51}$ $ŋa^{33}$ na^{33} $mɯ^{31}$ $soŋ^{51}$. 他不看我。
他 我（助）不 看
na^{55} $ʑa^{33}ma^{33}$ $ʔi^{31}$ $çi^{31}$ kau^{33} ve^{33}. 你什么时间回来。
你 什么 时间 回来（语气）
$ʑa^{51}$ $tsɯɛ^{31}$ $ʔe^{31}$ kau^{33} la^{33}. 他真的来了。
他 真 的 来 了（语气）
$mɯ^{31}na^{55}laŋ^{31}$ $mɯ^{31}$ $soŋ^{51}$ $sa̱^{31}la^{51}bat^{31}$. 老师不看电影了。
老师 不 看 电影

4．动词可以用肯定否定相叠的形式表示疑问。如：

na^{55} sa^{33} $mɯ^{31}$ sa^{33}? 你吃不吃？（你吃吗？）
你 吃 不 吃

ʑa̱^{31} mɯ^{31} ʑa̱^{31}?　　　　是不是？（是吗？）
是　不　是

ʑa^{51} soŋ^{51} mɯ^{31} soŋ^{51}?　　　　他看不看？（他看吗？）
他　看　不　看

na^{55} ɣε^{55} dam^{31} mɯ^{31} dam^{31}?　你喝不喝水？（你喝水吗？）
你　水　喝　不　喝

mε^{55} mo^{51} mɯ^{31} mo^{51}?　　　　种不种地？（种地吗？）
地　种　不　种

三、动词的语法范畴

语法范畴是把语法形式所表示的同类的语法意义概括起来的。语法范畴可以说是语法意义聚合的类型。

末昂语动词的语法范畴根据其表示的内容，可分为时范畴、体范畴、使动范畴和趋向范畴。

（一）时范畴

对动词“时”、“体”的概念有不同的认识。一般认为，“以某一时刻为准从外部观察整个事件发生的时间，则可以得出“过去”、“现在”、“将来”等时间概念；若深入过程内部观察其各个阶段的情况，则可得出动作的起始、进行态、完成态等。前者一般称为“时制”（tense），它指示事件的发生时间，后者一般称为“时态”（aspect），它表示事件处于某阶段的特定状态。末昂语中表示动作可分为“时”、“体”两个方面。

末昂语中的“时”可按时间的表达方式分为现在时、过去时、将来时。

1. 现在时间

表达现在的动作、行为，用mɯi^{33}“现在”，一般在动词之前。如：

ʑa^{51} mɯi^{33} mja^{33} sa^{33} ʑe^{33}. 他现在正在吃饭。
他 现在 饭 吃 正在

dʑo^{33}ɕa^{33} mɯi^{33} dam^{33}sa^{33}to̠^{51} ʑe^{33}. 大家现在正在休息。
大家 现在 休息 正在

ka^{33} so^{33} ʑe^{33}. 正在走路。
路 走 正在

2. 过去时间

过去时的表达方式主要使用过去的时间词，动词本身没有形态方面的变化。末昂语表达过去的时间词有 khɛ^{31}“过去”、“以前”等。

ʑa^{51} khɛ^{31} mɯ^{31}na^{55}laŋ^{31} ta̠^{33} ve^{33}. 他过去当过老师。
他 过去 老 师 当 过了

khɛ^{31} la^{31} ve^{33}. 以前来过。
以前 来 过了

ʑa^{51} khɛ^{31} mja^{33} sa^{33} ve^{33}. 他之前吃过饭了。
他 之前 饭 吃 了

3. 将来时间

将来时又可称为未来时，将来时间着眼于动作发生于未来，是说话者对未来将会发生的动作、行为的主观臆测和推断。末昂语中表达未来时的动作、行为时，使用 xa^{33}lnai^{33}ɕe^{55}tha^{31}“今后”、ʔaŋ^{33}taŋ^{33}thaŋ^{33} “以后”、ɣɛ^{33}tsaŋ^{33}thaŋ^{33} “将要”，一般都在动词之前。将来时是对某一件事情或行为，今后将怎样进行时常用的句式。如：

ŋa^{33} xa^{33}lnai^{33}ɕe^{55}tha^{31} tsɯ^{33} mo^{33} ʑi^{31}dʑo^{33}moŋ^{55} mo^{51} kuæ^{33}.
我 今后 努 力 工 作 做会（助动）
今后我会努力工作。

ʑa^{51} ɣɛ^{33}tsaŋ^{33}thaŋ^{33} pei^{31} tɕin^{33} puæ^{33}pɛ̠^{31} ʔe^{51}.
他 将要 北京 助 （趋向） 去
他将要去北京。

ʔaŋ^{33}taŋ^{33}thaŋ^{33} tsɯ^{33}mo^{33} ʑi^{31}dʑo^{33}moŋ^{55} ʑo^{33} .
以 后 努力 工 作 要
以后要努力工作。

（二）体范畴

末昂语动词“体”范畴为“完成体”、“现在体”、“未来体”等。如：

1. 完成体

“完成体”表示从说话时看动作、行为已经实现。

末昂语表示“完成体”的方式是用助词 pɛi^{31}kui^{33}ɣa^{31} “完了”来表示，一般都是放在句子的末尾。如：

ʑa^{51} sa^{33} pɛi^{31}kui^{33}ɣa^{31}. 他吃了。
他 吃 （完）了

xaŋ^{33} me^{33} ŋɛ^{55} pɛi^{31}kui^{33}ɣa^{31}. 麦子黄了。
麦子 黄 （完）了

ʑo^{51} ʔe̱^{31} tsau^{33} la^{31} pɛi^{31}kui^{33}ɣa^{31}. 他们全来了。
他们 全 来 （完）了

ʑa^{51} so^{33} pɛi^{31}kui^{33}ɣa^{31}. 他走了。
他 走 了

ŋɛ^{55} na^{33} pɛi^{31}kui^{33}ɣa^{31}. 雨停了。
雨 停 了

2. 现在体

“现在体”表示动作和行为还在进行中，一般在动词之后加助词 ni^{31} 表示。如：

ʑa^{51} mɯi^{33} mja^{33} sa^{33} ni^{31}. 他现正在吃饭。
他 现 饭 吃（语助）

ȵe̱^{31} mɯi^{33} ɣɛi^{33} soŋ^{51} ni^{31}. 妹妹现正在看书。
妹妹 现 书 看（语助）

ma^{33} mɯi^{33} khaŋ^{33}poŋ^{33} nɛi^{33} ni^{31}. 母亲现在在家里。
母亲 现 家 在（语助）

ɣa̱^{33} mɯi^{33} ɣa^{33}tsa^{33}tsau^{55} nɛi^{33} ni^{31}. 肉现在在锅里。
肉 现 锅 里 在（语助）

3. 未来体

“未来体”就是动作、行为还未进行，将要进行或未来进行，一般在动词之后加助词ɣɛ^{33}tsaŋ^{33}thaŋ^{33} 或 ɣa^{55}le^{31} 来表示。如：

ʑa^{33} ɣɛ^{33}tsaŋ^{33}thaŋ^{33} ɣɛi^{33} la^{51} pup^{13} ve^{33}. 他将要写信。
他 将 要 信 写 （助）

ʑa^{33} ɣa^{55}le^{31} tei^{33} kuɯ^{33} ve^{33}. 他将来会说的。
他 将来 说 会 （助）

ŋa^{33} ɣa^{55}le^{31} mɯ^{31}na^{55}laŋ^{31} ta̠^{33} ʑo^{33} ve^{33}. 我将来想当老师。
我 将来 老 师 当 要 （助）

ȵe̠^{31} ɣɛ^{33}tsaŋ^{33}thaŋ^{33} so^{33} ve^{33}. 弟弟将要走。
弟弟 将 要 走 （助）

（三）使动范畴

在藏缅语族语言中，绝大多数语言的动词都有使动范畴。但在各个具体语言里的使动词存在一些差别。有的语言在语法体系中占重要地位，表示使动的语法形式十分活跃；有的语言使动语法形式虽然存在，但已经不活跃；有的语言仅仅残存着使动形式的一点痕迹；有的语言，动词中使动形式已经销声匿迹。

在使动形式的表达方式方面，不同的语言里也存在不小的差别。有的语言用粘附性前缀表达，有的语言用屈折性后缀表达；有的语言用动词词根的屈折变化的方式表达；有的语言则在动词的前面或后面加虚化动词或助词等方式表达。①

动词分自动使动，构成了使动范畴，是末昂语语法方面的一个重要特征。末昂语使动范畴的形态变化，与彝语方言及彝语支

---

① 孙宏开：《论藏缅语动词的使动语法范畴》，载《民族语文》，1998（6）。

语言等亲属语言作比较，就能看到其中有一些同其他亲属语言存在不同源的关系，语音上找不到对应规律。末昂语动词的使动范畴，只有分析形式，而屈折形式已逐渐消失。

1．分析形式

分析形式是目前许多藏缅语语法意义的主要表现形式，从藏缅语语法结构历史演变的脉络和方向来看，分析形式是后期的现象，是粘着形式、屈折形式陆续消失后的语法形式的代偿现象。②

末昂语使动词的分析形式，是在动词之后加虚词来表示的，这些虚词是从实词的虚化过来的。末昂语的分析形式很丰富，使动范畴的表达形式主要还是动词后加虚词来表达的。

分析形式又分为两种形式，一种是动词不变，自动词的后一个词素或用不同的词素来表示的，即在动词之后加虚词 la^{55}、na^{31}、ta^{31} 来表示；一种是自动词与使动词没有规律性，自动词和使动词找不到语音上对应的关系。

第一种形式：

$phɯa^{31}$	打滚（小孩）（自动词）
$phɯa^{31}\ na^{31}$	打滚（小孩）（使动词）
kho^{51}	戴（帽子）（自动词）
$kho^{51}\ na^{31}$	戴（帽子）（使动词）
$ç e^{51}$	戴（耳环）（自动词）
$ç e^{51}\ na^{31}$	戴（耳环）（使动词）

② 孙宏开：《论藏缅语的语法形式》，载《民族语文》，1996（2）。

va^{31}	戴（项链）（自动词）
$va^{31}\ na^{31}$	戴（项链）（使动词）
va^{55}	穿（衣）（自动词）
$va^{55}na^{31}$	穿（衣）（使动词）
$sɛ\ i^{33}$	穿（鞋）（自动词）
$sɛ\ i^{33}\ na^{31}$	穿（鞋）（使动词）
$ʑ\ e^{33}$	睡（自动）
$ʑ\ e^{33}na^{31}$	睡（使动）
va^{33}	用（自动词）
$va^{55}na^{31}$	用（使动词）
$ç\ \underline{e}^{31}$	放（水，自动）
$ç\ \underline{e}^{31}na^{31}$	放（水，使动）
bak^{51}	背（孩子，自动）
$bak^{51}\ la^{51}$	背（孩子，使动）
pe^{33}	背（柴，自动）
$pe^{33}la^{55}$	背（柴，使动）
$sɛ\ i^{33}$	骑（自动）
$sɛ\ i^{33}\ la^{51}$	骑（使动）
bau^{33}	挑（水，自动）
$bau^{33}la^{55}$	挑（水，使动）
bau^{33}	扛（自动）
$bau^{33}\ la^{55}$	扛（使动）
$ʑ\ au^{33}$	站（自动）
$ʑ\ au^{33}\ la^{51}$	站（使动）

{	$la̠^{31}tshɯ^{33}$	伸手（自动）
	$la̠^{31}tshɯ^{33}la^{55}$	伸手（使动）
{	lja^{51}	吊（自动）
	lja^{51} ta^{31}	吊（使动）
{	kɛ i^{31}	挂（自动）
	kɛ i^{31} ta^{31}	挂（使动）

使动词里的 na^{31}，本身具有“使、让”的含义，la^{51} 具有“给、给予”的意思，ta^{31} 具有“放置”的含义。这三个词素是从实词虚化而来的。

第二种形式，自动词与使动词语音上没有规律性，不管是声母还是韵母语音上找不到对应的关系。如：

{	sa^{33}	吃（自动词）
	$pɯɛ^{33}$	吃（使动词）
{	$le̠^{31}$	放（鸟，自动词）
	phi^{33} bja^{33}	放（鸟，使动词）

2．屈折形式

动词的内部屈折表现为使动词与自动词声母清浊交替，声调交替等来实现的。内部屈折形式有四种表现形式：第一种是以不送气的同部位清、浊声母交替来表现；第二种是同部位的清送气声母与浊声母交替来表现；第三种是以声调的变化交替来表现；第四种是以浊音声母与同部位不送气清音及声调不同交替来实现。还有的是以元音的交替来实现。但末昂语的内部屈折已经消失。

通过上述的比较和分析，末昂语的使动范畴与亲属语言之间有不对应的关系。特别是与彝语方言及彝语支语言，以及缅语支语言没有对应的关系。从与傈僳语、拉祜语、哈尼语、载瓦语的比较来看，也可以看出与这些亲属语言同源的关系。但拉祜语个别的自动词与使动词的区别，不是用声母清浊的交替，而是用声调的不同来加以区别。绿春哈尼语的使动范畴没有形态变化，使动词是在原动词之前加前缀 bi^{31} 来表示。

（四）趋向范畴

趋向范畴表示动作行为的趋向方位。末昂语表示趋向范畴的语法手段主要是分析形式，一般在动词之后加 li^{31}、la^{33}、$ʔe^{33}$、le^{31} 等虚词来表示，与使动范畴有交叉，与使动范畴分析形式所表示的意义是相同的。这些虚词都是从实词演变而来的。

$la^{31}la^{55}$	上来	$la^{31}le^{31}$	上去
$to̱^{13}la^{33}$	出来	$ʔoʔ^{55}ʔe^{33}$	出去
$lat^{31}lɛi^{31}$	下来	$lat^{31}ʔe^{55}$	下去
$xau^{33}la^{33}$	进来	$xau^{33}li^{31}$	进去

第三节 形容词

一、形容词的分类

形容词是表示人和事物形象、性质或动作行为的实词。形容词从意义上可以分为以下几个小分类。

（一）表示形象、色彩的

ȵe^{55}	红	ŋɛ^{55}	黄	ȵa^{55}	蓝
tso̱^{33}	白	ȵa^{13}	黑	ȵa^{55}	绿
bum^{13}	紫	bum^{13}	灰	kei^{51}	宽
kɛm^{31}	窄	ʑe^{13}	滑	tɕhe̱^{31}	粗糙

（二）表示性质的

lau^{33}	好	mɯ^{31}lau^{33}	坏
tsham^{51}	甜	qha^{33}	苦
phei^{31}	辣	khɛi^{33}ɡe̱^{31}nom^{31}	香
sɛi^{33}ɡe̱^{33}nom^{31}	腥	nom^{51}	膻
ɡa^{55}	冷	ȵe̱^{31}	热
kɛi^{51}	硬	bjau^{33}	软
so^{33}ȵe^{55}	老实	ɡui^{55}ka^{31}	乖
dau^{33}ɣa^{33}	勇敢	bei^{55}te̱^{31}	伟大

（三）表示状态的

kau^{33}	大	bei^{31}	小	mo^{55}	长
tau^{33}	短	moŋ^{55}	高	djau^{33}	低
bo̱^{31}	饱	mɯɐ^{31}	饿	mau^{33}	快
mɯɐ^{33}	慢	lju̱^{31}pe^{51}	渴	dam^{31}	累
djau^{33}	整齐	mau^{33}	忙	lau^{33}ȵe̱^{31}	闲
dau^{33}te^{33}	均匀	tja^{33}	正	vuɐ^{55}	歪
thu̱^{33}	厚	pa^{33}	薄		

二、形容词的语法特征

1．形容词一般在句中作谓语、定语和补语，修饰名词性中心语时，在中心语之后。作为动词的补充成分时，在动词谓语之后。如：

pa^{33} ma^{33} the^{33} ɕa̱^{31}mei^{33} the^{33} kau^{55} kha^{33}.　父母苦了半辈子。
父　母　一　辈　子　一　半　辛苦

xaŋ^{33}me^{33} ŋɛ^{55} sa^{33}.　麦子黄了。
麦　子　黄（助）

ȵiu^{31} ȵe^{55}　红花。
花　红

ȵe^{55} ʔe^{31} ȵiu^{31}　红的花。
红　的　花

ʑo^{51} ʔe̱^{31} sa^{33} bo̱^{31} sa^{33}.　他们吃饱了。
他们　吃　饱（助）

ȵe̱^{31} so^{51}la^{33} sa^{33}.　妹妹胖了。
妹妹　胖　了

xaŋ^{33}me^{33} moŋ^{55} kau^{55}la^{55}.　麦子长高了。
麦　子　长　高　了

sɛi^{31}me^{33}aŋ^{33} ʔe̱^{31}na̱^{31} ɣa^{33} dʑa^{33} ɣa^{33} lau^{33}la^{33}.
姑　娘　这　个　越　来　越　漂亮
这个姑娘越来越漂亮了。

2．形容词可直接受前面程度副词、否定副词的修饰。如：

ɕa̠^{33}pe^{55} ma^{31} ʔe̠^{31}na̠^{31} bei^{33} lau^{33}la^{33}.

小女孩　　这个　很　漂亮

这个小女孩很漂亮。

ȵiu^{31} vat^{55} ʔe̠^{31} kho^{31} bei^{33} ȵe^{55}.　　这朵花最红。

花　朵　这　朵　最　红

sa^{33} mɯ^{31} bo̠^{31}.　　吃不饱。

吃　不　饱

va^{55} mɯ^{31} lau^{33}.　　穿不好。

穿　不　好

ʑa^{33} bei^{33} moŋ^{55}.　　他很高。

他　很　高

ʑa^{33} khui^{33} la^{33} bei^{33} kɛ̠^{31}.　　她很怕狗。

她　狗　（助）很　怕

khaŋ^{33}poŋ^{33} ʔe̠^{31} khaŋ^{33}poŋ^{33} bei^{33} ʔea^{33}.　这房间很潮湿。

房间　　这　房间　　很　潮湿

3．末昂语形容词分单音节、双音节和多音节三种形式，例如：lau^{33}"好"、kɛi^{51}"硬"、gui^{55}ka^{31}"乖"、khɛi^{33}ge̠^{31}nom^{31}"香"、sɛi^{33}ge̠^{33}nom^{31}"腥"等。

有的单音节词可以重叠表示程度加深，例如：

mau^{33}　快　mau^{33} mau^{33}　快快的（急速）

khɯe^{33}　沉　khɯe^{33} khɯe^{33}　沉甸甸（很重）

kei^{51}	宽	kei^{51} kei^{51}	宽阔
tsɯɐ^{33}	黑	tsɯɐ^{33} tsɯɐ^{33}	黑黢黢
ŋau^{55}	干净	ŋau^{55} ŋau^{55}	干干净净

第四节 代 词

代词是有代替、指示作用的词。末昂语的代词分为人称代词、指示代词、疑问代词三类。

一、人称代词

代替人或事物名称的叫人称代词。末昂语的人称代词有数格范畴，数有单数和复数之分，格有主格和宾格之分。

1．在数的系统里，从形态方面来分的话，有单数和复数用声调和韵母的不同加以区分。如果表示双数人称代词时，人称代词的韵母都变成了双元音韵母 ɛi，人称代词后加词缀语素来表示。例如：

表 4–1 人称代词的数

人 称	单数	复数	双数
第一人称	ŋa^{33}	ŋo^{51}	ŋɛi^{33} n̥u^{51}
第二人称	na^{55}	nu^{55}	nɛi^{55}n̥o̱^{31}
第三人称	ʑa^{51}	ʑo^{51}	ʑɛi^{51} n̥u^{51}

2．人称代词的格有主格和宾格之分，主格和宾格是由声调

的变化来表示。末昂语有领属格，是由韵母的变化以及附加成分的语法形式来表示的。如ŋɛi^{13}ʔe^{31}“我的”、ŋo^{51}ɕa^{33}ma^{33}“我们的”、nɛi^{51} ʔe^{31}“你的”、no^{55}ɕa^{33} ma^{33}“你们的”、ʑe^{31}ʔe̱^{31}“他的”、ʑo^{51} ʔe^{31} ma^{33}“他们的”等。如：

表 4–2 人称代词的格

人称	数	主格	宾格	领属格
第一人称	单数	ŋa^{33}	ŋa^{55}	ŋɛi^{13}ʔe^{31}
	复数	ŋo^{55}	ŋo^{33}	ŋo^{51}ɕa^{33}ma^{33}
第二人称	单数	na^{55}	na^{33}	nɛi^{51} ʔe^{31}
	复数	nu^{55}	nu^{33}	no^{55}ɕa^{33} ma^{33}
第三人称	单数	ʑa^{51}	ʑa^{55}	ʑe^{31}ʔe^{31}
	复数	ʑo^{51}	ʑo^{55}	ʑo^{51} ʔe^{31} ma^{33}

3．人称代词可以作主语、宾语、定语。做定语时，有时可以省略 ʔe^{31}（的），但词序和句子的意思不变。如：

nɛi^{51} ʔa^{33}. 你的孩子。
你 孩子

nɛi^{51} ʔe^{31} ʔa^{33}. 你的孩子。
你 的 孩子

二、指示代词

对指称或区别人、物、情况的叫指示代词，有指示和替代的作用。指示代词有近指和远指。

近指的代词有：

ʔe̱^{31}	这
ʔe̱^{31} na̱^{31}	这个
ʔa̱^{31} na̱^{31}	这里
ma̱^{31}pɯe^{33}	这些
na̱^{31}te̱^{31}	这样
ʔo^{33} to̱^{31}	那里（近指）
ma̱^{31}mo^{55}	这么

远指的代词有：

ʔo^{33} poŋ^{55}	那里（远指）
na̱^{31}tja^{31}le^{31}	那（指平行的那点）
lau^{33}	那儿（指说话处的上方）
la̱^{31}	那儿（指说话处的下方）
ma̱^{33}te^{33}	那么
lau^{33} na̱^{31}	那个

三、疑问代词

表示疑问的叫疑问代词。疑问代词的主要用途是表示有疑问（询问）或无疑而问（反问、设问）。

疑问代词有：

sa^{33}mau^{33}	谁
ʑa^{33}ma^{33}	什么
ȵa^{55}mɯ^{31}ɣa^{31}	为什么
so^{33}le̠^{51}ɣa^{31}	怎么
so^{33}te̠^{33}ɣa^{31}	怎样
doŋ^{33}mja^{31}ʑau^{55}	多么
a^{33}te^{55}	哪
so^{33}te^{55}	哪样
ʑau^{33}ma^{31}	哪里
doŋ^{33}mja^{31}ʑau^{55}	多少
tsi^{55}ma^{31}	几个

疑问代词可以做句中的主语、谓语、宾语、补语等。如：

sa^{33}mau^{33} ŋau^{33} ɣa^{13}? 谁在哭？（作主语）
谁 哭 语气

mai^{33} tsi^{33} maŋ^{33}? 今天几号？（作谓语）
今天 几 号

na^{55} ʑa^{33}ma^{33} ʑo^{33}? 你要什么？（作宾语）
你 什么 要

sɛ^{55} ʔe̠^{31} dʑam^{31} doŋ^{33}mja^{31}ʑau^{55} moŋ^{55} nɛi^{55}?
树 这 棵 多么 高 有
这棵树有多高？（作补语）

第五节　数　词

数词是表示数目和次序的词。数词又分为基数词和序数词。

一、基数词

表示数目多少的叫基数词，如：

the^{33}	一	ȵe^{33}	二	soŋ^{33}	三
lɛ i^{33}	四	ŋ a^{33}	五	kho^{33}	六
ɣ e^{33}	七	ʑ e^{33}	八	kau^{33}	九
sɛ i^{51}	十	ʑ a^{31}	百	ç ei^{31}	千
fam^{33}	万	sɛ i^{51}fam^{33}fam^{33}	亿		

基数词“十一”至“十九”是由 sɛ i^{51} “十”加个位数“一”至“九”构成。ȵe^{33}sɛ i^{51} “二十”、soŋ^{33}sɛ i^{55} “三十”的后面都是加“一”至“九”构成“二十一”至“二十九”和“三十一”和“三十九”，以此类推。基数词“一”至“九”用在“十”、“百”、“千”、“万”、“亿”的前面时用相乘的关系，用在后面是相加的关系。彝语东部方言和南部方言的“十一”的“一”与基数词“一”不相同，“二十”的“十”、“七十”的“十”与其他整十的“十”不同，有音变现象，而末昂语是没有这样的区别。基数词中的“零”，有时不表示，有时用“tɯ^{31}”来表示，如：the^{33}（一）ʑ a^{31}（百）tɯ^{31}（零）ŋ a^{33}（五）ma^{33}（个）为一百零五。

二、序数词

序数词是用来排列顺序的词。

序数词是在基数词之前 dɛ i^{33}“第”和之后加“一”至“九”构成。如：

dɛ i^{33} the^{33}	第一
dɛ i^{33}ȵe^{33}	第二
dɛ i^{33} soŋ^{33}	第三
dɛ i^{33} lɛ i^{33}	第四
dɛ i^{33}ŋ a^{55}	第五
dɛ i^{33} kho^{33}	第六
dɛ i^{33} ɣe^{33}	第七
dɛ i^{33} ʑe^{33}	第八
dɛ i^{33} kau^{33}	第九
dɛ i^{33} sɛ i^{51}	第十

三、概数、倍数和分数

概数：tɯ^{31}pɯe^{31} 一些、tɯ^{31}bau^{33} 一点儿、sɛ i^{33}mja^{33} 若干、bei^{33}mja^{31} 很多；倍数：在基数词之后加 tsi^{33}ko^{31}（倍），如：ȵe^{33} tsi^{33}ko^{31} 两倍、ŋ a^{55}tsi^{33}ko^{31} 五倍；分数：“三分之一”的表达方式，是在均匀的三份当中取其中一份。如：

soŋ^{33} tsi^{31}ko^{31}toŋ^{33} the^{33} tsi^{31}ma^{31}

三　份　当　中　一　份

三分之一（三份当中的一份）

ŋa^{55} tsi^{31}ko^{31}toŋ^{33} soŋ^{33} tsi^{31}ma^{31}
五　份当中　三　份
五分之三（五份当中的三份）

四、数词的语法特征

数词通常要跟量词组合成数量短语，才能做句法成分。例如：

ça̠^{31} soŋ^{33} pha^{33} the^{33} po̠^{31} ʔe^{51} sa^{33}.　　三个人走了一趟。
人　三　个　一　趟　去

基数词不能单独作句法成分，仅限于在数学计算中运用。序数词在特定情况下也可以直接修饰名词，多数是组成专名，中间不要加量词。数量短语通常用做定语或补语、状语。例如：

tju^{31}kot^{55} the^{33} pei^{55} soŋ^{51}.　　看了一眼。
眼睛　一　下　看

倍数只能用来表示数目的增加，不能表示数目的减少；分数既可以表示数目的增加，也可以表示数目的减少。

第六节　量　词

量词是表示计算单位的词。末昂语的量词很丰富，可分为名量词、动量词和度量衡词三种。名量词是表示人和事物的计算单位，而动量词则表示动作次数和发生的时间总量，度量衡量词是指在日常生活中用于物体计量长短、容积、轻重的统称。

一、名量词

名量词是表示人和事物的计算单位。

khau^{33}	家（一家人）	boŋ^{33}	代（一代人）
dɯe^{55}	所（一所房子）	poŋ^{33}	间（一间屋子）
tau^{33}	层（一层楼）	phe^{33}	扇（一扇门）
ma^{33}	块（一块石头）	ma^{33}	个（一个碗）
tɯ^{31}kam^{33}	堵（一堵墙）	ʥam^{31}	棵（一棵树）
lo^{31}	筒（一筒树）	ɕe^{55}	个（一个酒杯）
pau^{33}	丛（一丛秧）	tom^{31}	把（一把秧）
pau^{33}	蔸（一蔸草）	ka^{33}	行（一行玉米）
kho^{31}	枝（一枝花）	kho^{31}	支（一支笔）
kho^{31}	朵（一朵花）	to̱^{31}	窝（一窝鸡）
mau^{33}	只（一只羊）	mau^{33}	头（一头牛）
mau^{33}	头（一头猪）	mau^{33}	匹（一匹马）
mau^{33}	条（一条蛇）	mau^{33}	尾（一尾鱼）
ʥo̱^{31}	群（一群人）	ŋau^{33}	群（一群羊）
ma^{33}	只（一只虎）	ma^{33}	只（一只豹）
ma^{33}	只（一只狼）	ʦau^{31}	条（一条绳）
ʦau^{31}	条（一条路）	qau^{31}	条（一条裤）
ʦau^{55}	条（一条河）	tau^{55}	层（一层皮）
phe^{33}	张（一张纸）	pɯe^{33}	本（一本书）

nɛi^{33}	天（一天）	ɡoŋ^{33}	串（一串鱼）
ljum^{31}	块（一块肉）	bo^{33}	合（一盒糖）
ma^{55}	张（一张桌子）	phe^{33}	张（一张牛皮）
ʥo^{31}	支（一支歌）	qau^{55}	件（一件衣服）
la^{31}	地（一块地）	ʥo^{33}	件（一件事）

名量词常与指示代词、数量词组合来修饰名词，有的名词可兼做量词。如：

maŋ^{33}	天（一天）	soŋ^{55}	双（一双鞋）
ka^{33}	列（一列队伍）	vam^{31}	背（一背柴）
la^{33}	月（一个月）	pɯ^{55}	筒（一筒米）
to̱^{31}	把（一把米）	khau^{33}	把（一把刀）
bja^{31}	瓶（一瓶油）		

二、动量词

动量词是表示动作次数和发生的时间总量。

末昂语的动量词比较少，一般有po̱^{31}“趟”，the^{33} po̱^{31} ʔe^{51}“去一趟”，po̱^{31}“遍”，the^{33} po̱^{31} soŋ^{51}“看一遍”，nau^{31}“觉”，the^{33} nau^{31} ʑe^{33}“睡一觉”，ȵe^{33} tho̱^{33}“步”，ȵe^{33} tho̱^{33} so^{33}“走两步”等。

末昂语的动量词往往与指示代词、数词结合来修饰动词，如：

na^{55} the^{33} po̱^{31} ʔe^{51} lo^{33} la^{55} ȵe^{33} po̱^{31} ʔe^{51} lo^{33}?
你　一　动量　去（助）　二　动量　去（助）
你去了一趟还是两趟?

ʑo^{51} pen^{31} tɕin^{33} nu^{33} ʔe̱^{31} po̱^{33} ʔe^{51}. 他们这次去北京。
他们 北 京 （助） 这 次 去

na^{55} the^{33} nau^{31} ʑe^{33}. 你睡一觉。
你 一 觉 睡

三、度量衡量词

度量衡量词有 tsan^{33} 钱、dʑa^{31} 两、qha^{55} 斗、pei^{31} 升、tau^{31} 丈、çe̱^{31} 尺、me̱^{33} 米（三尺）、çei^{33} 寸、mu^{33} 亩、kɛi^{31} 斤、lam^{31} 庹（两臂伸开）、ȵa^{55} 拃（拇指与食指）等。如：

ŋe^{55} the^{33} tsan^{33} 一钱金子
金子 一 钱
phju^{33} the^{33} dʑa^{31} 一两银子
银子 一 两
loŋ^{31}la^{33} the^{33} pei^{31} 一升小米
小 米 一 升
kha^{33}mao^{33} the^{33} qha^{55} 一斗谷子
谷 子 一 斗

量词的语法特点：末昂语的量词往往与数词组成数量词组修饰名词、动词，做定语、状语、补语等，修饰动词性中心词时，数量词组在动词性中心语之前，而修饰名词性中心语时，却在名词性中心语之后。如：

ɕa̱^{31} the^{33} pha^{33} 一个人
人 一 个

the^{33} pja^{33} bok^{33} 打一顿
一 顿 打

数词和量词组成的数量短语可以重叠，组成“一A一A”式，或“一AA”式。如：

ɕa̱^{31} the^{33} pha^{33} the^{33} pha^{33} so^{33}. 人一个一个走了。
人 一 个 一 个 走

ŋaŋ^{13} the^{33} ŋau^{33} ŋau^{33} kuŋ^{33}le^{33}. 羊一群群回去了。
羊 一 群 群 回去

第七节 副 词

副词是表示动作、行为或事物性质的程度、范围、时间、状态等的一类词。副词可以单独充当句子成分，一般作状语。副词可分为时间副词、程度副词、范围副词、肯定副词、否定副词等；副词不能单独回答问题，句中常做修饰形容词。

一、程度副词

表示程度的副词有 bei^{33} 很、bei^{33} 最、ɣa^{55}sɛi^{51} 太、tsei^{33}mo^{55} 极（极好）、bei^{33}dʑa^{13} 非常、ma^{55} 更加、ɣa^{33} 越等。

ȵe̠^{31} bei^{33}dʑa^{13} so^{51}la^{33}. 妹妹非常胖。
妹妹 非常 胖

ȵiu^{31} vat^{55} ʔe̠^{31} kho^{31} bei^{33} ȵe^{55}. 这朵花最红。
花 朵 这朵 最 红

二、时间副词

表示时间的副词有：ta^{31}ɕau^{33}常常、经常，dʑau^{31}刚才，dʑo̠^{31}tɕa^{51}立刻、马上，ʑo^{33}也，ɣa^{55}le^{31}将来，tɯ^{31}po̠^{31}再，khui^{33}la^{55}已经，mau^{33}mau^{33}na^{31}快快地，me̠^{33}me̠^{33}na^{31}渐渐地，me̠^{33}me̠^{33}na^{31}慢慢地，me^{33}tɯ^{31}no^{33}刚刚等。

ʑa^{51} me^{33}tɯ^{31}no^{33} so^{33}. 他刚刚走。
他 刚刚 走

maŋ^{33}pju^{13} me̠^{33}me̠^{33}na^{31} poŋ^{33} ʔe^{55} kɛi^{55} sa^{33}.
太阳 慢慢地 山 下 落 了
太阳慢慢地落山了。

ŋa^{33} ta^{31}ɕau^{33} sa^{33}. 我经常吃。
我 经常 吃

na^{55} dʑo̠^{31}tɕa^{51} so^{33}. 你马上走。
你 马上 走

pa^{33} khui^{33}la^{55} kau^{33} kue^{33}. 父亲已经回来了。
父亲 已经 回来 了

三、范围副词

表示范围的副词有 ɕam^{33} 都（大家都去）、tsau^{33} 全（全国、全村）、ʔe^{55}soŋ^{55}ɣo^{33} 就、ʔe^{33}mɯ^{31}ɕe^{55} 差不多等。

dʑo^{33}ɕa^{33} ɕam^{33} ʔe^{51} kue^{33}.　　大家都去了。
大家　都　去　了

the^{33} loŋ^{55} tsau^{33} mɯɑ^{33} kue^{33}.　　村子人全看见了。
一　村子　全　看见　了

sa^{33} ʔe̱^{31} ʔe^{33}mɯ^{31}ɕe^{55}.　　吃得差不多。
吃　得　差不多

四、肯定副词

表示肯定的副词有 na^{55} tho̱^{31} 必须，ŋa^{55} tho̱^{31} 当然，tho̱^{31}ʔe^{55} 一定，te̱^{33}n̥e^{55}la^{55}sɛi^{31} 可以，mɯ^{31} 不、没有等。

ʑa^{51} na^{55} tho̱^{31} ʔe^{51}.　　他必须去。
他　必须　去

ŋa^{33} ŋa^{55} tho̱^{31} sa^{33} te^{33} sɯ^{31}ɣo^{33}.　　我当然想吃。
我　当然　吃　要　想

ŋa^{33} tho̱^{31}ʔe^{55} ɣɛi^{33} ma^{33} ʑo^{33}.　　我一定要读书。
我　一定　书　读　要

五、否定副词

表示否定的副词有mɯ^{31} 不、mɯ^{31}tsau^{33} 没有、mɯ^{31}sɛ i^{33}ka^{31} 未曾、sɛ i^{31} 别、tho̠^{31}le̠^{31} 实在等。否定副词一般修饰、限制动词和形容词。例如：

ȵiu^{31} vat^{55} ʔe^{31} kho^{31} mɯ^{31} lau^{33}la^{33}. 这朵花不漂亮。
花 朵 这 朵 不 漂亮

bei^{33}lau^{31} lau^{33} mɯ^{31}tsau^{33} ʔe^{31}. 没有最好的。
最 好 没 有 的

daɯ^{33} mɯ^{31}sɛ i^{33}ka^{31}. 未曾想过。
想 未 曾

sɛ i^{31} dam^{31} kue^{33}. 别喝了。
别 喝 了

tho̠^{31}le̠^{31} tei^{33} mɯ^{31} lau^{33}. 实在不好说。
实在 说 不好

六、副词的语法特征

1.副词在句中常常作状语，用来修饰动词、形容词或谓词性词语，一般在动词、形容词或谓词性词语之前。如：

ʑa^{51} ɣa^{55}sɛ i^{51} so^{51}la^{33} kue^{33}. 他太胖了。
他 太 胖 （助）

ɣa^{33} dʑa^{33} ɣa^{33} kom^{33}. 越来越瘦。
越 来 越 瘦

sɛ i^{31} vɯ^{55}lja^{31}te^{33}.　　别吵了。

别　吵　闹

sɛ i^{31} ʑu^{33} la^{31}.　　别拿来。

别　拿　来

mɯ^{31} bau^{33}ʑe^{31}ɣo^{31}.　　不喜欢。

不　喜　欢

na^{55} mau^{33}mau^{33} la^{31}.　　你快快来。

你　快　快　来

ta^{31}ɕau^{33} tei^{33}.　　常常说。

常　常　说

2．副词一般不能单独回答问题。

第八节　助　词

助词是附着在其他语言单位上边表示动态等语法意义的虚词。末昂语的助词在语句里非常重要，起某种语法作用和表示一定的语法意义，主要表示附加成分和中心语之间的结构关系，分为结构助词、时态助词和语气助词。

一、结构助词

结构助词是在句中表示结构关系的一种特殊的虚词。ʔe^{31}"的"（助词）使附加成分和中心语之间表示一种结构关系。例如：

ʑa^{51} ʑu^{33} la^{31} ʔe^{31} ɣa^{33} 他拿来的菜
他 拿 来 的 菜
vɯ^{31} pεi^{31} ʔe^{31} ɣεi^{33} 哥哥给的书
哥哥 给 的 书
van^{55} soŋ^{55} ʔe^{31} ȵiu^{31} vat^{55} 叔叔送的花
叔叔 送 的 花 朵

另外在动词后加ʔe^{31}"的"使动词名词化。如：sa^{33} ʔe^{31}"吃的"、dam^{31} ʔe^{31}"喝的"；在人称代词后加助词ʔe^{31}表示领属关系。如：ŋεi^{13} ʔe^{31}"我的"、nεi^{51} ʔe^{31}"你的"、ʑe^{31}ʔe^{31}"他的"。

二、时态助词

时态助词在动词的后面加不同的助词，可以表示不同的时态。如：

ʑa^{51} mɯi^{33} mja^{33} sa^{33} ni^{31}. 他现正在吃饭。
他 现在 饭 吃（语助）
dʑo^{33}ɕa^{33} mɯi^{33} dam^{33}sa^{33}to̱^{51} ʑe^{33}. 大家现在正在休息。
大家 现在 休息 （语助）
ʑa^{51} khε^{31} mɯ^{31}na^{55}laŋ^{31} ta̱^{33} ve^{33}. 他过去当过老师。
他 过去 老师 当过 了（语助）
khε^{31} la^{31} ve^{33}. 以前来过。
以前 来 过了
ʑa^{51} mja^{33} sa^{33} ve^{33}. 他吃饭了。
他 饭 吃（完）了

ʑa^{33} ɣɛ^{33}tsaŋ^{33}thaŋ^{33} ɣɛi^{33} la^{51} pup^{13} ve^{33}. 他将要写信。
他 将 要 信 写 （助）

ȵe̱^{31} ɣɛ^{33}tsaŋ^{33}thaŋ^{33} so^{33} ve^{33}. 弟弟将要走。
弟弟 将 要 走 （助）

三、语气助词

语气助词有限定的作用，它给整个句子或者句中的个别词以各种不同的附加色彩。

末昂语的语气助词极为丰富，一般加在句子的末尾，有 ʑa^{31}“呀”、pa^{31}“吧”等。例如：

ʑa^{33} na^{55} sɛi^{33}xa^{33} pa^{31}. 他认识你吧。
他 你 认识 语助

sa^{33} mau^{33} ʑa̱^{31} ʑa^{31}? 谁呀？
谁 是 （语助）

第九节 介 词

介词是用来表示名词、代词、形容词和动词在语法上对另一个词的从属关系，与名词、代词组成介宾词组作动词的状语、宾语和补语。

介宾词组做状语的介词：如：ʔa^{31}ɕe̱^{31}“从”。

ŋa^{33} khui^{33} min^{31} ʔa^{31}ɕe̱^{31} la^{31}.　　我从昆明来。
我　昆　明　从　来

ʑa^{33} li^{55} tɕa^{33} ʔa^{31}ɕe̱^{31} so^{33}.　　他从丽江走。
他　丽　江　从　走

表示关联的介词有 ta^{31}pa^{55}“跟”、ʑe^{31} tshɛ^{31}“同”。

na^{55} ʔe^{51} ʑa^{33} ʑe^{31} tshɛ^{31} tei^{33}.　　你去跟他说。
你　去　他　跟　说

na^{55} ʑa^{33} ta^{31}pa^{55} the^{33} phe^{33} sa^{33}.　　你跟他一起吃。
你　他　跟　一　起　吃

表示行为方式的介词 bei^{55}“使”，如：

pɛi^{31}kui^{33} ʔe̱^{31} pɛi^{31}kui^{33} ŋa^{33} bei^{55} bei^{33}dʑa^{13} pɯ^{33}xa^{31}.
事情　这　事　情　我　使　非常　心烦
这件事使我非常心烦。

第十节　连　词

连词也叫连接词，是连接词与词、句子与句子、分句与分句之间的各种逻辑关系的虚词。如连接词语与词组的连词有 ɕam^{33}“和”。

ŋa^{33} ɕam^{33} na^{55} 我和你
我 和 你
vɯ^{31} ɕam^{33} ȵe̱^{31} 哥哥和弟弟
哥哥 和 弟弟

如连接句子与句子的连词有 ma̱^{33}le̱^{31}“因为……所以”。

ŋɛ^{55} lɛ̱^{31} ma̱^{33}le̱^{31} ʑa^{33} mɯ^{31} la^{31} kue^{33}.
雨 下 因为 他 不 来 了
因为下雨，所以他不来了。

第十一节 叹 词

叹词独立于句法结构之外，是说话时表示喜悦、赞美、愤怒、悲痛、忧伤、惊讶等强烈感情的声音的词和表示呼唤、应答的声音的词。例如：

a^{55} 啊 （惊叹、赞叹）
a^{13} 啊 （出乎意料）
a^{31} 啊 （原来如此、恐怖、剧痛）
ai^{31} 哎呀 （惊讶）
ei^{31} 诶 （伤感、叹息）
xai^{31} 嗨 （惊叹）
ɕi^{33} 嘘 （让别人不出声）

xɯ³¹	哼	（威胁、禁止，申斥、不满意）
en³³	嗯	（由于不理解、听不清楚而追问）

第五章　句　法

词组，也称为短语或句法结构，是由有搭配关系的词组成的语法单位。词组同词一样，是语言的静态备用单位，它没有固定的语音形式，至少有一个直接成分可以扩展。词组在现代汉语语法中占有重要的地位。[①]末昂语中的词组按照其内部的结构关系可分为：主谓短语、并列短语、修饰短语、补充短语、支配短语、连动短语、同位短语等七种。

第一节　短　语

一、主谓短语

主谓短语中的主语和谓语之间有陈述和被陈述、说明被说明的关系。主谓短语的结构是“主＋谓”形式，即主语部分在前，谓语部分在后。主谓短语具有与一般谓词性词组相仿的语法功能。如：

---

① 邢公畹主编：《现代汉语教程》，天津，南开大学出版社，1992。

ʑa^{33} ʔoŋ^{33} nau^{55}.　　他头痛。
他　头　痛

ɣa^{13} phao^{33} bau^{33}.　　公鸡叫了。
公　鸡　啼鸣了

sɛ^{55} bei^{33} moŋ^{55}.　　树很高。
树　很　高

maŋ^{33} ȵe̱^{31}.　　天气热。
天气　热

主谓短语还可以在句中做主语、谓语、宾语、定语等。做主语。例如：

ɣa^{13} phao^{33} bau^{33} thje^{51} bei^{33} kau^{33}.　公鸡叫的声音很好听。
公　鸡　啼鸣　声　很　大

做谓语。例如：

ʑa^{33} ʔoŋ^{33} nau^{55}.　他头痛　。
他　头　痛

做宾语。例如：

ŋa^{33} ʑa^{33} la^{31} nu^{33} mɯa^{33} kue^{33}.　我看见他来了。
我　他　来（助）见　了

dʑo^{33} ɕa^{33} ʑa^{33} mo^{51} ʑa^{55} nɛi^{33} muɯ^{33} kue^{33}.
大　家　他　中　地　在　见　了
大家看见他在种地。

主谓短语在句中做定语。例如：

ʑa^{33} ɣa̱^{31}ɕe̱^{51} ʔe̱^{31} phja^{33} bei^{33} lau^{33}la^{33}.
他　织（助）衣服　很　漂亮
他织的衣服很漂亮。
n̥e̱^{31} de^{31} ʔe̱^{31} va^{33} bei^{33} n̥a^{55}.　　弟弟磨刀很快。
弟弟　磨（助）刀　很　快

二、并列短语

并列短语是由并列成分的体词或体词性词组联合组成。末昂语的并列短语有主谓短语、并列短语，有的并列短语不用连词。有的并列短语的连接词则用 ɕam^{33}“和”来表示。

（一）并列短语的类型

1．名词和名词（或人称代词）并列，并列成分之间通常要用连词 ɕam^{33}“和”来表示。如：

sa^{33} ʔe^{31} ɕam^{33} dam^{31} ʔe^{31}　　吃的和喝的
吃的　和　喝　的
vɯ^{31} ɕam^{33} n̥e̱^{31}　　哥哥和弟弟
哥哥　和　弟弟

ma^{33} ɕ am^{33} pa^{33} 妈妈和爸爸

妈妈 和 爸爸

tau^{33} ɕ am^{33} ɕ $\underline{a}^{31}fo^{33}$ 门和窗

门 和 窗

ɣ ɛ i^{33} ɕ am^{33} be^{31} 书和笔

书 和 笔

ŋ a^{33} ɕ am^{33} pa^{33} 我和爸爸

我 和 爸爸

mja^{33} ɕ am^{33} ɣ an^{33} 饭和菜

饭 和 菜

2. 代词和代词并列，并列成分之间通常要用连词 ɕ am^{33}“和”连接，也有不用连词的。例如：

ʔ $\underline{e}^{31}$ $n\underline{a}^{31}$ ɕ am^{33} lau^{33} $n\underline{a}^{31}$ 这个和那个

这个 和 那 个

ŋ a^{33} ɕ am^{33} na^{55} 我和你

我 和 你

ŋ a^{33} na^{55} ʑ a^{33} 我你他

我 你 他

3. 动词或形容词并列构成并列短语，并列成分之间通常用连接词 nu^{33}……nu^{33}……“又……又……”来连接，也有不用连词的。例如：

tei^{33} nu^{33} tei^{33} tsha^{33} nu^{33} tsha^{33}　　又说又唱
说　又　说　唱　又　唱
dzauɯ^{51} nu^{33} dzauɯ^{51} tsham^{51} nu^{33} tsham^{51}　　又酸又甜
酸　又　酸　甜　又　甜
moŋ^{55} nu^{33} moŋ^{55} kau^{33} nu^{33} kau^{33}　　又高又大
高　又　高　大　又　大
tɯ^{31}koŋ^{33} ŋau^{33} tɯ^{31}koŋ^{33} ɣɯe^{51}　　一会儿哭，一会儿笑
一会儿　哭　一会儿　笑

4．数词和量词或指示代词一起构成并列短语。并列成分之间通常要用连词 ɕam^{33}“和”来表示。例如：

the^{33} pha^{33} ɕam^{33} ȵe^{33} pha^{33}　　一个和两个（人）
一　个　和　两　个
ŋa^{33} ma^{33} ɕam^{33} ʑe^{33} ma^{33}　　五个和六个（碗）
五　个　和　八　个
moŋ^{55} ɕam^{33} kau^{33}　　高和大
高　和　大

三、修饰短语

（一）名词中心词加修饰成分的短语

名词作中心词的短语，其修饰成分主要有名词、代词、动词、形容词、数量词和短语等。

修饰短语由两个部分组成，两个部分之间有修饰、限制关系。按照末昂语词组的功能，可分为以下几类。

1. 名词＋名词

名词作修饰成分时，两种情况：一种是修饰成分在前，中心成分在后；而另一种是一种是修饰成分在后，中心成分在前。两者之间结合较紧的，可以不加结构助词ʔe^{31}“的”。

（1）修饰语＋中心语：名词修饰成分在前，中心语成分在后。例如：

ȵiu^{33} khao^{33}	牛角	moŋ^{33} gɛ^{33}	马蹄
牛 角		马 蹄	
sɛ^{55} tsoŋ^{31}	木桌子	sɛ^{55} gɛ i^{33}	树皮
木 桌子		树 皮	
va^{31} sɛ^{55}	猪油	sɛ i^{33} thoŋ^{33}	血管
猪 油		血 管	
poŋ^{33} ma^{55}	山竹	ɣa^{13} sɛ i^{33}	鸡肝
山 竹		鸡 肝	
sɛ^{55} ŋɛ^{55}	树梢	la̱^{31} va^{33}	手掌
树 梢		手 掌	
mɯ^{31}sɛ^{33}pha^{55} phja^{33}		麻布衣服	
麻 布 衣服			
gɯ^{33} loŋ^{33}tsau^{55}ljue^{33}		铜锅盖子	
铜锅 盖 子			

（2）中心语＋修饰语：中心语成分在前，名词修饰成分在后。例如：

phja^{33} bau^{31}　　棉衣　　phja^{33} po̱^{31}　　衣袋
衣服　棉　　　　　　衣服　袋

2．代词＋名词

代词作修饰成分时，两种情况：一种是人称代词和疑问代词，作修饰成分在前，中心成分在后，要加结构助词 ʔe^{31} 或 ma^{33} “的”。

ŋɛi^{13} ʔe^{31} phja^{33}　　我的衣服
我　的　衣服

nɛi^{51} ʔe^{31} ɡoŋ^{33} ȵe^{55}　　你的椅子
你　的　椅子

ʑe^{31} ʔe^{31} pa^{33}　　他的爸爸
他　的　爸爸

ŋo^{51} ɕa^{33} ma^{33} loŋ^{55}　　我们的村子
我　们　的　村子

no^{55}ɕa^{33} ma^{33} ma^{33}　　你们的妈妈
你 们　的　妈妈

ʑo^{51} ʔe^{31} ma^{33} ȵiu^{33}　　他们的牛
他　们　的　牛

sa^{33}mau^{33} ʔe^{31} la̱^{33}　　谁的裤子
谁　　的　裤子

另一种是指示代词作修饰成分。指示代词作修饰成分时，一般放在中心词之后，一般不加结构助词 ʔe^{31} “的”。例如：

ŋaŋ¹³ ʔe̱³¹ ŋau³³ 这群羊
羊 这 群

ʔa³³ ma̱³¹puɯ³³ 这些孩子
孩子 这 些

sɛ³³pho⁵⁵ la̱³¹ puɯ³³ 那些梨
梨 那些

ʔa³³ ʔe̱³¹ na̱³¹ 这孩子
孩子 这 个

ȵiu³³ ʔe̱³¹ mau³³ 这条牛
牛 这 条

khaŋ³³poŋ³³ ʔe̱³¹ khaŋ³³poŋ³³ 这屋子
房屋 这 房屋

va³¹ ʔe̱³¹ mau³³ 这头猪
猪 这 头

ɕa̱³¹ ʔe̱³¹ pha³³ 这个人
人 这 个

3.形容词＋名词

形容词作修饰成分时，有两种情况：一种是位于形容词置于名词之后的，不加助词；形容词置于名词之前的，要加结构助词ʔe³¹“的”。例如：

tju³¹kot⁵⁵ kau³³ 大眼睛
眼睛 大

la̱^{31} bei^{31} 小手

手 小

ɕa̱^{33} man^{33} 老人

人 老

ɣɛ^{55} ȵe^{55} 热水

水 热

ɣan^{33} kha^{33} 苦菜

菜 苦

bei^{33} moŋ^{55} ʔe^{31} sɛ^{55} 树很高

很 高 的 树

lau^{33}la^{33} ʔe^{31} phja^{33} 漂亮的衣服

漂亮 的 衣服

mo^{55} ʔe^{31} tsa^{55} 长的绳子

长 的 绳子

4．动词＋名词

动词作修饰成分时，位于名词之前，名词之后的，中间要加结构助词ʔe^{31}“的”。例如：

dam^{31} ʔe^{31} ɣɛ^{55} 喝的水

喝 的 水

vei^{31} ʔe^{31} phja^{33} 买的衣服

买 的 衣服

ŋa^{33} ʔe^{31} ɣɛi^{33} 借的书

借 的 书

sa^{33} ʔe^{31} mja^{33}　　吃的饭

吃　的　饭

tei^{33} ʔe^{31} tau^{33}　　说的话

说　的　话

kau^{51} ʔe^{31} moŋ^{31}　　跑的马

跑　的　马

na^{55} ʔe^{31} tau^{33}　　问的话

问　的　话

do^{33} ʔe^{31} mɛ^{55}　　挖的地

挖　的　地

pup^{13} ʔe^{31} ɣɛi^{33}ma^{51}　　写的字

写　的　文字

la^{31} ʔe^{31} ɕa̠^{33}　　来的人

来　的　人

5．数量词＋名词

数量词作修饰成分时，一般在名词之后。例如：

ɕa̠^{31} ŋa^{33} pha^{33}　　五个人

人　五　个

pha^{33}tɕau^{31} the^{33} tom^{33}　　一匹布

布　一　匹

va^{31} the^{33} mau^{33}　　一头猪

猪　一　头

sɛ^{33} sɛi^{51} ma^{33} 十个果子
果子 十 个
khaŋ^{33} the^{33} poŋ^{33} 一间房屋
房屋 一 间

6. 短语＋名词

短语作修饰成分时，一般在名词之前，短语与名词之间要加结构助词ʔe^{31}“的”。例如：

ma^{33} vei^{31} ʔe^{31} phja^{33} 妈妈买的衣服
妈妈 买 的 衣服
phja^{33} sɛi^{33} ʔe^{31} khaŋ^{33} 洗衣的房间
衣 洗 的 房间
ŋa^{33} bau^{33}ʑe^{31}ɣo^{31} ʔe^{31} goŋ^{33}ȵe^{55} 我喜欢的椅子
我 喜欢 的 椅子
ɣɛi^{33}ma^{51} pup^{13} ʔe^{31} tsoŋ^{31} 写字的书桌
书 写 的 桌子
mja^{31} mo^{51} ʔe^{31} mja^{31}loŋ^{33} 煮饭的土锅
饭 煮 的 土锅

（二）动词中心语加修饰成分的短语

动词作中心词的短语，其修饰成分主要有副词、助动词、动词、时间词、疑问代词、数量短语以及叠音词等。修饰成分在前，中心成分在后，修饰成分与中心成分之间一般不加结构助词。例如：

ȵo̠^{31}ȵa^{55} tei^{33}　　乱说
乱　　说

mɯ^{31} sa^{33}　　不吃
不　　吃

dau^{33}ɣau^{33} mo^{51}　　敢做
敢　　做

qhau^{33} sa^{33}　　偷吃
偷　　吃

mai^{33} la^{31}　　今天来
今天　来

nai^{31}mian^{55}li^{31} ʔe^{51}　　明天去
明　天　去

so^{33}le̠^{51}ɣa^{31} mo^{51}　　怎么做
怎么　　做

nɛi^{33}kɯ^{55}nɛi^{33} daɯ^{33}　　每天想
每天　　想

ta^{31} ɕau^{33} so^{33}　　常常走
常　常　走

mau^{33}mau^{33}na^{31} sa^{33}　　快快地吃
快快　地　吃

（三）量词中心语加修饰成分的短语

量词作中心词的短语，其修饰成分主要有数词、指示代词、形容词、疑问代词、动词和短语等。修饰成分在前，中心成分在后，修饰成分与中心成分之间一般不加结构助词，但形容词、动词做修饰语时，加结构助词ʔe^{31}“的”，例如：

soŋ^{33} khau^{33}　　三家
三　家

ŋa^{33} boŋ^{33}　　五代
五　代

the^{33} duɯ^{55}　　一所
一　所

ʑe^{33} kho^{31}　　八支
八　支

ʔe̠^{31} na̠^{31}　　这个
这　个

la̠^{31} na̠^{31}　　那个
那　个

ʑau^{33} ma^{31}　　哪里
哪　里

tsi^{55}ma^{31}　　几个
几　个

va^{55} ʔe^{31} la̠^{31} qau^{55}　　穿的那件
穿　的　那　件

tsham^{51} ʔe^{31} sɛ^{33}　　甜的果子
甜　的　果子

（四）形容词中心语加修饰成分的短语

形容词作中心词的短语，其修饰成分主要有副词、指示代词、数量短语等。修饰成分在前，中心成分在后，修饰成分与中心成分之间一般不加结构助词。例如：

bei^{33}dʑa^{13} ȵe^{55}　　非常红
非常　红

mɯ^{31} laŋ^{33}　　不好
不　好

bei^{33} laŋ^{33} 很好
很 好

mɯ^{31} sɛ i^{33}xa^{33} 不知道
不 知道

ma̱^{31}mo^{55} kau^{33} 这么大
这么 大

ma̱^{33}te^{33} mja^{33} 那么多
那 么 多

the^{33} me̱^{33} mo^{55} 一米长
一 米 长

soŋ^{33} ɕ e̱^{31} moŋ^{55} 三尺高
三 尺 高

四、补充短语

补充短语由中心成分和补充成分构成，中心成分由动词、形容词充当，补充成分表示动作、行为的结果、趋向、状态或事物发展的趋势、状态等，一般在中心成分之后。中心成分和补充成分之间不加助词。例如：

sa^{31} ɣa^{33} laŋ^{33} 吃得好
吃 得 好

mɯɛ^{31} ɣɛ^{55}sa^{33} 饿死
饿 死了

sa^{31} bo̱^{31} 吃饱
吃 饱

zau^{33} pɯa^{33} la^{55}　　　　亮起来
亮　　起　来

g o̱^{31}la^{33}　　　　拾起
拾　起

dʑom^{55} lat^{31} lɛ i^{31}　　　　安静下来
安静　　下来

ȵe^{55} pɯa^{33} la^{55}　　　　红起来
红　　起来

sa^{55} lat^{31} lɛ i^{31}　　　　富起来
富　　起来

五、支配短语

支配短语由动词和被支配成分构成，动词均在被支配成分之后。能做被支配成分的主要有名词、代词、数量短语和形容词等。例如：

mja̱^{31} sa^{33}　　　　吃饭
饭　吃

mɛ^{55} do^{33}　　　　挖地
地　　挖

phja^{33} sɛ i^{33}　　　　洗衣服
衣服　洗

lɛ̱^{33} lɛ i^{55}la^{33}　　　　刮风
风　　刮

ȵiu^{31}vat^{55} be^{31} 摘花
花 朵 摘

dʑɛ^{33} dam^{31} 喝酒
酒 喝

laŋ^{33} ʔe^{31} vei^{31} 买好的
好 的 买

laŋ^{33} ʔe^{31} va^{55}na^{31} 穿好的
好 的 穿

六、连动短语

连动短语是由同一主语发出的不同动作行为构成的。如：

ȵe̠^{31} ʑau^{33}la^{51} ɣɛ i^{33} ma^{33}. 妹妹站着看书。
妹妹 站 着 书 看

ʑa^{33} ʔoʔ^{55}ʔe^{33} phja^{33} vei^{31}. 他出去买衣服。
他 出 去 衣服 买

ʑa^{33} mja̠^{31} sa^{33} kue^{33} ʔe^{55}soŋ^{55}ɣo^{33} ʔoʔ^{55}ʔe^{33}.
他 饭 吃 完 就 出 去
他吃完饭就出去了。

ŋa^{33} ʔe^{51} tin^{33} ʑe^{31} soŋ^{51}. 我去看电影。
我 去 电 影 看

七、同位短语

由两个同位关系的成分构成同位短语。例如：

ço^{55} ça̠^{31} lau^{33} nɛ i^{33} 初三那天
初 三 那 天

mɯ^{31}na^{55}laŋ^{31} li^{31} ç an^{51} 老师李向
老 师 李 向

vat^{33}tsaŋ^{33} ç at^{55} tɕan^{55} pu^{31} 猎人赵溥
猎 人 赵 溥

第二节 句子类型

句子成分是分解句子而得出的最小意义结构单位。末昂语主要有主语、谓语、宾语、定语、状语、补语等六种句子成分，这些成分在句子中处于不同的层次。如：

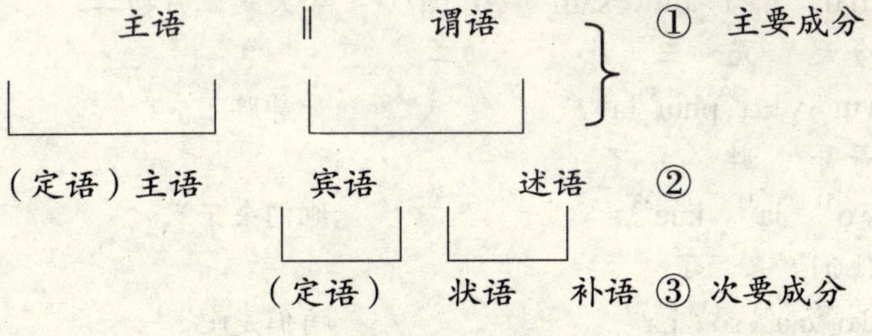

定语是名词性成分的修饰成分，状语是谓词性成分的修饰成分，补语是对句子的谓词性成分进行补充说明的后加成分，用来说明、补充谓词性成分。

末昂语的基本语序是：“主语＋谓语”、“主语＋宾语＋谓语”、“（名词性）中心语＋定语”、“状语＋谓语动词”、“谓语动词＋补语”，与彝语的基本语序是一致的。

一、主语和谓语

主语和谓语就是陈述与被陈述、说明与被说明的关系。在多数情况下，主语始终是句子的主题。从句子的结构来说，句子首先可划分为主语和谓语两部分，两者之间的联系，跟其他各种句法结构比较起来算是松的，它们之间往往可以有停顿。在句中能充当主语的词类主要是名词、代词、名词性词组等；在句中能充当谓语的词类主要是动词、动词性词组、形容词、代词和名词等。例如：

mai^{33} tsi^{33} maŋ^{33}?　　今天几号？
今天　几　号

mai^{33} ŋɛi^{33} dɯt^{33}sam^{33} ɕo^{55}ɕa̠^{31}.　　今天是三月初二。
今天　是　三　月　初二

vɯ^{31} ɣɯa^{33}phɯ^{33}la^{33}.　　哥哥胖了。
哥哥　胖　了

ʑo^{51} la^{31} kue^{33}.　　他们来了。
他们　来　了

dʑo^{33}ɕa^{33} so^{33} pa^{31}.　　咱们走吧。
咱们　走　吧

ʑo^{51} mja̠^{31} sa^{33}.　　他们吃饭。
他们　饭　吃

ɣa^{13}pao^{33} mɯ^{31} bau^{33}.　　公鸡不叫了。
公鸡　不　啼鸣了

ʑa^{51} ŋa^{5} sɛi^{33}xa^{33}. 他认识我。
他 我 认识

从以上的句子中所反映的情况来看，除动词、形容词、代词、名词做谓语而外，疑问词组、形容词性词组、动词性词组、名词性词组也可以作句子的谓语。

二、述语和宾语

主语、谓语和述语、宾语是不同层次的句法成分，主语和谓语相对应，述语和宾语相对应，主语和宾语没有直接的联系。主语、宾语和施事、受事是两类不同的概念，两者没有必然的联系。述宾词组由述语和宾语两部分组成，两者有支配、被支配的关系。它们的层次是：

主语 ‖ 谓语
宾 述

ɣɛi^{33} la^{51} pup^{13}. 写信。
信 写
ʑa^{51} qau^{51} qhau^{31}. 他洗澡。
他 身子 洗
tsi^{31}su^{31} zɯ^{31}dʑau^{51}. 学习技术。
技术 学习
ʑa^{51} khui^{33} bei^{33}be^{31} kɛ̱^{31}. 他很怕狗。
他 狗 很 怕

$ʑa^{51}$ $ŋa^{55}$ $mɯ^{31}$ dau^{51}. 他不回答我。
他 我 不 回答

$ŋa^{33}$ na^{33} $phja^{33}$ bei^{33}. 我给你钱。
我 你 钱 给

$ʑa^{51}$ $mɛ^{55}$ do^{33}. 他挖地。
他 地 挖

三、定语和中心语

定语是名词性成分中心语的修饰语。定语主要是做句子成分的名词、代词、量词等所带的扩展性连带成分。用做定语的词类主要是形容词、代词、名词、数量短语等。代词、名词做定语修饰名词性中心语时，修饰语一般在中心语之前，而形容词、指示代词、数量短语做定语修饰名词性中心语时，修饰语一般在中心语之后。例如：

$ʑo^{51}$ $ʔe^{31}$ ma^{33} $khau^{33}$ 他们家
他们 的 家

$ɕa̠^{31}$ $ʔe̠^{31}$ pha^{33} 这个人
人 这 个

$ɕa̠^{31}$ $ŋa^{33}$ pha^{33} 五个人
人 五 个

$tju^{31}kot^{55}$ kau^{33} 大眼睛
眼睛 大

$mɯ^{31}sɛ^{33}pha^{55}$ $phja^{33}$ 麻布衣服
麻 布 衣服

n̠iu^{31} n̠e^{55}　　　红花
花　红

mɛ^{55} koŋ^{33} ʔe^{31} xaŋ^{33}me^{33} ʑa̠^{55}mo^{33}ɕat^{31} sau^{33}bei^{33} tshɛ^{33} kue^{33}.
地　里　麦子　农民　被　割　完了
地里的麦子被农民割完了。

复杂的偏正词组可能分析出不止一层的定语。“一朵大红花”这一个句子可以分出三层定语。首先是形容词n̠e^{55}“红”修饰n̠iu^{31}vat^{55}“花”；其次是形容词kau^{33}“大”修饰n̠iu^{31}vat^{55} n̠e^{55}“红花”；再次是数量词the^{33} kho^{31}“一朵”修饰n̠iu^{31}vat^{55} n̠e^{55} kau^{33}“大红花”。如：

n̠iu^{31}vat^{55} n̠e^{55} kau^{33} the^{33} kho^{31}　　一朵大红花
花　红　大　一朵

四、中心语和补语

补语是在谓词中心语之后，用来补充说明谓语中心语的程度、方向、方式、状况等意义的句法成分。补语可分为结果补语、趋向补语。作补语的词类主要是动词、形容词等。例如：

ɕa̠^{31} la^{55} kue^{33}.　　人来齐了。
人　到　齐了

ʑa^{51} ɡoŋ^{33}n̠e^{55} dei^{33} khau^{33}mɛ^{55}thau^{33}lei^{31}.　他坐塌了椅子。
他　椅子　坐　塌　助

dʑo^{33}ɕa^{33} dam^{33}sa^{33}to̱^{51} ʑa^{33}ʔei^{55}xa^{31}.　　大家休息去。
大家　休　息　去　助

ŋa^{33} ɣɛi^{33} la^{51} the^{33} fo̱^{31} tsi^{31} ʑa^{33}ʔei^{55}xa^{31}.
我　信　一　封　寄　去　了
我寄去一封信。

khaŋ^{33} tau^{33} laŋ^{33} kue^{33}.　　房子盖好了。
房子　盖　好　了

kuak^{33} tɕat^{31} tshɯ^{31} laŋ^{33}ka^{55} ʔa^{31}ɕe̱^{31} lo^{55} lat^{31} lɛi^{31}.
西　瓜　车　上面　从　滚　下　来
西瓜从车上滚下来。

sɛ^{55} laŋ^{33}ka^{55} ŋa^{55} the^{33} ma^{33} bau^{33} la^{55}.
树　上　小鸟　一　只　飞　来
树上飞来一只小鸟。

na^{55} nai^{31}mian^{55}li^{31} ŋa^{33} la^{33} ɣɛi^{33} the^{33} pɯe^{33} ʑu^{33} la^{55}.
你　明　天　我　助　书　一　本　拿　来
你明天给我带本书来。

五、中心语和状语

状语是位于动词性词语、形容词性词语前面的修饰语，是做句子主要成分的动词、形容词等所带的扩展性连带成分。能充当状语的词类有副词、形容词、数量短语、介词短语等。状语与中心语、定语与中心语的结构都是偏正结构。但状语所修饰的中心语是动词或动词性词语，而定语所修饰的中心语是名词或名词性词语。例如：

ɣa^{13} phao^{33} mɯ^{31} bau^{33}. 公鸡不叫了。
公 鸡 不 啼鸣了

ʑa^{51} khui^{33} bei^{33}be^{31} kɛ̱^{31}. 他很怕狗。
他 狗 很 怕

mau^{33}mau^{33} pɛi^{31}kui^{33} mo^{51}. 快快做事。
快 快 事情 做

mɯ^{31} sɛi^{33}xa^{33}. 不知道。
不 知 道

bei^{33}dʑa^{13} ȵe^{55}. 非常红、太红。
非常 红

mɯ^{31} laŋ^{33}. 不好。
不 好

bei^{33} laŋ^{33}. 很好。
很 好

ɕa̱^{31} the^{33} pha^{33}. 一个人。
人 一 个

the^{33} pja^{33} bok^{33}. 打一顿。
一 顿 打

bei^{33}dʑa^{13} lau^{33}la^{33}. 非常漂亮。
非常 漂亮

ŋa^{33} khui^{33} min^{31} ʔa^{31}ɕe̱^{31} la^{31}. 我从昆明来。
我 昆 明 从 来

pen^{31} tɕin^{33} no^{33}ka^{55}ʔe^{33} ʔe^{51}. 去往北京。
北 京 往 去

第三节 单 句

由一个陈述关系结构形成，其直接成分是词或词组，这样的句子叫做单句。

从结构上所分的类叫句型。根据句子的语气不同而分的类叫句类。

一、句 型

句子的数目是无穷尽的，但句子的类型是有限的。依据结构划分，句子可分作单句和复句。单句分主谓句和非主谓句两类。主谓句是由主谓词组形成的单句。非主谓句是由主谓词组以外的其他词组或一个词形成的单句。复句是由若干分句组成，分句可能是主谓句形式，也可能是非主谓句形式。

（一）主谓句

由主谓词组构成的单句是主谓句。根据其内部谓语的构成方式，一般又可以把主谓句分为动词性谓语句、形容词性谓语句、名词性谓语句、主谓谓语句。

ʑa³³ ʔoŋ³³ nau⁵⁵. 他头痛。（主谓谓语句）
他 头 痛

ɣa¹³ phao³³ bau³³. 公鸡叫了。（主谓谓语句）
公鸡 啼鸣了

vɯ^{31} ɣɯa^{33}phɯ^{33}la^{33}. 哥哥胖了。（形容词谓语句）

哥 哥 胖了

xaŋ^{33}me^{33} a^{31}nɛ i^{31} mɯ^{31} ŋ ɛ^{55} ve^{33}.

麦子 还 不 黄 助

麦子还没有黄。（形容词谓语句）

mai^{33} ŋ ɛ i^{33} dɯt^{33}sam^{33} ɕo^{55}ɕa̠^{31}.

今天 是 三 月 初二

今天是三月初二。（名词性谓语句）

ŋ a^{33} mɯaŋ^{51} phau^{33}. 我是末昂人。（名词性谓语句）

我 末昂 人

ʥo^{33}ɕ a^{33} so^{33} pa^{31}. 咱们走吧。（动词性谓语句）

咱们 走 吧

ʑ o^{51} la^{31} kue^{33}. 他们来了。（动词性谓语句·）

他们 来 了

（二）非主谓句

由词或主谓词组以外的词组形成的句子称为非主谓句。非主谓句又可分为动词性非主谓句、形容词性非主谓句、名词性非主谓句、叹词句等。

1. 动词性非主谓句

ŋ ɛ i^{33}. 是。

是

ʥɛ^{33} ʑ u^{33} la^{31}. 拿酒来。

酒 拿 来

$sɛi^{31}$ $vɯ^{55}lja^{31}te^{33}$. 别吵。
别 吵 闹

$ʑe^{33}na^{31}$ pa^{31}. 睡觉吧。
睡 觉 吧

$mɯ^{31}$ $ŋɛi^{33}$ pa^{31}? 不是吧?
不 是 吧

$ʑa^{33}ma^{33}$ $ʔi^{31}ɕi^{31}$ la^{31} $te^{33}ɳi^{55}$. 什么时候来的都可以。
什么 时间 来 可以

2. 形容词性非主谓句

$tsɯe^{31}$ $ʑe^{33}ʑa̠^{31}sa^{33}$! 真可怜!
真 可 怜

$tsɯe^{31}$ $lau^{33}la^{33}$! 多漂亮啊!
多么 漂亮 啊

$bei^{33}dʑa^{13}$ $ɳe^{55}$! 非常红、太红!
非常 红

bei^{33} $laŋ^{33}$! 很好!
很 好

$ɣa^{55}sɛi^{51}ga^{55}$! 太冷!
太 冷

3. 名词性非主谓句

$sa^{33}mau^{33}$ $ʑa̠^{31}$ $ʑa^{31}$? 谁呀?
谁 是 (语助)

ɕa̱^{31} ma̱^{31}mo^{55} mja^{31}. 这么多人。
人 这么 多

（三）被动句

主语是受事，而用“被”字引进施事，或将“被”直接附加动词之后以表示被动的句子。末昂语被动句与汉语的被动句比较，汉语“被”是直接附加在动词之前，而末昂语的 sau^{33}bei^{33} “被”是附加在动词之后。如：

ʑa^{33} mai^{33} khauɯ^{31} sau^{33}bei^{33} kue^{33}. 他今天挨骂了。
他 今天 骂 挨（被） 助

la^{31} ʔe^{31} dɛi^{33}ma^{33} ŋo^{51} ɣɛ̱^{31} sau^{33}bei^{33}.
敌 人 来 的 我们 消灭 被
来的敌人被我们消灭了。

ʑo^{55} nu^{33} mja^{55} sau^{33}bei^{33}. 他们被骗了。
他们 助 骗 被

（四）存现句

有表示处所的词语，全句表示什么地方存在、出现或消失了什么事物的句子称为存现句。其基本的格式是：处所、时间状语＋宾语＋动词性谓语。

tshɯ^{31} laŋ^{33}ka^{55} ɕa̱^{31} thɯ^{51} bɯ^{33} la̱^{33}. 车上挤满了人。
车 上 人 挤 满 了

nai^{31}mian^{55} min^{33}koŋ^{33} ɕa̠^{31} ȵe^{33} pha^{33} kau^{51} kue^{33}.
昨天 夜里 人两 个 偷逃了
昨天夜里逃了两个人。

ȵa^{55}tɕhiu^{55} khoŋ^{33}ka^{55} ven^{55} the^{33} mau^{33} to̠^{13}la^{33}.
草 里面 蛇 一 条 出来
草丛里爬出一条蛇来。

二、句 类

根据句子语气不同分出的类称为句类。末昂语的句类按照说话的目的和语气的不同，分为陈述句、疑问句、祈使句和感叹句四类。

（一）陈述句

陈述句就是表示陈述语气的单句，句末可以用表示陈述语气的助词，也可以不用。例如：

ʑe^{31} ʔe^{31} ʔa^{33} ŋa^{33} khoŋ^{33} bɯ^{33} la^{33}. 他的孩子五岁了。
他 的 小孩 五 岁 满 了

vɯ^{31} ʑaŋ^{33} pau^{33} mo^{51}kɯe^{33}. 哥哥会吹芦笙。
哥哥 芦笙 吹 会

ʑa^{51} khui^{33} bei^{33}be^{31} kɛ̠^{31}. 他很怕狗。
他 狗 很 怕

ʑo^{51} la^{31} kue^{33}. 他们来了。
他们 来 了

ʑa^{51} mja^{33} sa^{33}. 他吃饭。
他 饭 吃

末昂语的陈述句还有肯定语气的陈述句和否定语气的陈述句，根据不同的语气在句末加不同的语气助词。如：

ʑa⁵¹ tei³³ kue³³. 他说了。
他 说 了

ʔa³³ ʔe̠³¹ pha³³ tau³³ bei³³be³¹ mɯ³¹ na⁵¹ kau³³.
小 孩 这个 话 很 不 听
这孩子很不听话。

（二）疑问句

提出问题表示询问的句子叫疑问句。从说话者使用疑问的语气上，可以把疑问句分为是非问句、特指问句、选择问句、反复问句等。

1. 是非问句

是非问句是在句子的末尾加语气助词 ma³¹（吗、吧、呀）或 pa³¹（吧、吗）等。

ʑe³¹ ʔe³¹ ʔa³³ ŋa³³ khoŋ³³ bɯ³³ ma³¹?
他 小孩 五 岁 满 吗
他的孩子五岁了吗？

vɯ³¹ ʑaŋ³³ pau³³ mo⁵¹kuɐ³³ ma³¹? 会吹芦笙吗？
哥哥 芦笙 吹 会 吗

ʑa⁵¹ ŋa⁵ sɛi³³xa³³ pa³¹! 他认识我吧！
他 我 认识 吧

ma^{33} khaŋ^{33}poŋ^{33} nɛ i^{33} ni^{31} ma^{31}? 妈妈在家吗?
妈妈 家 在 吗

va^{33} nɛ i^{55} ma^{31}? 有刀吗?
刀子 有 吗

2．特指问句

特指问句一般用 sa^{33}mau^{33}“谁”、tsi^{55}ma^{31}“几”、ʑau^{33}ma^{31}“哪儿”、ʔi^{31}ɕi^{31}“何时”等代词提出疑问的句子，句末加语气助词 ma^{31}（吗、吧、呀）或 pa^{31}（吧）等。

mai^{33} tsi^{33} maŋ^{33} ma^{31}? 今天几号?
今天 几 号 吗

nu^{55} ʑau^{33}ma^{31} ɕa̠^{31} ŋɛ i^{33}? 你们哪儿人?
你们 哪 儿 人 呢

sa^{33} mau^{33} ʑa̠^{31} ʑa^{31}? 谁呀?
谁 呀

na^{55} ʔi^{31}ɕi^{31} kau^{33} pa^{31}? 你何时回来呀?
你 何时 回来 语气

3．选择问句

选择问句就是在句中并列几个项目，让人选择回答。一般在句中用语气助词 a^{31}nɛ i^{31}“还是”来连接前后项。在某种意义上来说，语气助词具有连词“还是”的功能作用，句尾用助词 ve^{33}。

na^{55} sa^{33} a^{31}nɛ i^{31} ŋ a^{33} sa^{33} ve^{33}? 你吃还是我吃?
你 吃 还是 我 吃 语气

na^{55} mja^{33} sa^{33} a^{31}nɛ i^{31} ɕ a^{31} dam^{31} ve^{33}?
你 饭 吃 还是 茶 喝 助
你是吃饭还是喝茶?

na^{55} the^{33} po̱^{33} ʔe^{51} a^{31}nɛ i^{31} ȵe^{33} po̱^{33} ʔe^{51} ve^{33}?
你 一 次 去 还是 两 次 去 呢
你去一回还是去两回?

4．反复问句

反复问句就是用肯定和否定相叠方式提问的一种句子，有的句子可加句尾助词，有的句子可不加句尾助词。

mja^{33} mɯɛ^{33} mɯ^{31} mɯɛ^{33}? 饭熟不熟?
饭 熟 不 熟

na^{55} qau^{51} qhau^{31} mɯ^{31} qau^{51} qhau^{31}? 你洗不洗澡?
你 身子 洗 不 身子 洗

na^{55} sa^{33} ʑo^{33} ŋ ɛ i^{33} mɯ^{31} ŋ ɛ i^{33}? 你要吃是不是?
你 吃 要 是 不 是

（三）祈使句

表示请求、命令等的句子称为祈使句。

1．祈求的语气表示法

表示请求的祈使句，一般在句末用语气助词 pa^{31}。如：

na^{55} the^{33} pei^{55} soŋ^{51} pa^{31}！ 请你看一下吧！
你 一 下 看

dʑo^{33} ɕa^{33} so^{33} pa^{31}！ 咱们走吧！
咱们 走 吧

mau^{33} mau^{33} na^{31} sa^{33} pa^{31}！ 快快吃吧！
快 快 吃 吧

2．命令语气的表示法

表示命令的祈使句，一般语势很强。如：

sa^{33} mau^{33} ʑe^{33} ʔe^{51} muɯ^{31} do^{51}！ 谁也不许去！
谁 也 去 不 能

ʑau^{33} la^{51} ɣɛi^{33} ma^{33}！ 站着看书！
站 着 书 看

xau^{33} la^{33}！ 进来！
进 来

（四）感叹句

构成感叹句的主要方式是在句首用叹词，或在句末用一定的语气助词，以表达强烈感情的句子。如：

a^{55}！ ȵiu^{31} vat^{55} ʔe^{31} kho^{31} bei^{33} ȵe^{55}！
啊呀！ 花 这 朵 最 红
啊呀！这朵花最红！

ai^{31} ! tsɯe^{31} ʑe^{33}ʑa̠^{31}sa^{33} 哎！真可怜！

哎！ 真 可 怜

ai^{31} ! ɣa^{55}sɛi^{51}ga^{55} ! 哎！太冷了！

哎！ 太 冷

a^{55} ! sɛi^{31}me^{33}aŋ^{33} ʔe̠^{31}na̠^{31} bei^{33} lau^{33}la^{33} !

啊呀！ 姑 娘 这 个 多么 漂亮

啊呀！这个姑娘多漂亮啊！

第四节 复 句

复句是由两个或几个意义上密切联系、结构上互不包含的单句形式组成的句子。

组成复句的单句形式，叫分句。分句之间一般有较小的停顿，书面上用逗号或分号表示。但单个分句没有完整的语调，一个复句只有一个句调，句末有较大的停顿，书面上用句号、叹号或问号表示。复句的分句可以是主谓句形式，也可以是非主谓句形式。

复句首先可以根据分句间意义、地位上的关系进行分类，分为联合复句和偏正复句两大类。

一、联合复句

联合复句与分句之间的意义关系没有主要和从属之分。

按照分句之间的关系，可以进一步把联合复句还分为并列关系、选择关系、递进关系、连贯关系。

（一）并列关系

几个分句分别叙说有关联的几件事情或同一事物的几个方面。分句之间的关系或者是表示两件事情的并存，或者表示两件事情的对立。例如：

na^{55} ʔe^{51} ŋa^{33} ʑe^{33} ʔe^{51}　你去，我也去。
你 去 我 也 去

ʑa^{51} the^{33} pei^{55} nu^{33} mja^{33} sa^{33}，the^{33} pei^{55} nu^{33} ɣɛi^{33} ma^{33}
他 一会儿 助 饭 吃 一会儿 助 书 看
他一会儿吃饭，一会儿看书。

la̠^{31} te̠^{31} mo^{51} mɯ^{31} ŋɛi^{33}，na̠^{31}te̠^{31} mo^{51} dɯ^{33} ŋɛi^{33}
那样 做 不 是 这样 做 助 是
不是那样做，而是这样做。

ʑa^{51} dɛ^{33}xau^{55} tau^{33} ʑe^{33} tei^{33} kɯe^{33}，mɯaŋ^{51} tau^{33} ʑe^{33} tei^{33} kɯe^{33} ve^{33}
他 汉语 话 既 说 会 末昂 话 也 说 会 助
他既会说汉语，也会说末昂话。

（二）选择关系

两个或两个以上的分句分别说出两种或几种可能的情况，让人们从中选择；有的说出选定其中一种，舍弃另一种。

ʑa⁵¹ mɯ³¹ ʔe⁵¹ nu³³ ŋa³³ ʔe⁵¹

他 不 去 助 我 去

不是他去，就是我去。

ŋa³³ ɕa³¹ dam³¹ a³¹nɛi³¹ dʑɛ³³ dam³¹

我 茶 喝 或者 酒 喝

我或者喝茶，或者喝酒。

（三）递进关系

递进关系就是后面分句的意思比前面分句的意思更进一步，一般由轻到重，由小到大，由浅到深，由易到难。

ʑa⁵¹ tei³³ kuɐ³³ dɯ⁵⁵ mɯ³¹ bo³³，mo⁵¹ ʑe³³ mo⁵¹ kuɐ³³

他 说 会 助 不 但 做 也 做 会

他不但会说，而且会做。

kha⁵⁵no³¹ phju³³ ʔe̱³¹na̱³¹ khɛi³³ge̱³¹nom³¹ mɯ³¹ bo³³，

糯 米 这 个 香 助 不 仅

bei³³ sa³³laŋ³³

很 吃 好

这糯米不仅香，还很好吃。

（四）连贯关系

连贯关系就是几个分句按照顺序说明连续的动作或相关的情况。连贯关系的复句，其分句的次序一般不能颠倒。

ʑa^{51} khaŋ^{33} khoŋ^{33}ka^{55} tha^{33}xau^{33}la^{33} nu^{33} ʑau^{33}dau^{33}
他　屋　里面　一　进来　就　东

ʑau^{33} bɛi^{13}
西　扔

他一进门就扔东西。

na^{55} ʑa^{55} kot^{31}the^{31}，ŋa^{33} nu^{33} ʔe^{51}
你　他　告诉　我　就　去

你告诉他，我就去。

二、偏正复句

偏正复句的两个分句之间的地位是不平等的，而是有偏句和正句之分。正句是全句正意所在，是主要的；偏句是从属关系来说明、限制正句，是从属的。末昂语的偏正复句通常排列的顺序是偏句在前，正句在后，次序是不能颠倒的。偏正复句可分为因果关系、转折关系、条件关系、假设关系。

（一）因果关系

偏句说出原因，正句说出结果。如：

mja^{33} nu^{33} ga^{55}，ɣau^{33} nu^{33} bja^{33}，ɣa̱^{33} nu^{33} kɛi^{51}，sa^{33} mɯ^{31} bo̱^{31}
饭　助　凉　菜　助　少　肉　助　硬　吃　不　饱

饭又凉，菜又少，肉又硬，吃不饱。

la^{33} ȵe^{33}ma^{33} ŋɛ^{55} mɯ^{31} lɛ̱^{31} nu^{33}，kha^{33} ɣɛ^{55}sa^{33}
月　两个　雨　不　下　语助　稻子　死亡了

因为两个月没有下雨了，所以稻子都死了。

（二）转折关系

偏句和正句之间存在着矛盾的对立。偏句提出一种条件，正句说明具备这种条件就能有相应的结果。如：

ʑa^{51} so^{51}la^{33} nu^{33} so^{51}la^{33} ve^{33}，na^{55} mɯ^{31}tsau^{31}

他 胖是 胖 但是 病 没 有

他胖是胖，但是没有病。

ʑa^{51} de̠^{31} vei^{31} nu^{33} tɯt^{31} mɯ^{31} vei^{31}

他 盐巴 买 助 糖 没有 买

他买了盐巴，但是没有买糖。

（三）条件关系

条件关系就是偏句提出一种条件，正句说明在满足这种条件的情况下所产生的结果。如：

ŋɛ^{55} doŋ^{33}mja^{31}ʑau^{55} lɛ̠^{31}，ʑa^{51} so^{33} kue^{33}

雨 无论多么 下 他 走 了

无论怎么下雨，他还是走了。

ʑa^{51} to̠^{13}la^{33} dɯ^{55} ŋa^{33} xau^{33}li^{31}gɯ^{31}vi^{33}

他 出来 只有 我 进 去 会才

只有他出来，我才能进去。

（四）假设关系

假设关系就是偏句提出一种假设，正句说明结论。如：

na^{55} ʑe^{31}ʔe^{31} tau^{33} ʔi^{31}tsɯ^{31} nu^{33} mɯ^{31} laŋ^{33} ve^{33}

你 他的 话 相信 就 不 好 了

如果你相信他的话，那就糟糕了。

na^{55} mo^{51} mɯ^{31} kɯe^{33} nu^{33} ŋa^{33} la^{33} mo^{51}

你 做 不 会 倘若，我 来 做

倘若你不会做 ，那么我来做。

第六章　末昂语的系属地位

第一节　末昂语与彝语方言松紧元音的比较

一、松紧元音的语言理论

所谓的松紧元音，就是元音分松元音和紧元音两类对立的音位，属于元音范畴的一种语音现象，该语音现象的描写有了相当一段的历史。松紧元音，是藏缅语族部分语言特有的语音特征，几乎有将近半数的藏缅语族语言有松紧对立现象。

我国最早提出松紧元音特征的，是著名的语言学家马学良教授。马学良先生对禄劝彝文文献及彝语做调查时发现，禄劝彝语的元音有松紧对立的现象。1948 年，马先生在彝文文献《倮文作祭献药供牲经译注》一文中，提出了禄劝彝语的韵母分紧喉和非紧喉两类。指出："彝文中有紧喉元音，就是发音时，喉头和声带都有点紧缩，我在这类的韵母下标'一'号，以示紧喉。如 lu^{55}

‘虎’，l$\underline{u}^{55}$ ‘足够’。”[①]

马学良先生提出松紧元音的观点，在后来的少数民族语言研究中，奠定了坚实的理论基础，丰富了普通语言学理论，得到国内外语言学家的认可和推崇。阿细彝语有紧喉元音和非紧喉元音两类，发紧元音时喉头肌肉特别紧缩，声调稍高一些，声音也比较短促，后面还附带着一个喉塞音ʔ；而发松元音时喉头不紧缩，声调较低，声音稍长。所以，把阿细彝语的松紧元音看成是声调长短的区别，把它处理为不同的声调，而在元音上不分松紧。

藏缅语松紧元音的来源可能有两个方面，一方面是来源于声母的清浊，一方面来源于韵母的舒促。“通过语言比较和综合观察松紧元音表现出的各种特征，我们看到藏缅语族诸语言的松紧元音，虽然现在在发音上表现为共同的特点，但在语音类别上则出现几种不同的现象，其中有的对应相同，即这个语言的松紧元音同那个语言的松紧元音相对应，有的对应不同，即这个语言的松紧元音在另一个语言里并不同松紧元音对应，而同别的语音类别（如声母的清浊，韵母的舒促等）对应。这种对应现象显示了藏缅语族松紧元音在来源上的多样性特点。”[②]由此形成了两条不同的渠道汇合而成的，即彝语支语言的松紧元音来源于过去的舒促韵母，而缅语支语言的载瓦语和景颇语支语言的景颇语来源于清浊声母。前者是元音后面的成分影响元音性质的变化，后者是元

① 马学良：《倮文作祭献药供牲经译注》，见《马学良民族研究文集》，北京，民族出版社，1992。

② 戴庆厦：《藏缅语族松紧元音研究》，见《藏缅语族语言研究》（一），昆明，云南民族出版社，1990。

音前面的成分影响元音性质的变化。

1993 年，戴庆厦先生运用大量的语言事实材料，从五个方面论据，进一步阐述了“古代彝语支大约也曾有过辅音韵尾，韵母也有舒促之别。后来由于开音节化的倾向，辅音韵尾纷纷脱落，闭音节陆续变成了开音节。辅音韵尾脱落后，原为舒声韵的元音转化为松元音，原为促声韵的元音转化为紧元音，从而形成了松紧元音的对立”①的观点。李永燧先生也赞同此观点：“松紧元音的对立是一个后起现象，因为紧元音是塞音韵尾消失的一种补偿。”②

二、末昂语与彝语方言松紧元音比较

末昂语与彝语各方言松紧元音的分布是参差不齐的，有的语言点的松紧元音均等，有的语言点紧元音少松元音多。我们采取各方言选一个语言点与末昂语进行比较。末昂语以富宁县板仑乡龙洋村的末昂语为代表，北部方言以宁蒗彝语为代表（以下简称北部方言），西部方言以巍山彝语为代表（以下简称西部方言），东南部方言以路南撒尼彝语为代表（以下简称东南部方言），南部方言以新平彝语为代表（以下简称南部方言），东部方言以禄劝彝语为代表（以下简称东部方言）。

从历史比较法对亲属语言的声调进行研究，松紧元音与声调

---

① 戴庆厦：《关于纳西语的松紧元音问题——兼论彝缅语语音历史演变的研究方法》，载《民族语文》，1993（1）。

② 李永隧：《缅彝语调类：历史比较法的运用》，载《民族语文》，1996（5）。

有密切的关系。从对于汉藏语以及越南语等多种语言以往的研究成果得知，声调的信息往往与声母（如清浊，送气不送气，前置辅音等）和韵母（如长短音，松紧，辅音韵尾等）的信息有关。缅彝语声调初步比较的经验也证明，声调与声母和韵母的关系密切。一般来说，紧元音的调值比松元音稍高、短促。美国人麦迪森和拉狄福其特对我国禄劝彝语作了语音实验，从语图的基频(F_0)来看，在高调和中调音节中紧松元音之间没有观察到实质的差异，但在降调音节中紧元音比松元音明显要短，或许是因为下降的音高加上紧张的发声产生了较早地完成声门闭塞引起的。在降调音节中紧元音比松元音明显短促，紧音节的平均音高比松音节的稍高一些。但在紧音和松音的发音上，元音音质似乎没有出现什么大的差异。

彝语北部方言、西部方言的元音不是全部松紧对立，紧元音比松元音少，紧元音在声调中出现的频率比松元音的低。而中部方言、东部方言、东南部方言和南部方言，虽然松紧元音音位有严整的对立，有几个松元音就有几个紧元音，但从各个语言点的比较中发现，松元音在各个声调里都出现，而紧元音一般只出现在其中的两个调里。

纵观彝语支语言松紧元音在声调中的对应情况来看，松元音出现在所有调里，而紧元音一般只出现在其中的两个调里。这也是松紧元音与声调相互制约所表现出来的密切关系。我们从以下的对比中，可以清楚地看到这种关系。

1. 以末昂语为基点，松元音在各语言点的对应情况。如：

末昂语	西部	东南部	南部	东部	北部	汉
ɣa̱^{33}	xa^{31}	xa^{31}	xo^{33}	xu^{33}	o^{33}	肉
sa^{33}	ʥa^{31}	ʥa^{31}	dʐo^{33}	ʥo^{33}	ʥɤ^{33}	吃
ɡua^{33}	ɣa^{31}	ɡa^{31}	ɡo^{33}	ʥu^{33}	ɡu^{33}	嚼
kuo^{55}	ɡu^{31}tʂa^{31}	ɡu^{31}	dʐu^{33}	ʥu^{33}	ɡu^{33}	筋
qhau^{33}	khu^{31}	khɯ^{31}	khɯ^{33}	khɯ^{33}	khu^{33}	偷
khɛi^{33}	chi^{31}	ɬɯ^{31}	thi^{33}	ɬi^{33}	tɕhi^{33}	屎
ʔa^{33}	za^{31}	za^{31}	ʐo^{33}	zo^{33}	zɯ^{33}	儿子
ȵiu^{31}	a^{55}ṇ^{31}	ŋu^{31}	ȵi^{33}	ni^{33}	ȵi^{33}	牛
tsoŋ^{33}	lu^{31}	li^{31}	lo^{33}	lu^{33}	lu^{33}	龙
me̱^{31}	vi^{31}di^{55}	bu^{31}	bu^{33}	bu^{33}	bu^{33}	虫
maŋ^{33}	ʔṇ^{31}	ni^{31}	ȵi^{31}	ni^{31}	ȵi^{31}	日（天）
pja^{31}	ʔa^{31}	ŋa^{55}	ŋo^{33}	ŋo^{33}	hɤ^{33}	鱼
lju^{33}	ny^{33}	to^{31}	mu^{33}	ndho^{31}	ȵi^{31}	吞
thoŋ^{33}	fu^{33}	bu^{31}	bu^{31}	ɡa^{33}	hi^{55}	通(路～)
ʥa^{55}	tso^{33}	ʐi^{31}	ʐu^{31}	ʑu^{33}	ʑu^{33}	捉
am^{31}	ɕy^{55}	xɯ^{33}	ɕe^{31}	ɕe^{31}	ʂɯ^{33}	铁
ɡɯ^{33}	ɡɯ^{55}	tsi^{55}	ʥi^{55}	nʥhi^{31}	nʥi^{31}	皮
ma^{55}	ma^{55}	ma^{33}	mo^{55}	mo^{33}	ma^{33}	竹子
vu^{33}pa^{51}	pu^{55}	ɬɛ^{33}	po^{55}	ɬɛ^{55}	pa^{33}	换

2. 以末昂语为基点，紧元音与各语言点对应的情况：

末昂语	西部	东南部	南部	东部	北部	汉
na^{33}	ʔ mɿ̱^{31}	ne̱^{33}	ne̱^{31}	na̱^{55}	zɿ̱^{55}	旱
va^{33}	ve̱^{31}	ve̱^{31}	ve̱^{31}	va̱^{55}	vo^{55}	猪
ʑ e^{33}	ʔ i̱^{31}	ʑ i̱^{31}	zɿ̱^{31}	ʑ i̱^{55}	ʔ i̱^{55}	睡
khau^{33}	kho̱^{31}	khɯ̱^{31}	khɤ̱^{31}	khɤ̱^{55}	khi̱^{55}	舀（水）
khui^{33}	khɯ̱^{31}	qhɯ̱^{31}	tʂ hɤ̱^{31}	tɕhɤ̱^{55}	ɕ i̱^{55}	咬
kɛ̱^{31}	g o^{33}	g o^{33}	dʐ u̱^{33}	dʑo̱^{31}	tɕɛ^{33}	怕
ȵa^{13}	ȵe̱^{33}	ne̱^{33}	ȵe̱^{33}	na̱^{31}	no^{33}	黑（天）
ta^{33}	tɕe̱^{33}	tʂ hi̱^{33}	tshɿ̱^{33}	tʂ hi̱^{31}	tɕɛ^{33}	驮（物）
no^{55}	nu̱^{33}	nu̱^{33}	nu̱^{33}	no̱^{31}	nu̱^{33}	豆
tju^{31}kot^{55}	ʔ me̱^{33}	ȵe̱^{33}	ȵe̱^{33}	na̱^{31}	ȵo^{31}	眼睛
pom^{31}le^{31}	de̱^{33}	de̱^{33}	de̱^{33}	da̱^{31}	do^{33}	上（山）

我们从以上的对比中可以看到语音有严整的对应规律，但末昂语和部分彝语方言点有紧元音松化的现象。

藏缅语及彝语支语言松紧元音的演变趋势，戴庆厦先生在《藏缅语族松紧元音研究》一文中认为："通过语言和方言比较，我们看到藏缅语族一些语言（或方言）的松紧元音在它的发展过程中出现了紧元音松化的现象，即松紧元音由严整对立演化为不完全对立，再到完全不对立。这种松化的趋势在不同语言里表现出发展上的不平衡，如有的是全部或大部分紧元音音位消失了，有的是消失了一部分紧元音音位，有的是在一些具体词上紧元音特征消失了，或出现可松可紧的现象。”[①]我们从彝语方言及末昂语的松紧元音分布的情况来看，松紧元音在它的发展过程中也出现了紧元音松化的现象，但发展演变的速度不一样。

第二节　末昂语与彝缅语核心词比较

语言间核心词的比较，就涉及一个择词或词表的问题。因为，选择什么样的核心词或词表进行语言同源比较，关系到比较的结果。同源词在比较词中所占的比值是判断语言亲属关系亲疏远近的重要依据。以往的词汇比较中，一般采取两种比较的方法：一种是常用词的比较，采用 1000~2000 个常用词；一种是斯瓦迪士（M..Swadesh）的百词表或二百词表。

在藏缅语言的比较中，不管是常用词的比较，还是 300 词、200 语义词项的比较，都能说明语言之间的亲疏远近的关系，只不过是哪一种比较方法的比值更高而已。但我们还是选择目前采用比较多的斯瓦迪士的二百词表来进行比较。斯瓦迪士编制的二百核心词表本来是为测定语言年代学（也称词汇统计学）使用的，但后来被运用在语言的系属划分上。这个核心词体系及词阶的划分已被多项研究证明，对各种语言都具有相当普遍的适用性，具有一定的代表性，因此，我们把斯瓦迪士的核心词表稍加改变，用来进行比较。当然，比较的结果只能是一种确定语言亲疏远近

① 戴庆厦:《藏缅语族松紧元音研究》，见《藏缅语族语言研究》（一），昆明，云南民族出版社，1990。

的标准之一，而不是唯一或完全的标准。

一、末昂语与彝缅语前一百核心词比较

末昂语与彝缅语的彝语新平话、傈僳语、阿昌语、载瓦语前一百核心词比较：①

表 6–1 末昂语与彝缅语的前一百核心词比较

词项	末昂语	新平	傈僳语	阿昌语	载瓦语
1. 我	ŋa^{33}	ŋu^{31}	ŋua^{33}	ŋɔ^{55}	ŋo^{51}
2. 你	na^{55}	na^{31}	nu^{33}	nuaŋ^{55}	naŋ^{51}
3. 我们	ŋo^{51}	ŋu^{33}bɤ^{31}	ŋua^{33} nu^{31}	ŋɔ^{55}tuʔ^{31}	ŋa^{51}moʔ^{55}
4. 这	ʔe̠^{31}	ʔe^{55}	the^{33}	xai^{55}	xji^{51}
5. 那	ʔo^{33}to̠^{31}	kɤ^{55}	ko^{55}	the^{55}	xje^{51}
6. 谁	sa^{33}mau^{33}	a^{31}su^{33}	a^{31}ma^{33}	xau^{55}	kha^{55}juʔ^{21}
7. 什么	ʑa^{33}ma^{33}	a^{31}xɤ^{33}	a^{55}ʃi^{31}	pi^{31}si^{55}	xai^{51}
8. 不	mɯ^{31}	ma^{31}	ma^{31}	ma^{31}	a^{21}
9. 全部	tsau^{33}	the^{31}dʐa^{31} po̠^{31}	xɯ^{33}thi^{31}	kai^{55}	kom^{55}

① 末昂语和彝语新平话是作者亲自调查的资料，而傈僳语、阿昌语和载瓦语是引用了《藏缅语语音和词汇》（中国社会科学出版社，1991 年 1 月第 1 版）和《藏缅语族语言词汇》（中央民族学院出版社，1992 年 12 月第 1 版）。

续表

词项	末昂语	新平	傈僳语	阿昌语	载瓦语
10．多	mja^{33}	no^{33}	mia^{31}	ȵɔ^{31}	mjo^{21}
11．一	the^{33}	thi^{31}	thi^{31}	ta^{31}	ʒa^{21}
12．二	ȵi^{33}	ȵi^{31}	ȵi^{31}	sək^{55}	i^{55}
13．大	kau^{33}	ɣɛ^{33}	vu^{31}	kʐə^{31}	ko̱^{21}
14．长	mo^{55}	ʂɛ^{55}	ʃi^{33}	səŋ^{55}	xiŋ^{51}
15．小	bei^{31}	nɛ^{55}	zɑ^{11}	ȵi^{55}	ti̱ʔ^{55}
16．女人	ɕa̱^{31}ma^{33}	mɛ^{31}ʥe^{31}	za̱^{31}mɯ̱^{31} za̱^{31}	i^{31}ȵɔ^{31}	mji^{21}ve^{21}
17．男人	ɕa̱^{31}bao^{33}	ŋu^{33}tʂɛ^{55}	tsho̱^{33}pa^{55} za^{31}	i^{31}tɕi^{55}	juʔ^{21}ke^{51}
18．人	ɕa̱^{31}	tʂha^{31}	tsho̱^{33}za^{31}	tʂo^{55}	pju^{51}
19．鱼	pja^{31}	ŋo^{33}	ŋua^{55}	kă^{31}ʂua^{31}	ŋŏ^{21}tso^{21}
20．鸟	ŋa^{55}	xe̱^{33}	niɛ^{35}khɯ^{33}	m̥ɔʔ^{55}	ŋo̱ʔ^{55}
21．狗	khui^{33}	tshɿ^{33}	khɯ^{31}ga̱^{31}	xui^{31}	khui^{21}
22．虱子	phja^{33}ˀɛ^{55}	ɕe^{31}	xɯ̱^{33}fu̱^{33}	ʂan^{31}	ʃin^{21}
23．树	sɛ^{55}	sɿ̱^{33}	e^{55}ʥɿ^{33}	saŋ^{31}tseŋ^{55}	sik^{55}
24．种子	ʑan^{33}	ʂʅ^{31}	e^{5}sɿ^{55}	a^{31}ȵau^{31}	a^{21}mji^{21}
25．叶子	phja^{31}	phe̱^{31}	e^{55}phiɛ^{33}	a^{31}xʐoʔ^{55}	a^{21}xaʔ^{55}

续表

词项	末昂语	新平	傈僳语	阿昌语	载瓦语
26. 根	sɛ^{55}tshɛ^{33}	pɛ̱^{31}	e^{55}ʧe^{33}	a^{31}mʐat^{55}	a^{21}pu̱n^{51}
27. 树枝	sɛ^{55}ka^{31}	sɿ̱^{33}le̱^{31}	e^{55}lɛ^{31}ka^{55}	ʂək^{55}kʐaŋ^{55}	sik^{55}kja̱ŋ^{51}
28. 皮肤	gɯ^{33}	ʥɿ^{55}pe^{31}	ko^{35}ʥi^{33}	a^{31}ʐʅ^{55}	ʃŏ^{21}ku̱^{21}
29. 肉	ɣa̱^{33}	xo^{33}	xua^{31}	ʂua^{31}	ʃo^{21}
30. 血	sɛi^{33}	ʂʅ^{33}	sɿ^{31}	sui^{31}	sui^{21}
31. 骨头	ɣau^{33}	ɣɯ^{33}	o̱^{31}to̱^{33}	a^{31}ʐau^{31}	ʃŏ^{21}vui^{21}
32. 脂肪	sɛ^{51}ʑo^{31}	tʂhu^{55}	xua^{31}tshɯ^{31}	oʔ^{55}ʨho^{55}	tshu^{51}
33. 鸡蛋	ɣa^{55}ɣo^{31}	ʑe̱^{33}fu^{31}	e^{55}fu^{33}	uʔ^{31}	a^{21}u^{55}
34. 角	khao^{33}	tʂhʅ^{31}	o^{55}ʧhi^{44}	khʐau^{55}	khjui^{51}
35. 尾巴	me̱^{31}	mɛ^{33}	e^{55}mu^{55}	ʨhi^{31}ȵaŋ^{35}	ʃŏ^{21}mji^{21}
36. 羽毛	ˀi^{31}me^{33}	nu̱^{33}	e^{55}mu̱^{33}du̱^{33}	a^{31}mui^{31}	ʃŏ^{21}mau^{55}
37. 头发	ʔoŋ^{33}me̱^{33}	ŋu^{33}ʨhe^{31}	o^{55}tshe̱^{33}	u^{31}mui^{31}	u^{21}tsham^{51}
38. 头	ʔoŋ^{33}	ŋu^{33}	o^{55}du̱^{33}	nă^{31}kuaŋ^{31}	u^{21}lu̱ɯ^{21}
39. 耳朵	pan^{55}	no^{55}pa^{55}	nɑ^{44}po^{44}	ni^{31}tʂhua^{31}	nŏ^{21}phjo^{21}
40. 眼睛	tju^{31}kot^{55}	ȵe̱^{33}du^{33}	miɛ^{44}sɯ^{31}	ȵɔʔ^{55}tsiʔ^{31}	mjoʔ^{21}ʧi^{55}
41. 鼻子	tɛ̱^{31}tu^{33}	no^{55}ko̱^{31}	nɑ^{44}khu^{44}	n̥ɔŋ^{55}	no̱^{51}
42. 嘴	mɯi^{31}	ȵe̱^{31}phi^{33}	mɯ^{31}lɯ^{35}	n̥ot^{55}	nu̱t^{55}

续表

词项	末昂语	新平	傈僳语	阿昌语	载瓦语
43．牙齿	mɯ^{31}so^{33}	dʐɛ	sɿ^{31}ʧhi^{44}	tɕoi^{55}	ʦui^{51}
44．舌头	mɯ^{31}le^{55}	ɬo^{55}phe^{31}	lɑ^{44}ʧhɯ^{44}	ɕo^{55}	ʃo^{51}
45．爪子	khɛ^{33}tɕa^{31}	ʦhɿ^{31}	lɛ^{31}se^{31}	tɕhi^{55}phʐai^{55}	san^{21}
46．脚	khɛi^{33}	gɤ̠^{31}	ʧhi^{44}phɛ^{35}	tɕhi^{55}	khji^{51}
47．膝	khɛi^{55} khuo^{33}	bɤ^{31}ŋ̍^{55} ʦɿ^{31}	ʧhi^{33}ʦi^{55} nɑ^{33}ka̠^{33}	tɕhi^{55} n̥ɔʔ^{55}	Khji^{51} phut^{55}
48．手	la̠^{31}	le̠^{31}	lɛ^{31}phɛ^{35}	lɔʔ^{55}	loʔ^{21}
49．肚子	ɣoŋ^{33}	a^{31}pe^{55}po^{33}	he^{31}khi^{31}	ɔm^{31}tau^{31}	vam^{21}
50．脖子	kua^{33}	lɛ̠^{31}bɛ̠^{31}	li^{44}be^{33}	laŋ^{31}ʦəŋ^{31}	liŋ^{51}ʦiŋ^{21}
51．乳房	ȵiu^{33}	a^{55}ni^{31}	ɑ^{55}ʧɿ^{35}	nau^{35}tʂu^{35}	nau^{55}
52．心脏	ȵe^{55}	ȵi^{33}mo^{31}	ni^{35}mɑ^{33}	n̥a^{55}lum^{31}	nik^{55}lu̠m^{21}
53．肝	sɛi^{33}	ʂɛ^{31}	si^{31}	a^{31}ʂəŋ^{31}	siŋ^{21}
54．喝	dam^{31}	da^{31}	do^{33}	ʂoʔ^{55}	ʃuʔ^{55}
55．吃	sa^{33}	dʐo^{33}	ʥa^{31}	ən^{55}	ʦo̠^{21}
56．咬	khui^{33}	tʂhɤ̠^{31}	kho̠^{31}	pan^{31}	ŋat^{21}
57．看见	mɯa^{33}	ŋa^{31}	lo^{55}mo^{33}	en^{31}mʐaŋ^{55}	mjaŋ^{51}
58．听见	na^{51} kau^{33}	bo^{31}dʐo^{33}	pa^{33}ʥa^{31}	kʐua^{31}	kjo^{21}

续表

词项	末昂语	新平	傈僳语	阿昌语	载瓦语
59．知道	sεi^{33}xa^{33}	ʂɛ̱^{31}	sɯ^{55}	sa^{35}	se^{55}
60．睡	ʑe^{33}	zʅ̱^{31}	e̱^{31}ta^{55}	e^{31}	jup^{55}
61．死	ɣε^{55}sa^{33}	ʂʅ^{31}	ʃi^{33}	ʂʅ^{55}	ʃi^{55}
62．杀	sεi^{33}	sʅ̱^{31}	se̱^{31}	sat^{55}	sat^{55}
63．游泳	qau^{55}ahau^{31}	zʅ^{31}ɣɛ̱^{33}	e̱^{33}be^{33}sa^{55}	ʦhi^{31}kɔʔ^{31} ta^{35}	vui^{51}li^{21}li^{21}
64．飞	bau^{33}	de^{31}	bi^{33}	tʂam^{55}	taŋ^{21}
65．走	so^{33}	ʂɤ^{33}	se^{31}	so^{31}	so^{21}
66．来	la^{31}	le^{31}	la^{33}	ʐə^{35}	le^{55}
67．躺	ȵe̱^{51}	xɛ̱^{31}	do^{31}la^{55}	e^{31}	leʔ^{21}to̱^{21}
68．坐	dei^{33}	ȵi^{31}	ȵi^{44}tɑ^{55}	ni^{55}	ʦuŋ^{51}
69．站	ʑau^{33}	xɤ̱^{31}	he^{31}	ʑap^{55}	jap^{21}
70．给	pεi^{31}	bi^{31}	ɡo^{31}	tsi^{31}	pji^{21}
71．说	tei^{33}	be̱^{33}	bɛ̱^{33}	kʐai^{55}	tai^{21}
72．太阳	maŋ^{33}pju^{13}	ȵe̱^{31}ʥʅ^{31} mo^{31}	mɯ^{31}mi^{33}	ni^{31}mɔ^{31}	pui^{51}
73．月亮	la̱^{31}pa^{33}	xo^{31}bo^{31} mo^{31}	hɑ^{33}bɑ^{33}	phă^{31}lɔʔ^{31}	lŏ^{55}mo^{55}

续表

词项	末昂语	新平	傈僳语	阿昌语	载瓦语
74．星星	tɕe^{55}ma^{55}	tʂ ɛ ^{55}	ku̱^{33}zɑ̱^{31}	khʐ ə ^{55}	kji̱^{51}
75．水	ɣ ɛ ^{55}	zʅ ^{31}	e̱^{33}dʑa^{33}	ti^{55}	i^{21}ʧ a̱m^{21}
76．雨	ŋ ɛ ^{55}	a^{55}xo^{33}	mɯ^{31}hɑ ^{33}	mau^{31}ʐ o^{55}	mau^{21}
77．石头	ŋ o^{33}	lu̱^{33}bɤ ^{31}	lo̱^{33}tshi^{35}	liŋ ^{31}kɔ ʔ ^{55}	lŭʔ ^{21}kok^{21}
78．沙子	ŋ o^{55}ŋ ɯ^{31}	lu̱^{33}ʂɛ̱^{33}	khɯ^{31}tɕhi^{33} hɯ^{31}	să^{31}le^{55}	să^{21}mui^{51}
79．土地	mɛ ^{55}	mi^{55}	mi̱^{33}nɛ̱^{33}	n̥ɕon^{55}	mji^{21}tse̱^{21}
80．云	maŋ ^{33}ȵi^{33}	tɛ ^{55}	mu̱^{33}ku^{55}	xaŋ ^{31}tɕin^{31}	mu̱t^{55}mau^{55}
81．烟	me^{33}	a^{55}khɯ^{33}	mu^{35}khu^{31}	ni^{31}xau^{31}	mji^{21}khau^{21}
82．火	me^{33}	mɛ ^{33}	a^{55}to^{55}	poi^{31}	mji^{21}
83．灰	laŋ ^{33}	khɯ^{31}mu^{31}	ku̱^{33}thu^{31}	ŋă^{31}ʑ ap^{35}	mji^{21}mop^{55}
84．烧	tau^{33}	tʂ hu^{55}	ʧ hu̱^{33}	xum^{55}	mut^{21}
85．路	ka^{33}	dʐ o^{31}	dʑa̱^{33}gu̱^{33}	xa^{55}mʐ ua^{51}	khjo^{51}
86．山	poŋ ^{33}	bɤ ^{31}	ko^{44}	pum^{55}	pum^{21}
87．红	ȵe^{55}	nɤ ^{55}	sʅ ^{44}	na^{55}	ne^{51}
88．绿	ȵa^{55}	nu^{55}	ni^{35}ʧ hi^{31}	ȵau^{55}	ŋ ui^{21}
89．黄	ŋ ɛ ^{55}	ʂ ɛ ^{55}	ʃ ʅ ^{44}	lə ŋ ^{35}	xui^{51}

续表

词项	末昂语	新平	傈僳语	阿昌语	载瓦语
90. 白	tso̠^{33}	thu^{31}	phu^{44}	phʐo^{55}	phju^{51}
91. 黑	n̥a^{13}	n̥e̠^{33}	nɛ^{44}	lɔk^{55}	noʔ^{21}
92. 晚上	min^{33}pha^{55}	mu^{33}tshɿ̠^{31}	mɯ^{33}khɯ^{31}	l̥ɔ^{31}	kan^{21}tse^{51}
93. 热(天)	n̥e̠^{31}	tʂhʅ^{33}	tshɑ^{44}	pu^{55}	ŋje^{55}
94. 冷	ɡa^{55}	dʑe̠^{33}	dʑɛ^{44}	kʐuat^{55}	kjoʔ^{21}
95. 满	bɯ^{33}	dɛ^{31}	bi̠^{33}	pʐəŋ^{35}	pjiŋ^{55}
96. 新	ɣɯe^{33}	sɿ̠^{31}	ʃi̠^{31}	ʂək^{55}	a^{21}sik^{55}
97. 好	lau^{33}	no^{55}	dʑi^{33}	tɕi^{55}	ke^{51}
98. 圆	lu^{55}	vɛ^{31}	lu^{33}	lum^{31}	liŋ^{55}
99. 干	sɛi^{55}la^{55}	fɛ̠^{31}	dʐu̠^{33}	səʔ^{55}	xui^{51}khaŋ^{51}
100. 名字	mɛ^{51}	mɛ^{55}	e^{55}mi^{44}	a^{31}n̥iŋ^{55}	mjiŋ^{51}

二、末昂语与彝缅语后一百核心词比较

末昂语与彝缅语的彝语新平话、傈僳语、阿昌语、载瓦语后一百核心词比较：

表 6–2　末昂语与彝缅语的后一百核心词比较

词项	末昂语	新平	傈僳语	阿昌语	载瓦语
1．跟	ta^{31}pa^{55}	mɛ^{55}	tɕho^{44}	tʂ haŋ^{35}	tʃ haŋ^{55}
2．虎	tshoŋ^{33}	lo̱^{31}	lɑ^{31}	lɔ^{31}	lo^{21}mo^{55}
3．背	tsi^{31}lan^{31}	gɯ^{31}phɛ^{31}	kɑ^{44}tɛ^{44}	xa^{31}juŋ^{35}	nuŋ^{51}kuŋ^{51}
4．坏	pja^{13}	nɛ̱^{33}	ma^{31}dʑi^{31}	tɕa^{55}	then^{21}
5．前	vu^{33}laŋ^{33}	vi̱^{31}	mɯ^{31}dʒɛ^{31}	ȵɔ^{55}siʔ^{31}	xi^{51}
6．吹	pau^{31}	mu̱^{33}	mu̱^{31}	m̥ut^{55}	mut^{21}
7．力气	zɯe^{31}	ɣo^{33}	sɛ̱^{31}	a^{31}xʐaŋ^{55}	vum^{21}
8．孩子	ɕa̱^{33}pe^{55}	a^{55}tu̱^{33}ʐo^{33}	za̱^{31}ne̱^{33}za̱^{31}	tsă^{31}	tsŏ^{21}ʃaŋ^{51}
9．数	ɣau^{51}	ɣɯ^{31}	vu^{33}	an^{35}	ŋap^{55}
10．砍	go^{13}	dʐʅ̱^{33}	khɯ^{35}	tɕen^{31}	thuʔ^{55}
11．天	maŋ^{33}	mu^{33}	mo^{31}kuɑ^{44}	mau^{31}	mau^{21}khuŋ^{5}
12．挖	do^{33}	kɛ̱^{31}	du^{31}	tu^{31}	khai^{21}
13．脏	ŋem^{33}	tʂ hʅ^{31}	nɛ^{44}	ək^{35}	kot^{21}
14．呆、笨	kuai^{33}	go^{31}	lɛ^{41}ko^{55}	puaŋ^{31}	ko^{51}
15．尘土	pɯ^{33}pe^{55}nai^{55}	khɯ^{31}nu^{55}	khuɑ^{44}phu^{33}	n̥on^{55}mɔk^{35}	phui^{21}la̱u^{51}
16．掉	pe̱^{33}	tɕhe^{31}	tshe^{44}	kʐua^{35}	kjo^{55}
17．远	vɛi^{31}	vɤ^{33}	ɣɯ^{31}	ve^{31}	ve^{21}

续表

词项	末昂语	新平	傈僳语	阿昌语	载瓦语
18. 父亲	pa^{33}	pho^{31}	ɑ^{31}bɑ^{31}	a^{31}phɔʔ^{31}	a^{55}va^{21}
19. 怕	kɛ̱^{31}	dʐu̱^{33}	dʒo^{44}	ʐoʔ^{55}	kjuʔ^{21}
20. 少	lɯt^{31}/bja^{33}	nɛ^{55}	ne^{55}	nəŋ^{31}ʃ	ʃau^{21}
21. 打架	vɯ^{31}te^{31}	ti̱^{31}ɕe̱^{31}	dɯ^{31}lɛ^{31}xo^{41}	teʔ^{55}kɔ^{31}	pjoʔ^{21}lu̱m^{21}
22. 五	ŋa^{33}	ŋo^{33}	ŋuɑ^{31}	ŋɔ^{31}	ŋo^{21}
23. 漂浮	po^{55}la^{55}	bu^{31}	bu^{33}	ȵə^{31}	mju^{21}voŋ^{21}
24. 流	lɛ̱^{31}	lɛ^{33}	ʒʅ^{33}	so^{31}	jui^{51}
25. 花	ȵiu^{31}	vi̱^{33}	si^{35}ve^{44}	kǎn^{55}tam^{31}	pan^{21}
26. 雾	maŋ^{33}ȵi^{55} ɡoŋ^{55}	a^{55}nu^{55}	ko^{55}tse^{55}	mau^{31}tum^{55}	aai^{55}von^{21}
27. 四	lɛi^{33}	ɬi^{55}	li^{33}	mi^{31}	mji^{21}
28. 露水	pju^{33}ɣɛ^{33}	tʂɤ^{31}	tʃi^{55}ʒi^{33}	tshe^{31}	ŋa̱n^{51}
29. 水果	sɛ^{33}	sʅ̱^{33}ʂɛ^{33}	sʅ^{35}sɯ^{31}	ʂə^{31}ʃ	ʃi^{21}
30. 草	ȵa^{55}	ʂʅ^{33}	sʅ^{55}	sa^{55}	na̱m^{21}
31. 肠子	ɣu^{55}	vu^{31}	vu^{33}	a^{31}u^{55}	u^{51}
32. 他	ʑa^{51}	kɤ^{55}	e^{55}	n̥aŋ^{31}	ja̱ŋ^{21}
33. 这里	ʔa̱^{31}na̱^{31}	ʔe^{55}ȵe̱^{33}	the^{44}kuɑ^{44}	xai^{55}thɔʔ^{55}	xji^{51}ma^{55}

续表

词项	末昂语	新平	傈僳语	阿昌语	载瓦语
34. 打	te^{31}	dɛ^{33}	dɯ^{31}	pat^{55}	pat^{21}
35. 拿	ʑu^{33}	zu^{31}	ʒu^{33}	ȵu^{55}	tsui^{21}
36. 怎样	so^{33}te̠^{33}ɣa^{31}	a^{31}ʂɤ^{31} ʑe^{33}	ɑ^{44}le^{33}	xoi^{55}su^{31}	khă^{55}su^{21}
37. 打猎	va^{55}tsau^{33}	xe̠^{33}bɛ̠^{33}	xuɑ^{31}gɑ^{41}	tɕhet^{55}tauʔ^{55}	ʃŏ^{21}pik^{21}
38. 丈夫	ʑo^{31}	ʐu̠^{33}pho^{31}	zɑ^{31}gu^{33}	ȵi^{31}ŋau^{55}	laŋ^{51}
39. 霜	va^{33}ɣa^{55}	ȵe^{55}	ȵi^{4}	n̥an^{55}/ ȵan^{55}	ŋa̠n^{51}phju^{51}
40. 后	lɯ^{33}aŋ^{33}	a^{55}do^{31}	kɑ^{55}nɛ^{55}	n̥oŋ^{55}	thaŋ^{51}
41. 在	nɛi^{33}	ŋ̩^{55}	ȵɛ^{35}	ni^{55}	ŋji^{51}
42. 湖	ɣɛ^{55}not^{31} kaŋ^{33}	xɤ^{31}bɤ^{31}	e^{44}u^{31}be^{33}	n̥ɔŋ^{35}	no̠ŋ^{51}
43. 笑	ɣɯe^{51}	ɣɛ^{31}	xɯ^{41}	ʐə^{55}	vui^{51}
44. 左边	lja^{31}qau^{51}	a^{55}fɛ^{33}	lɛ^{31}ɣɯ^{55}	lɔʔ^{31}nam^{31} pa^{31}	loʔ^{21}pa̠i^{21}
45. 腿	khɛi^{33}pao^{55}	bo^{31}phe̠^{33}	bo^{44}vu^{31}	tɕhi^{55}san^{55}	khji^{51}
46. 活的	tom^{31}	ʂu^{55}	sɛ^{55}	tut^{55}	tui^{51}
47. 母亲	ma^{33}	mo^{31}	ɑ^{44}mɑ^{44}	a^{31}tɕaʔ^{31}	a^{55}nu^{21}
48. 窄	kɛm^{31}	tʂɤ̠^{31}	tshʅ^{44}	ȵ̥ap^{55}	tʃa̠p^{55}

续表

词项	末昂语	新平	傈僳语	阿昌语	载瓦语
49. 近	dja^{55}	nɛ^{33}	nɯ^{31}	ne^{31}	ʧa̱ŋ^{55}
50. 老的	mau^{33}	ma^{31}	mo^{31}	muaŋ^{31}	maŋ^{21}
51. 玩	lja^{31}ʥi^{31}	lɛ^{55}ɡo^{31}	kɑ^{35}	tseʔ^{55}	kja^{21}ku̱n^{55}
52. 拉	ɣɛi^{51}	ɡa^{31}	ʧɿ^{35}	ʑɔ^{31}	laŋ^{21}
53. 推	tuŋ^{33}	ti^{55}	di^{31}	tun^{31}	ʧu̱n^{21}
54. 右边	vei^{33}qau^{51}	a^{55}ʐo^{33}pe^{33}	lɛ^{31}ʒɛ^{44}	lɔʔ^{31}jɔ^{31}	loʔ^{21}jo^{51}
55. 对	va^{31}	xo̱^{31}	ʥo^{31}	tsi^{55}	ʧo^{21}
56. 河	ɣɛ^{33}ma^{31}	la^{33}	e^{33}mɑ^{33}	tʂhă^{55}ʐoŋ^{31}	vui^{51}mo^{55}
57. 绳子	tsa^{55}	ʨe̱^{33}	no^{55}ʥo^{31}	toi^{31}	tu̱i^{21}
58. 腐烂	tshɛi^{33}	tʂhʅ^{31}	ʧhɿ^{31}ʒe^{44}	pup^{55}	pup^{21}
59. 擦	khui^{31}	ɡɛ^{33}	sɿ^{35}	sut^{55}	sut^{55}
60. 盐	de̱^{31}	tʂho^{33}	tshɑ^{31}bo^{44}	ʨhɔ^{31}	tsho^{55}
61. 抓	ȵam^{31}	ʐu^{31}	ʒu^{44}	tʂa^{31}	kja̱ʔ^{55}
62. 海	xa^{33}	xɤ^{31}	e^{44}lu^{31}be^{33}	nam^{31}ʨu^{31}	vui^{51}miŋ^{21}
63. 缝	kɛi^{31}	dʐʅ̱^{31}	pe^{44}	phɔ^{55}	pho^{51}
64. 尖	ʥoŋ^{55}	ʨhe^{55}	tshɛ^{35}	liam^{31}	ʧhun^{51}
65. 短	tau^{33}	nɤ^{33}	ȵio^{55}	ʑɔŋ^{31}	to̱t^{21}

续表

词项	末昂语	新平	傈僳语	阿昌语	载瓦语
66．唱	la^{33}ç e̱^{31}	tʂ ha^{55}	ɡ uɑ^{33}	siaŋ^{35}	tho^{51}
67．天空	maŋ^{33}koŋ^{55}	mu^{33}khɛ^{31}	mo^{31}kuɑ^{44}	mau^{31}	mau^{21}khuŋ^{51}
68．闻	nom^{31}	nɤ^{31}	ʧ hɿ^{31}nu^{33}	nam^{31}	nam^{51}
69．平	tja^{33}	phi^{31}	di^{44}	tɕaŋ^{31}	ʒ a^{55}
70．蛇	ven^{55}	ʂ ɛ^{55}	fu^{44}	mʐ ui^{55}	la̱ŋ^{51}mui^{51}
71．雪	va^{33}	ɣ o^{33}	uɑ^{31}	xan^{31}ʑ ai^{55}	kjoʔ^{21}
72．吐	phɛ i^{33}	phi̱^{31}	ti^{55}	tɕho^{31}	pje^{55}
73．撕裂	tsat^{13}	tsɿ̱^{33}	ʧ ɿ^{35}	tsheʔ^{55}	laŋ^{21}ʧ heʔ^{55}
74．压	nei^{33}	ni̱^{31}	ȵ i^{55}	tek^{35}	ne̱^{55}
75．刺	tɕhu^{33}	tʂ hɤ̱^{33}	kɑ^{55}	toi^{31}	thau^{21}
76．棍子	sɛ^{55}lom^{31}	du^{55}	dʒ ə^{31}ŋ o^{31}	tam^{55}	nĕ^{21}se^{21}
77．直	dei^{55}	du̱^{33}	dʒ o^{31}	tan^{31}	ŋ jaŋ^{51}
78．吮吸	pja^{31}	tʂʅ̱^{31}	ʧ hi^{41}	tʂ ɔ p^{55}	ʧ u̱p^{55}
79．肿	ɣ au^{31}	phɤ̱^{31}	õ^{44}	ʐ am^{31}	vam^{21}
80．那儿	lau^{33}	kɤ^{55}ȵe̱^{33}	ɡ ɯ^{33}	the^{55}	xje^{51}
81．他们	ʑ o^{51} ʔ e̱^{31}	kɤ^{33}bɤ^{31}	e^{55}uɑ^{31} ȵ i^{31}ʒ o^{44}	n̥aŋ^{31}n̥ə k^{55}	ja̱ŋ^{55}ni̱k^{55}

续表

词项	末昂语	新平	傈僳语	阿昌语	载瓦语
82. 厚	thu̱^{33}	thu^{31}	thu^{44}	kan^{31}	thu^{22}
83. 薄	pa^{33}	bo^{33}	bɑ^{31}	ɕam^{35}	ja̱m^{55}
84. 想	daɯ^{33}	du^{31}	du^{31}ʥɑ^{51}	sam^{55}	mjit^{21}
85. 三	soŋ^{33}	sa^{55}	sɑ^{44}	aum^{31}	aum^{21}
86. 扔	bɛi^{13}	lu̱^{33}	lo^{44}kɯ^{44}	tiu^{35}	tu^{55}
87. 捆	zɯe^{31}	khɛ^{31}	xɯ^{35}	toi^{31}	tu̱i^{21}
88. 转	pam^{33}	tʂa^{55}	ʧo^{44}	pan^{35}	liŋ^{51}
89. 呕吐	phɛi^{33}	phi̱^{31}	phe^{41}	phat^{55}	phat^{55}
90. 洗	sɛi^{33}	tshɿ^{33}	tshɿ^{31}	tshi^{31}	ʧhi^{21}
91. 湿	ʔea^{33}	nɛ̱^{33}	le^{33}	phet^{55}	te̱ʔ^{55}
92. 哪里	ʑau^{33}ma^{31}	a^{55}ȵe̱^{33}	ɑ^{44}kuɑ^{44}	xoi^{55}thɔʔ^{55}	kha^{51}ma^{55}
93. 宽	kei^{51}	fe^{55}	ʃe^{44}	kaŋ^{31}	lam^{51}
94. 妻子	me^{33}	mɛ^{31}	zɑ^{31}mɯ^{33}	ȵi^{31}mɔʔ^{31}	mji^{21}
95. 风	le̱^{33}	me^{33}xe^{33}	mi^{31}hi^{33}	l̥i^{55}	lai^{5}
96. 翅膀	ʔi^{31}toŋ^{33}	do^{31}le̱^{31}	du^{44}lɛ^{41}	ȵɔʔ^{55}pat^{35}	voʔ^{21}ʧoʔ^{21}pan^{21}
97. 重	khɯe^{33}	li^{33}	li^{31}	li^{31}	lai^{21}
98. 森林	ŋən^{55}ka^{31}	sɿ̱^{33}tɛ^{55}	sɿ^{35}nɛ^{44}	kʐom^{55}	sɛ^{55}

续表

词项	末昂语	新平	倮倮语	阿昌语	载瓦语
99. 虫	me̠^{31}	bu^{33}	bɯ^{31}di^{33}	pau^{31}	pau^{21}
100. 年	kho^{33}	khu̠^{31}	kho^{41}	n̥ə k^{55}	tsan^{51}

三、末昂语与彝缅语两百核心词相同、相近数量统计

表 6-3　末昂语与彝缅语统计

语　言	二百词	百分比（%）	一阶词相同或相近数	二阶词相同或相近数	一阶词 > 二阶词
末昂语一彝语	86	43	46	40	6
末昂语一倮倮语	80	40	43	37	6
末昂语一阿昌语	63	31.5	37	26	11
末昂语一载瓦语	74	37	42	32	10
平　均	75.75	37.88	42	33.75	8.25

比较的结果显示，末昂语与彝缅语各语言之间的一阶词都比二阶词高。按照陈保亚先生的“词阶理论”（陈保亚，1996），末昂语与彝缅语言之间是同源关系，基本语法语序都是“主—宾—谓”形式。末昂语与彝语新平话、倮倮语、阿昌语、载瓦语的一阶词和二阶词相差词数分别是 6、6、11、10，其中阿昌语和载瓦语在一阶和二阶相差的词数最高。

第三节　末昂语与壮傣语支语言核心词比较

一、末昂语与壮傣语支语言前一百核心词比较

末昂语与壮傣语支语言的壮语（北）、壮语（南）、布依语、傣语（西）前一百核心词比较：①

表 6–4　末昂语与壮傣语支语言比较

词项	末昂语	壮语（北）	壮语（南）	布依	傣语（西）
1．我	ŋ a33	kou42	ku55	kə u33	to55xa13
2．你	na55	muɯŋ 51	maɯ44	muɯŋ 53	muɯŋ 41
3．我们	ŋ o51	tou42	rau44	ɦ o55tə u33	hau41
4．这	ʔ e̱31	nei33	nai31	nei55	ni33
5．那	ʔ o33to̱31	tei31	ʔ in31	ti33	nan11
6．谁	sa33mau33	pou33laɯ51	kaɯ44	pou33laɯ51	phai55
7．什么	ʑ a33ma33	ku51ma51	kaŋ 35	ku55ma53	bau35saŋ 55
8．不	mɯ31	mi33	bo11da: ŋ 33	mi53	bau35

① 末昂语是作者亲自调查的资料，而壮语（北）、壮语（南）、布依语、傣语（西双版纳）引用了《云南省志——卷五十九 少数民族语言文字志》，昆明，云南人民出版社，1998。

续表

词项	末昂语	壮语（北）	壮语（南）	布依	傣语（西）
9．全部	tsau^{33}	taŋ^{51}	taŋ^{44}	taŋ^{53}	taŋ^{41}
10．多	mja^{33}	la: i^{42}	lai^{35}	la: i^{33}	la: i^{55}
11．一	the^{33}	deu^{42}	i^{55}	deu^{33}	nuŋ^{33}
12．二	ȵi^{33}	suŋ^{42}	a: u^{33}	soŋ^{33}	sɔ ŋ^{55}
13．大	kau^{33}	la: u^{33}	tɯ^{55}	la: u^{55}	jai^{35}
14．长	mo^{55}	ðai^{51}	zi^{44}	zai^{53}	ja: u^{41}
15．小	bei^{31}	ni^{35}	ʔ e^{55}	ʔ i^{13}	nɔ i^{11}
16．女人	ɕ a̠^{31}ma^{33}	ɕ u^{51}ja^{31}	kɔ n^{44}ȵiŋ^{44}	ɕ i^{53}ja^{31}	kun^{41}jiŋ^{41}
17．男人	ɕ a̠^{31}bao^{33}	ɕ u^{51}pau^{13}	kɔ n^{44}ʧ a: i^{44}	ɕ i^{53}pau^{13}	kun^{41}tsa: i^{41}
18．人	ɕ a̠^{31}	və n^{51}	kɔ n^{44}	vɯn^{53}	kun^{41}
19．鱼	pja^{31}	ti^{42}pa^{42}	ti^{44}pa^{35}	tu^{53}pa^{33}	pa^{55}
20．鸟	ŋa^{55}	ðok^{11}	nɔ k^{44}	ti^{33}zok^{33}	nok^{33}
21．狗	khui^{33}	ma^{42}	ma^{35}	ti^{33}ma^{33}	ma^{55}
22．虱子	phja^{33}ʔɛ^{55}	ti^{42}man^{51}	ti^{33}man^{44}	ti^{33}nan^{53}	min^{41}
23．树	sɛ^{55}	fai^{33}	mai^{55}	mai^{24}	kɔ^{55}mai^{11}
24．种子	ʑ an^{33}	van^{42}	fan^{44}fe^{44}	van^{33}	tsə^{11}
25．叶子	phja^{31}	baɯ^{42}	baɯ^{35}	baɯ^{33}	bai^{55}

续表

词项	末昂语	壮语（北）	壮语（南）	布依	傣语（西）
26．根	sɛ^{55}tshɛ^{33}	mau^{35}	lak^{31}	za^{31}	hak^{33}
27．树枝	sɛ^{55}ka^{31}	ŋaːŋ^{31}	ŋa^{31}mai^{55}	ŋaim^{53}mai^{24}	kiŋ^{13}
28．皮肤	gɯ^{33}	naŋ^{42}	naŋ^{35}nɯ^{55}	naŋ^{33}	naŋ^{55}
29．肉	ɣa̱^{33}	no^{1}	nɯ^{55}	no^{31}	ʦin^{11}
30．血	sɛi^{33}	lit^{11}	lɯt^{31}	lɯt^{31}	lət^{33}
31．骨头	ɣau^{33}	kun^{35}duə^{13}	duk^{55}	kai^{13}	duk^{35}
32．脂肪	sɛ^{51}ʑo^{31}	no^{31}pi^{51}	nɯ^{55}pi^{44}	no^{31}pei^{53}	ʦin^{11}man^{41}
33．鸡蛋	ɣa^{55}ɣo^{31}	ma^{13}kai^{13}	ʧhai^{11}ʧai^{11}	dan^{33}kai^{13}	xai^{35}
34．角	khao^{33}	kau^{42}	khau^{35}	kau^{33}	xau^{55}
35．尾巴	me̱^{31}	ðin^{42}	thaːŋ^{35}	zuŋ^{33}	haːŋ^{55}
36．羽毛	ʔi^{31}me^{33}	pən^{42}	khɔn^{35}	pɯn^{33}	xun^{55}
37．头发	ʔoŋ^{33}me̱^{33}	pən^{42}kau^{35}	phɔm^{35}thu^{35}	pɯn^{33}kau^{24}	phum^{55}ho^{55}
38．头	ʔoŋ^{33}	kau^{35}	ʔan^{35}thu^{35}	kau^{24}	ho^{55}
39．耳朵	pan^{55}	ðɯ^{51}	baɯ^{5}ʧhu^{35}	zɯ^{53}	hu^{55}
40．眼睛	tju^{31}kot^{55}	ta^{42}	luk^{31}tha^{35}	lɯk^{33}ta^{33}	ta^{55}
41．鼻子	te̱^{31}tu^{33}	daŋ^{42}	ʔan^{35}daŋ^{35}	çoŋ^{31}daŋ^{33}	hu^{41}daŋ^{55}
42．嘴	mɯi^{31}	pa^{13}	pak^{11}	çoŋ^{31}pa^{13}	sop^{55}

续表

词项	末昂语	壮语（北）	壮语（南）	布依	傣语（西）
43．牙齿	mɯ^{31}so^{33}	jeu^{35}	fan^{44}	ɦeu^{24}	xeu^{13}
44．舌头	mɯ^{31}le^{55}	lən^{42}	baɯ^{35}lin^{55}lɯn^{55}	lɯn^{55}	lin^{11}
45．爪子	khɛ^{33}tɕa^{31}	ðip^{11}ðei^{51}	lɛp^{44}	zip^{33}	lep^{33}
46．脚	khɛi^{33}	tən^{42}	dam^{33}kha^{35}	tɯn^{33}	xa^{55}
47．膝	khɛi^{55}khuo^{33}	mau^{51}ɣuə^{13}	thu^{35}khau^{11}	to^{35}ɦu^{13}	ho^{55}xau^{35}
48．手	la̠^{31}	vɯŋ^{51}	muŋ^{44}	vɯŋ^{53}	mɯ^{41}
49．肚子	ɣoŋ^{33}	toŋ^{33}	ʔan^{35}tɔːŋ^{55}	tuŋ^{55}	tɔŋ^{11}
50．脖子	kua^{33}	ɣuə^{51}	kɔk^{55}ho^{44}	ɦo^{53}	xɔ^{41}
51．乳房	ȵiu^{33}	tu^{42}pe^{31}	ʔan^{35}ʔu^{33}	pu^{55}pi^{24}	tau^{13}num^{41}
52．心脏	ȵe^{55}	ɕaɯ^{42}	ʔan^{35}ʧaɯ^{35}	dan^{33}ɕin^{33}	tsai^{55}
53．肝	sɛi^{33}	tap^{55}	tap^{55}	tap^{55}	tap^{55}
54．喝	dam^{31}	dat^{55}	dit^{55}	kɯn^{33}	dɯm^{35}
55．吃	sa^{33}	tɕin^{35}	tɕin^{35}	kɯn^{33}	kin^{55}
56．咬	khui^{33}	haːp^{11}	khap^{55}	ɦap^{33}	xop^{55}
57．看见	mɯɑ^{33}	lɯ^{35}ðan^{42}	ŋau^{55}than^{35}	lɯ^{24}zan^{33}	tɔŋ^{41}han^{55}
58．听见	na^{51} kau^{33}	ȵi^{42}	pak^{44}ȵin^{44}	ȵi^{33}	faŋ^{41}

续表

词项	末昂语	壮语（北）	壮语（南）	布依	傣语（西）
59．知道	sɛi^{33}xa^{33}	ðuə^{33}die^{13}	zu^{55}de^{11}	zo^{55}di^{13}	hu^{11}
60．睡	ʑe^{33}	nən^{51}	ne^{44}	nɯn^{53}	nɔn^{41}
61．死	ɣɛ^{55}sa^{33}	taːi^{42}	thai^{35}	taːi^{33}	taːi^{55}
62．杀	sɛi^{33}	ka^{35}	ka^{35}	ka^{24}	xa^{13}
63．游泳	qau^{55}ahau^{31}	viu^{51}	vat^{31}nam^{55}	viu^{53}	lɔi^{41}nam^{11}
64．飞	bau^{33}	bən^{42}	ban^{35}	bin^{33}	bin^{55}
65．走	so^{33}	paːi^{35}	tai^{11}	paːi^{24}	teu^{41}
66．来	la^{31}	ma^{42}	ma^{44}	ma^{33}	ma^{41}
67．躺	ȵe̠^{51}	ne^{44}zi^{44}	ne^{44}zi^{44}	ne^{44}zi^{44}	ʔəŋ^{11}kəŋ^{11}
68．坐	dei^{33}	naŋ^{31}	naŋ^{31}	naŋ^{31}	naŋ^{33}
69．站	ʑau^{33}	dən^{42}	ʔin^{35}	dɯn^{33}	ʦɛn^{35}
70．给	pɛi^{31}	həɯ^{35}	haɯ^{33}	ɦaɯ^{24}	hɯ^{13}
71．说	tei^{33}	haːu^{13}	ha^{55}	ɦaːu^{13}	xa^{33}
72．太阳	maŋ^{33}pju^{13}	taːŋ^{13}van^{51}	thaŋ^{35}van^{44}	taŋ^{33}van^{51}	ta^{55}van^{41}
73．月亮	la̠^{31}pa^{33}	dan^{42}din^{42}	an^{35}hai^{35}	dan^{33}dɯn^{33}	dən^{55}
74．星星	tɕe^{55}ma^{55}	daːu^{42}dei^{13}	daːu^{35}di^{11}	dau^{33}dei^{13}	daːu^{55}
75．水	ɣɛ^{55}	ðam^{33}	nam^{55}	zam^{55}	nam^{11}

续表

词项	末昂语	壮语（北）	壮语（南）	布依	傣语（西）
76. 雨	$ŋɛ^{55}$	$vən^{42}$	$phan^{35}$	$vuɯn^{33}$	fun^{55}
77. 石头	$ŋo^{33}$	$kun^{35}ðən^{42}$	pha^{35}	$dak^{55}zuɯn^{33}$	$maːk^{35}hin^{55}$
78. 沙子	$ŋo^{55}ŋɯ^{31}$	$ça^{42}$	sai^{44}	$zuɯn^{33}zei^{13}$	$saːi^{41}$
79. 土地	$mɛ^{55}$	$naːm^{31}$	$naːm^{31}$	$naːm^{31}$	$nam^{11}din^{55}$
80. 云	$maŋ^{33}ȵi^{33}$	$kuaŋ^{13}vu^{35}$	$phat^{55}fa^{55}$	$vuɯ^{24}$	fa^{13}
81. 烟	me^{33}	on^{13}	$jai^{35}fai^{44}$	van^{53}	$xɔn^{41}$
82. 火	me^{33}	fei^{51}	fai^{44}	vei^{53}	fai^{41}
83. 灰	$laŋ^{33}$	tau^{31}	tau^{31}	tau^{31}	tau^{33}
84. 烧	tau^{33}	$daŋ^{33}$	$daŋ^{35}$	$daŋ^{55}$	sum^{55}
85. 路	ka^{33}	$taːŋ^{13}ðan^{42}$	$kha^{35}lo^{31}$	zan^{33}	$taːŋ^{41}$
86. 山	$poŋ^{33}$	po^{42}	po^{35}	po^{33}	$kɔŋ^{41}$
87. 红	$ȵe^{55}$	$dəŋ^{42}$	$deŋ^{351}$	$diŋ^{33}$	$dɛŋ^{55}$
88. 绿	$ȵa^{55}$	lok^{11}	$lɔk^{44}$	lok^{33}	xeu^{55}
89. 黄	$ŋɛ^{55}$	$jian^{35}$	hen^{33}	$ɦen^{24}$	$xɔŋ^{35}$
90. 白	$tso̰^{33}$	$haːu^{42}$	$khaːu^{35}$	$ɦaːu^{33}$	$xau^{55}phək^{35}$
91. 黑	$ȵa^{13}$	mei^{35}	dam^{35}	mei^{24}	kam^{35}
92. 晚上	$min^{33}pha^{55}$	$kaːŋ^{42}hən^{51}$	$ʧaːŋ^{35}$	$daɯ^{33}ɦuɯn^{53}$	$kaːŋ^{55}xuɯn^{55}$

续表

词项	末昂语	壮语（北）	壮语（南）	布依	傣语（西）
93．热(天)	ȵɛ̰^{31}	ʔaŋ^{42}	haŋ^{35}	ʔan^{33}	hɔn^{11}
94．冷	ga^{55}	tɕiat^{55}	kɔŋ^{33}	ɕeŋ^{55}	nau^{55}
95．满	bɯ^{33}	jəm^{42}	tam^{35}	jɯm^{33}	tim^{55}
96．新	ɣɯɛ^{33}	muə^{13}	maɯ^{11}	mu^{13}	mai^{35}
97．好	lau^{33}	dei^{13}	dai^{35}	dei^{33}	di^{55}
98．圆	lu^{55}	mam^{51}mau^{33}	man^{44}	man^{33}mau^{53}	mun^{41}
99．干	sɛi^{55}la^{55}	ðiaŋ^{42}	bɔk^{55}	ɦəɯ^{13}	hɛŋ^{13}
100．名字	mɛ^{51}	ɕuə^{31}	min^{55}ʧɯ^{31}	ɕo^{31}	tsɯ^{33}

二、末昂语与壮傣语支语言的壮语（北）、壮语（南）、布依语、傣语（西）后一百核心词比较

表 6–5　末昂语与壮傣语支语言比较

词项	末昂语	壮语（北）	壮语（南）	布依	傣语（西）
1．跟	ta^{31}pa^{55}	ta^{35}	nɯŋ^{44}	laŋ^{33}	ʔɛp^{55}
2．虎	tshoŋ^{33}	ti^{42}kuk^{55}	tu^{35}phiu^{33}	ti^{33}kuk^{55}	sə^{55}
3．背	tsi^{31}lan^{31}	laŋ^{35}	laŋ^{35}	paːi^{31}laŋ^{33}	laŋ^{55}
4．坏	pja^{13}	huai^{13}	zai^{55}	ʔja^{13}	haːi^{13}

续表

词项	末昂语	壮语（北）	壮语（南）	布依	傣语（西）
5．前	vu^{33}laŋ^{33}	paː i^{31}na^{35}	kuan^{11}	na^{24}	ʔ ɔ n^{55}
6．吹	pau^{31}	po^{13}	pau^{11}	pu^{13}	pau^{35}
7．力气	zɯɐ^{31}	ðiaŋ^{51}	tɔ k^{44}zeŋ^{44}	zeŋ^{53}	hɛ ŋ^{41}
8．孩子	ɕ a̠^{33}pe^{55}	pou^{33}ni^{35}	luk^{31}ʔ eŋ^{35}	lɯk^{33}ȵ̥e^{53}	luk^{33}ʔ ɔ n^{35}
9．数	ɣau^{51}	son^{13}	ʔ aː n^{11}	son^{13}	tsɛ t^{55}
10．砍	g o^{13}	ðam^{35}	tham^{33}	zam^{24}	fan^{41}
11．天	maŋ^{33}	fa^{33}	fa^{55}	bɯn^{33}	fa^{11}
12．挖	do^{33}	ba^{13}	khut^{55}	ba^{13}	xut^{55}
13．脏	ŋ em^{33}	ʔ ou^{33}	sak^{31}	ʔ ɯŋ^{55}	haŋ^{13}
14．呆、笨	kuai^{33}	pə n^{13}	pɯn^{11}	ɦ uk^{55}	bai^{13}
15．尘土	pɯ^{33}pe^{55} nai^{55}	mə n^{31} naː m^{31}	man^{31}mu^{55}	mu^{53}man^{13}	fun^{35}
16．掉	pe̠^{33}	tok^{55}	tɔ k^{55}	tok^{55}	tok^{55}
17．远	vɛ i^{31}	kai^{42}	kai^{35}	kai^{33}	kai^{55}
18．父亲	pa^{33}	puə^{31}	po^{31}	po^{31}	pɔ^{33}
19．怕	kɛ̠^{31}	laː u^{42}	bu^{35}	laː u^{33}	ko^{55}
20．少	lɯt^{31}/ bja^{33}	noi^{31}	noi^{55}	noi^{13}ʃ	nɔ i^{11}
21．打架	vɯ^{31}te^{31}	sau^{31}tei^{51}	tɯŋ^{44}doi^{11}	tuŋ^{53}tei^{53}	bup^{55}kan^{55}

续表

词项	末昂语	壮语（北）	壮语（南）	布依	傣语（西）
22．五	ŋ a^{33}	ha^{35}	ha^{33}	ɦ a^{24}	ha^{13}
23．漂浮	po^{55}la^{55}	vou^{51}	fu^{44}	və u^{53}	fu^{41}
24．流	lɛ̰^{31}	lai^{42}	lai^{35}ʒ	lai^{33}j	lai^{55}
25．花	ȵ̥iu^{31}	duə^{13}va^{42}	dɔ k^{11}va^{35}	va^{33}	dɔ k^{35}mai^{11}
26．雾	maŋ^{33}ȵ̥i^{55} ɡ oŋ^{55}	lə p^{55}muə^{13}	nam^{55}mɔ k^{11}	lap^{55}mu^{31}	mə i^{55}
27．四	lɛ i^{33}	ɬsei^{13}	si^{11}	sei^{13}	si^{35}
28．露水	pju^{33}ɣ ɛ^{33}	ðə m^{33}ðai^{51}	nam^{55}ʧha^{11}	zam^{55}zaː i^{53}	nam^{11}mə i^{55}
29．水果	sɛ^{33}	lə k^{11}ma^{13}	mak^{11}	luɯk^{33}ma^{13}	maː k^{35}
30．草	ȵ̥a^{55}	ȵ̥a^{42}	ȵ̥a^{33}	ȵ̥a^{33}	ja^{13}
31．肠子	ɣ u^{55}	sai^{35}	sai^{33}	sai^{24}	sai^{13}
32．他	ʑ̥ a^{51}	ti^{42}	ti^{55}	ti^{33}j	man^{41}
33．这里	ʔ a̰^{31}na̰^{31}	tei^{31}nei^{33}	ti^{31}nai^{31}	tei^{31}nei^{55}	ti^{33}ni^{13}
34．打	te^{31}	doi^{13}	doi^{11}	tuɯp^{33}	pɔ^{11}
35．拿	ʑ̥ u^{33}	ʔ au^{42}	kam^{35}	tə ɯ^{53}j	ʔ au^{55}
36．怎样	so^{33}tḛ^{33}ɣ a^{31}	pan^{51}lauɯ^{51}	pan^{44}zauɯ^{44}	ku^{31}lauɯ^{53}	daŋ^{35}huɯ^{41}
37．打猎	va^{55}ʦau^{33}	lai^{31}puə^{42}	nan^{55}po^{35}	tuɯk^{55}tau^{13}ʃ	xap^{55}thə n^{35}

续表

词项	末昂语	壮语（北）	壮语（南）	布依	傣语（西）
38．丈夫	ʑo^{31}	pau^{13}	laː u^{5}ʧaː i^{44}	çi^{53}pau^{13}	pho^{55}
39．霜	va^{33}ɣa^{55}	nai^{13}ɣuŋ^{51}	ŋi^{11}	nai^{33}vɯŋ^{53}	saʔ^{55}thaː p^{33}
40．后	lɯ^{33}aŋ^{33}	laː ŋ^{42}	tɔk^{55}laŋ^{35}	laŋ^{33}	laŋ^{55}
41．在	nɛi^{33}	jou^{31}	ju^{11}	ʔjiu^{13}	ju^{35}
42．湖	ɣɛ^{55}not^{31} kaŋ^{33}	fu^{31}	an^{35}pɯŋ^{31}	kɯ^{33}	nɔŋ^{55}
43．笑	ɣɯe^{51}	ðiu^{42}	khu^{35}	jiu^{33}	xo^{55}
44．左边	lja^{31}qau^{51}	paː i^{31}si^{33}	beŋ^{33}sai^{55}	paː i^{31}si^{53}	pai^{41}saː i^{11}
45．腿	khɛi^{33}pao^{55}	ka^{42}	dam^{33}kha^{35}	ka^{33}	xɛn^{33}
46．活的	tom^{31}	muə^{13}	maɯ^{11}	kai^{13}mu^{13}	mai^{55}
47．母亲	ma^{33}	mie^{31}	me^{31}	me^{31}	mɛ^{33}
48．窄	kɛm^{31}	nat^{11}	kap^{44}	nak^{33}	tsɔm^{11}
49．近	dja^{55}	kaɯ^{35}	ʧaɯ^{33}	kaɯ^{24}	kai^{13}
50．老的	mau^{33}	tɕie^{13}	tɕie^{11}	tɕi^{13}	kɛ^{35}
51．玩	lja^{31}dʑi^{31}	çua^{33}	hɔk^{55}ȵau^{55}	ku^{31}çam^{53}	ʔɛu^{35}din^{13}
52．拉	ɣɛi^{51}	luə^{31}	peŋ^{35}	çaː u^{31}	laː k^{33}
53．推	tuŋ^{33}	tui^{33}	ŋe^{55}	deŋ^{33}	ju^{11}

续表

词项	末昂语	壮语（北）	壮语（南）	布依	傣语（西）
54．右边	vei^{33}qau^{51}	paː i^{31}kua^{51}	beŋ^{33}sa^{35}	paː i^{31}kuɯa^{53}	pai^{41}xua^{55}
55．对	va^{31}	tui^{13}	ho^{33}	ho^{31}	mɛ n^{33}
56．河	ɣɛ^{33}ma^{31}	ta^{31}	ta^{31}	ta^{31}	nam^{11}mɛ^{33}
57．绳子	tsa^{55}	ti^{42}ç a^{31}	ʧuk^{31}lan^{44}	ç a^{31}	tsə k^{33}
58．腐烂	tshɛ i^{33}	doː k^{55}	man^{31}	duk^{55}	ka^{55}
59．擦	khui^{31}	not^{11}	ʧhat^{31}	tɯt^{33}	tset^{35}
60．盐	de̠^{31}	ku^{42}	kɯ^{35}	ku^{33}	kə^{55}
61．抓	ȵam^{31}	kap^{11}	kap^{44}ʒ	kap^{33}	jap^{33}
62．海	xa^{33}	haː i^{35}	hai^{33}	ɦaː i^{24}	sa^{55}mut^{55}
63．缝	kɛ i^{31}	seu^{35}	ȵɛ p^{44}	ȵɯp^{33}	jɛ p^{55}
64．尖	ʥoŋ^{55}	liam^{42}	liem^{35}	sam^{33}	lɛ m^{55}
65．短	tau^{33}	də m^{33}	tan^{33}	kuɯm^{24}	sɛ n^{13}
66．唱	la^{33}ç e̠^{31}	tɕaː ŋ^{13}	lɯn^{55}	tshaː ŋ^{13}	xap^{55}
67．天空	maŋ^{33}koŋ^{55}	kaː ŋ^{33}bɯn^{33}	ʧaŋ^{35}fa^{55}	kaː ŋ^{33}bɯn^{33}	kaː ŋ^{55}haː u^{55}
68．闻	nom^{31}	hau^{42}	man^{35}	hau^{42}	dum^{55}
69．平	tja^{33}	piŋ^{31}	phiŋ^{35}	piŋ^{31}ʒ	peŋ^{41}
70．蛇	ven^{55}	ti^{42}ŋ ɯ^{51}	ti^{44}ŋ u^{44}	tu^{53}ŋ ɯ^{53}	ŋ u^{41}

续表

词项	末昂语	壮语（北）	壮语（南）	布依	傣语（西）
71．雪	va^{33}	nai^{42}	mui^{35}	nai^{33}	mə i^{55}sa^{55} thaː p^{35}
72．吐	phɛ i^{33}	pei^{13}	hai^{44}	pei^{13}	thum^{35}
73．撕裂	ʦat^{13}	sə t^{55}	ziak^{31}	sik^{55}	sik^{35}
74．压	nei^{33}	nɛ k^{55}	nɛ k^{55}	nap^{55}	tiŋ^{55}
75．刺	ʨhu^{33}	ç ok^{11}	ʧ ɔ k^{44}	dam^{13}	pak^{55}
76．棍子	sɛ^{55}lom^{31}	kan^{51}tə ŋ^{33}	do^{11}mai^{55}	tuŋ^{55}	xɔ n^{11}
77．直	dei^{55}	so^{31}	sɯ^{31}	so^{31}	sɯ^{33}
78．吮吸	pja^{31}	ʧ up'^{55}	ʧ up'^{55}	ʧ up'^{55}	dut^{35}
79．肿	ɣ au^{31}	fok^{11}	fɔ k^{44}	vok^{33}	kai^{11}
80．那儿	lau^{33}	tei^{31}ti^{42}	paː i^{31}nɯ^{35}	tei^{31}ʔ an^{55}	ti^{33}nan^{11}
81．他们	ʑ o^{51} ʔ e̱^{31}	ðuə^{33}ti^{42}	pɔ ŋ^{55}ti^{55}	ɦ o^{55}ti^{33}	xau^{55}ʦau^{13}
82．厚	thu̱^{33}	na^{42}	na^{35}	na^{33}	na^{55}
83．薄	pa^{33}	baː ŋ^{42}	baː ŋ^{35}	baː ŋ^{33}	baŋ^{55}
84．想	daɯ^{33}	nə ɯ^{31}	nɯ^{31}	nɯ^{35}	kɯt^{33}
85．三	soŋ^{33}	saː m^{42}	saː m^{35}	saː m^{33}	saː m^{55}

续表

词项	末昂语	壮语（北）	壮语（南）	布依	傣语（西）
86. 扔	$bɛ\,i^{13}$	tot^{11}	$veŋ^{31}$	vit^{33}	$fɛ\,t^{33}$
87. 捆	$zɯɐ^{31}$	$ç\,ok^{11}$	hat^{31}	$kɯɐt^{55}$	mat^{33}
88. 转	pam^{33}	pan^{13}	pan^{11}	pan^{13}	$phat^{55}$
89. 呕吐	$phɛ\,i^{33}$	$ðu^{31}$	$thaː\,u^{33}$	$ʔ\,ok^{33}$	$haː\,k^{33}$
90. 洗	$sɛ\,i^{33}$	sak^{11}	sak^{44}	sak^{33}	sak^{33}
91. 湿	$ʔ\,ea^{33}$	dit^{55}	jai^{33}	dik^{55}	$pə^{55}$
92. 哪里	$ʑ\,au^{33}ma^{31}$	$tei^{31}laɯ^{51}$	$ti^{31}zaɯ^{44}$	$tei^{31}laɯ^{53}$	$ti^{33}nai^{55}$
93. 宽	kei^{51}	$laː\,ŋ^{31}$	$laː\,ŋ^{31}$	$laː\,ŋ^{31}$	$kwaː\,ŋ^{13}$
94. 妻子	me^{33}	ja^{35}	$ja^{31}ȵ̥iŋ^{44}$	$ç\,i^{5}ja^{31}$	$mɛ^{41}$
95. 风	$le̱^{33}$	$ðə\,m^{53}$	lam^{44}	$zɯm^{53}$	lum^{41}
96. 翅膀	$ʔ\,i^{31}toŋ^{33}$	$ɣ\,ut^{11}$	pik^{55}	$vɯt^{31}$	pik^{35}
97. 重	$khuɐ^{33}$	nak^{55}	nak^{55}	nak^{55}	nak^{55}
98. 森林	$ŋ\,ə\,n^{55}ka^{31}$	$dɔ\,ː\,ŋ^{42}fai^{33}$	$dɔ\,ŋ^{35}luŋ^{35}$	$doŋ^{33}mai^{24}$	$duŋ^{55}$
99. 虫	$me̱^{31}$	$ti^{42}non^{42}$	$ti^{44}nɔ\,ː\,n^{35}$	$tu^{53}non^{42}$	$mɛ\,ŋ^{41}$
100. 年	kho^{33}	pei^{42}	pi^{35}	pei^{33}	pi^{55}

三、末昂语与壮傣语支语言两百核心词相同、相近数量统计

表 6–6　末昂语与壮傣语支语言统计

语　言	二百词	百分比	一阶词相同或相近数	二阶词相同或相近数	一阶词 > 二阶词
末昂语一壮语（北）	31	15.5	13	18	5
末昂语一壮语（南）	32	16	12	20	8
末昂语一布依语	29	14.5	12	17	5
末昂语一傣语（西）	26	13	8	18	10
平　均	29.5	14.75	11.25	18.25	7

比较的结果显示，末昂语与壮傣语支各语言之间的一阶词都低于二阶词。按照陈保亚先生的“词阶理论”（陈保亚，1996），末昂语与壮傣语支语言之间不是同源关系，而是接触的关系。但末昂语长期受到壮语等语言的影响，有些词的后缀有塞音尾-p、-t、-k 和鼻音尾-m、-n、-ŋ，这是接触造成的个别现象。末昂语与壮语（北）、壮语（南）、布依语、傣语（西双版纳）的一阶词和二阶词相差词数分别是 5、8、5、10，其中傣语（西双版纳）在一阶和二阶相差的词数最高。

附录一：长篇语料

bau^{31} tɕe^{55} ʔa^{55} ta^{31}

爷 尖 的 故事

bau^{31} tɕe^{55} i^{31} fu̱^{31} bei^{33} nei^{33}，sei^{31} mja^{33} ʑe^{33} pei^{31} ȵe^{55}
爷 尖 威信 很 有 人 们 推 他 龙
kau^{33} ɣo^{33}，kui^{55} pha^{31} mo^{33}，ʑa^{55} sei^{31} mja^{33} kui^{55} pom^{33}
洋 （助） 寨 首 领 他 众 人 号召 山
mɯa^{33} xa^{55} ʑo^{31}，ɣɛ^{33} ka^{55} do̱ʔ^{31} te̱^{31} na^{33} dʑa^{51}，mɯŋ^{31}
垦荒 种 地 水 深 挖 （助） 田 造 彝
ka^{51} ma^{31} mu^{33} sa̱^{31} sau^{33} sa^{33}，ʑa^{55} tau^{31} ɕa^{33} ɕe^{55} aŋ^{33} tau^{33}
民众 （助） 安 居 乐 业 他 经 常 出席 那 坡
pɯ^{31} to^{33} na̱^{31} ka^{33} ta̱^{31} tɕa̱^{31} pɯm^{31} ʔe^{55} ȵi^{31}。a^{33} po̱^{31} xui^{31}
吞云石洞 民 众 寨务 将 （助） 每 次 集会
ʔe^{55} ka^{31}，ka^{33} vɛ^{51} ka^{31} na^{33} te^{33}，ʑa^{55} tho̱^{31} maŋ^{33} sei^{33} te̱^{31}
去 路 远 由 于 他 都 马 骑 （助）
ʔɛ^{55} ȵi^{31}，ʑa^{55} mɯ^{33} ko^{33} ma^{55}，vɛ^{33} ka^{55} ɣo̱^{33} pei^{31} ʔei^{31} li^{55}
前 往 他 不 到 （助） 其他 寨子 主 都 耐心
la^{33}，ʑa^{55} ʑo^{31} ɣo̱^{31} tha^{33}，ɣo^{33} lau^{55} pɯe^{33} tsau^{33} ʑau^{33} tei^{55}
等待 他 一 到 （助） 全 场 人 都 起来 （助）

ʑei^{31} sa̱^{31} kui^{55} n̥i^{31} ka^{31} ve̱^{31} thei^{31} ʔe^{33} po^{55} qa^{33} ʑa^{33} na^{31}
他 迎接 招呼（助）路 远 因 多 次（助）他 按时

mɯ^{31} ɣo^{33}，ʔa^{33} po̱^{31} ka^{33} ʑa^{33} tɯ^{33} pha^{33} tɯ^{33} lau^{33} thei^{33}
不 到 每 次 他 一 个 只 等待（助）

dau^{33} tɕam^{51} mɯ^{31} te̱^{33}，tɯ^{31} pa^{55} pɯ^{31} n̥e^{55} tho^{31} ʑa^{51}
事 议 不 能 部 分 人 心（助）十分

mɯ^{31} va^{33}，ʔa^{31} tau^{33} ʑa^{55} lei^{31} ʥo^{33} mɯ^{31} ʑau^{33} sa̱^{33}，ʑau^{33}
不 满 以 后 他 来 我 不 再 迎候 他

ko^{33} lei^{33} the^{33}，ʑo^{55} da^{31} tɕo^{55} tɕa^{31} ʑau^{33} lei^{51} lo^{31}，dau^{33}
一 来（助）大 家 慌 忙 站 来（助）议

tɕap^{31} kop^{31} sau^{33} kau^{33} ʑa^{55} tɕap^{31} tɯ^{31} ma^{31} ka^{31} sɯ^{33} ɣo^{33}
事 时 人 们 他 讲 的 非常 听 爱

n̥i^{51} ʑa^{55} tɕap^{51} ma̱^{31} tau^{33} le̱^{51} lei^{33} n̥i^{31}，pa^{33} te̱^{33}
（助）他 讲的话（助） 道 理 有（助） 可 借

n̥i^{31}。
鉴

bau^{33} tɕe^{55} tɯ^{33} boŋ^{33} ma^{31} a^{33} bei^{55} mja^{31} n̥i^{31}，mei^{33}
爷 尖 一 辈 子 子 女 多（助）现在

n̥e^{31} mei^{33} sau^{31} tɯ^{31} pa^{33} pɯe^{33} ma̱^{31} ʑa^{33} ŋaʔ^{31} ʑe^{33} n̥u^{33}，
龙 洋 人 一 些 部分（助）他 的 后 代

ʑe^{33} a^{33} vɯ^{33} ma̱^{31} mɯ^{31} sa^{33} a^{33} ma^{33}，ʑe^{33} me^{55} tɕom^{31} tin^{31}
他 第一个 是 姑 娘（助）她 名字 佼 取

n̥e^{31}，kau^{33} la^{33} te^{33} zau^{33} te^{55} maʔ^{31} tau^{33} ga^{33} ʑe^{33} me^{55} poŋ^{33}
为 长 大 后 嫁 给 麻 当 寨 他 名字 凸

te^{55} lɯ^{31} qha^{31} va̱^{31} pei^{33} zau^{33} bau^{33} tɕe^{55} ʑe^{33} sɯ^{31} n̥e^{55} ɣa^{33}
的 小 伙 子 给 爷 尖 他 女 婿（助）

pei^{33} ba^{55} ȵe^{31}，ʑe^{33} sɯ^{31} ȵe^{55} qa^{31} pei^{33} khe^{ʔ31} ȵi^{31}，ʑo^{55}

很 赞赏 （助） 他 女婿 （助） 很 勤劳 据

te^{33} ma̱^{31} poŋ^{33} khau^{33} ma̱^{31} ȵu^{33} moŋ^{33} va^{33} ɣa^{55} mau^{33} pei^{33}

说 凸 家 中 牛 马 猪 鸡 都 很

nei^{51}。tɯ^{33} kho^{33} ɣa^{55} soŋ^{33} la^{33} ɣo^{55} te^{33}，poŋ^{33} bei^{31} pa^{33}

多 一 年 有 冬 天 （助） 凸 锄头 扛

te̱^{31} na^{33} dʑau^{51} ʔe^{51}，ʑa^{55} kut^{33} tau^{33} gɯ^{33} tɕap^{31}，ŋa^{55} qha^{55}

着 田 造 （助） 他 自己 自言自语 讲 我 角

tɯ^{31} soŋ^{51} nei^{31} doŋ^{33} te̱^{33} ɕa^{31} ma^{31}，na^{33} dʑau^{31} zɯ̱^{31} mɯ^{31}

一 对 有 多 好 啊 田 造 力气 不

dap^{31} ɕa̱^{31} ma^{31} ʑa^{33} ɲue^{31} tɯ^{31} nau^{33} ʑe^{33} te̱^{31} ɕa̱^{31} lei^{31} ma^{31}

费 （助） 他 瞌睡 一 觉 睡 醒 来 （助）

oŋ^{33} ma^{31} qha^{55} ȵe^{33} ma^{33} ȵe̱^{31} kɯ̱^{31} ȵe̱^{31} moŋ^{55} kɯ̱^{31} moŋ^{55} te̱^{31}

头 上 角 两 只 红 又 红 长 又 长 长

lei^{33}，lɛ̱^{31} tɯ^{31} pa^{ʔ31} ʑe^{33} khui^{31} tha^{33} qha^{33} ma̱^{31} qo^{31}

出来 手 一 下 （助） 抹 （助） 角 就 缩

oŋ^{33} me^{33} qha^{55} nei^{31} ʔe^{31} loŋ^{33}，oŋ^{33} tɯ^{31} pa^{ʔ31} ʑe^{55} qha^{33} da^{ʔ31}

头 发 下面 又 在 里面 头 一 下 摇 角 就

moŋ^{55} lei^{31} loŋ^{55}，ʑa^{33} kau^{33} ʑa^{55} sɛ^{55} dʑa^{55}。a^{33} ma^{ʔ31} poŋ^{33}

伸 出来（助） 他 高 兴 极 了 于 是 凸

ʑe^{33} qha^{55} pe^{ʔ31} na^{33} dʑau^{55} tso^{33}，tɯ^{31} koŋ^{33} dʑau^{55} ma^{31} na^{33}

他的 角 用 田 造 试验 一下子 造 助 田

sei^{55} mja^{33} mɯ^{31} pa^{33} ɣa^{33}，ʑe^{33} me^{33} ʑa^{55} na^{33} dʑau^{55} doŋ^{31}

十 丘 多 得 妻 子 丈夫 田 造 那么

ɣa^{33} mɯa^{33} te^{ʔ31} ȵe^{55} tau^{33} bei^{33} tsau^{33}，ʑe^{33} ʑo^{55} pɛ^{51}

多得 见 （助） 心 里 十分 高 兴 她 丈夫 助

zɯ̠^{31} kau^{33} te̠^{31} ʑo^{31}。 poŋ^{33} ȵei^{33} ȵei^{33} na^{33} ʥau^{31}，ɣa^{33}

力气 大 夸 凸 天 天 田 造 越

ʥau^{33} ɣa^{33} ȵa^{55} la^{33}。 ʑe^{33} me^{33} ȵe^{55} dau^{33} ʥat^{55} kɯt^{31} ʥat

造 越 快 助 他 妻子 心 里 高兴 边 高兴

dau^{33} qa^{31} mɯ^{31} pho^{33}。 ʑa^{33} ʑe^{31} ʑo^{55} qha^{33} mau^{33} dau^{31}，

想 （助） 不 通 妻 子 丈夫 角 见 后

ȵe^{55} dau^{33} pei^{33} nau^{31} kɛ^{31} za^{31}， a^{31} tɯ^{31} taʔ^{31} ʑe^{33} ʑo^{55} sɛ̠^{31}

心 里 很 害 怕 于 是 就 她 丈夫 杀

bau^{33} no^{33} dau^{33} la^{55} za^{31}， tsi^{55} ȵei^{31} qhui^{33} tau^{31}， ʑa^{33} ʑa^{31}

掉 助 念 头 产生 几 天 过 了 她 对

ʑe^{31} ʑo^{55} te^{31}， ŋa^{33} pau^{33} na^{55} khɛʔ^{31} teʔ^{31} ȵi^{31}， da^{31} ɕa^{31} ɕo^{55}

她 丈夫 说 我 父亲 病 重 说 助 我 俩 看

ʔe^{33} te^{31}， poŋ^{33} ɕe̠^{31} kɯ^{31} tsha̠^{31} ɣo^{31} lɛ̠^{31} te^{31} daʔ^{31} sa̠^{31} ʨe^{55}

去 吧 凸 来 半 路 来 到 就 被 人 一

pha^{33} ʑi^{31} soŋ^{33} te̠^{31} la^{31}， ʑe^{33} tɯ^{31} pha^{33} ma^{55} sa̠^{31} mja^{33} ɕe^{55}

帮 合起来 打 了 他 一 个 助 人 多 打

mɯ^{31} sɛ^{33} te^{33}， poŋ^{33} da^{31} vɯ^{33} ʑi^{33} som^{55} ma̠^{31} pa̠^{33} te^{55} pɯ^{31}

不 过 助 凸 就 他们 活 生生 的 拿 到 山

tɯ^{33} sa^{33} toŋ^{55} bei^{31} ʔe^{33} za^{31}， kau^{33} ȵei^{33} kau^{33} ʑa^{55} ma^{55} pɯ^{31}

洞 丢 下 去 九 天 就 夜 助 山

toŋ^{33} to̠^{31} ma̠^{31} ɛʔ^{31} ɛʔ^{31} khei^{31} a^{31} tɯ^{31} mɯ^{31} ɣɛ^{55} za^{55}。

洞 里 面 嚎 叫 以 后 才 就 消 失

bau^{33} ʨe^{55} ʑa^{55} ʑa^{31} tau^{33} mja^{51} ka̠^{31} thei^{33}， ʑe^{33} sɯ^{31} ȵe^{55}

爷 尖 他 姑娘 谎 话 听 了 他 女婿

ɣoŋ^{33} ʔo^{55} ma^{31} ʑa^{33} sɛ̠^{31} te^{55} ʑa^{55} ko^{33} be^{55} noŋ^{31} ȵe^{31}， sa^{33}

神 奇 助 错 杀 助 他 呀 很 后 悔 人家

pho^{55} sa^{33} te^{31} a^{31} ta̠^{31} tha^{33} poŋ^{33} te^{55} tɕom^{31} tau^{33} mja^{55} tɕaʔ^{31}

见 人家 说 以 后 凸 和 佼 谎 话 的

sɛ̠^{31}

学

爷尖的故事

在部落首领统治的年代，龙洋有个叫“尖”的中年人，人们为了尊敬他，都叫他为“爷尖”。传说他有个宝贝，随时放在头顶帽子下。他很有威信，人们把他推为龙洋寨首领。他号召众人垦荒、种地，引水造田，彝民安居乐业。他经常出席在那坡吞云石洞召开的各寨联防会，每次去集会，由于路途遥远，他都骑马前往，他如不到会，各寨主都会耐心地等待，他一旦到会，全场人都起来迎候。因路远他多次都不能按时到会，不能按时议事，有部分人十分不满，说下次他不能按时到会的话，就不起来迎接他。但他一到，各寨主还是慌忙站起来迎候。议事时人们非常爱听他的发言，因为他的话很有道理，可以借鉴。

爷尖有很多儿女，现居住在龙洋的人都是他的后代。他的第一个孩子是个姑娘，取名为“佼”，长大后嫁给了麻当寨名叫“凸”的小伙子，爷尖很欣赏这个女婿，女婿很勤劳。据说凸家中养着很多牲畜和家禽，还养着一对很听使唤的狗。

有一年冬天，凸扛着锄头去造田，他自言自语道：如果我有一对角多好啊，造田就不费力气了。当他一觉醒来，头上便长出了又红又长的两只角，用手一抹，角就缩进头发里，头一摇，角就伸出来，他高兴极了。于是凸就用角实验造田，一下子就造得十多丘田。妻子见丈夫造得那么多丘田，心里十分高兴，夸丈夫力气大。凸天天造田，速度越来越快，妻子在高兴的同时也产生了怀疑，当看到丈夫头上长出的那对角，心里很害怕，就产生了杀死丈夫的念头。她就跑回娘家对父亲说："凸说想杀死她，想霸占全部财产。"过了几天，她对丈夫说，父亲病危，我们回去看看吧，于是就挂了黄幡，凸来到半路上就被一伙人打了，被活生生丢下地洞。

爷尖由于听了女儿的谎言，错杀了很有出息的女婿，后悔之余，告诫大家不要学佼那样说谎。

附录二：词汇、短语

天	maŋ^{33}
天空	maŋ^{33}koŋ^{55}
天神	maŋ^{33}ȵe^{33}
太阳	maŋ^{33}pju^{13}
阳光	maŋ^{33}pju^{13}la^{55}
月亮	(maŋ^{33}) la̠^{31}pa^{33}
月蚀(月食)	la̠^{31}pa^{33}pa^{55}dan^{55}
星星	(maŋ^{33}) tɕe^{55}ma^{55}
陨石	maŋ^{33}ŋəŋ^{55}
天河	maŋ^{33}ɣɛ^{55}ma^{31}
雷	maŋ^{33}ʐoŋ^{33}
闪电	maŋ^{33}laŋ^{33}la^{55}
云	maŋ^{33}ȵi^{33}
白云	maŋ^{33}ȵi^{33}tso^{33}
乌云	maŋ^{33}ȵi^{33}na^{55}
彩云	maŋ^{33}tɕaŋ^{33}ʑo^{33}
风	lɛ̠^{33}
东风	kɛ̠^{31}lɛ̠^{33}

西风	ȵa^{55}lɛ̠^{33}
微风	lɛ̠^{33}bja̠^{31}
旋风	lɛ̠^{31}ʔvin^{55}
暴风	lɛ̠^{33}ka̠^{31}
雨	(maŋ^{33}) ŋɛ^{55}
毛毛雨	ŋɛ^{33}pɤ^{55}
阵雨	ŋɛ^{33}sa̠^{31}
暴雨	ŋɛ^{33}ka̠^{31}
雪	(maŋ^{33}) va^{33}
雪花	va^{33}boŋ^{33}
雪霰	va^{33}khaŋ^{55}
水	ɣɛ^{55}
冷水	ɣɛ^{55}ga^{13}
热水	ɣɛ^{55}ȵe^{55}
开水	ɣɛ^{55}gui^{13}
温水	ɣɛ^{55}duo^{33}
坡（下坡）	ka^{55}dia^{13}
田	naŋ^{33}
田埂	naŋ^{33}kaŋ^{55}
田边地角	naŋ^{55}dza^{33}ʑa^{55}dza^{31}
地	ʑa^{55}
地上	mɛ^{55}tha^{33}
地方	mɛ^{55}tɕaŋ^{55}
地基	mɛ^{33}ɣaŋ^{55} /kha^{33}

地皮	mɛ^{33}
平原	mɛ^{33}do^{55}ki^{55}
坝子	doŋ^{55}da^{33}
土垡	mɛ^{55}kam^{31}
土地	mɛ^{55}
稀泥	mɛ^{55}ʔai^{31}
泥土	mɛ^{55}
山洞	poŋ^{31}to^{33}
土洞	mɛ^{55}poŋ^{33}
岩	pɯ^{31}aŋ^{31}
窟窿	toŋ^{55}pja^{55}/toŋ^{55}
坑	mɛ^{55}poŋ^{55}
金子	ŋe^{55}
银子	phju^{33}
铜	kɛ^{33}
铁	am^{31}
钢	kha̱^{31}
铁诱	am^{31}ɣɛ^{33}tɯ^{33}
锡	tshɯ^{33}
铅	tɕhe^{33}（借汉）
铝	lui^{33}（借汉）
硫黄	liu^{31}xua^{33}（借汉）
硝	ɕa̱^{31}（借汉）
锑	ti^{33}（借汉）

石头	ŋo^{33}
鹅卵石	ŋo^{33}ma^{33}
顶端	i^{33}ŋɛ^{55}
两端	ȵe̱^{33}dza^{33}
中间（物中间）	ʔi^{33}koŋ^{33}
中间（田中间）	na^{33}koŋ^{55}
半路	ka^{55}tɕa̱^{31} / ka^{55}kaŋ^{55}
附近	lja^{55}ɣa^{33}
周围	ʔi^{31}lja^{55}ɣa^{33}
角落	ʔi^{31}tɕa^{55}(ɣa^{33})
上面	laŋ^{33}ka^{55}/tha^{33}ka^{55}
下面	khaŋ^{55}ka^{55}/la̱^{31}ka^{55}
里面	khoŋ^{33}ka^{55}
外面	noŋ^{33}ka^{55}
时候	ʔi^{31}ɕi^{31}
时期	va̱^{31}ɕi^{31}/kha̱^{31}
年、岁	khoŋ^{33}
年年	khoŋ^{33}khoŋ^{33}
月月	la^{33}la^{33}
今年	mɛ^{33}khoŋ^{33}
去年	nɛ̱^{31}khoŋ^{33}
明年	ɣa^{55}khoŋ^{33}(khuai^{31}lan^{33})
前年	vu^{33}khoŋ^{33}
后年	sam^{33}khoŋ^{33}

大前年	nai^{33}khoŋ^{33}
大后年	sam^{33}ban^{33}khoŋ^{33}
往年	ŋo^{33}khoŋ^{33}khai^{55}
新年	khoŋ^{33}ŋei^{33}
春节	tsaŋ^{33}
闰月	la^{33}ȵi^{33}
闰年	khoŋ^{33}la^{33}ȵi^{33}
除夕	tsaŋ^{33}ça^{31}ʔe^{33}
明早晨	nai^{31}ga^{55}mum^{31}
明晚	naimian^{55}li^{31}
三月三	mɯ^{33}zoŋ^{33}ɣɯ^{33}
巳	si^{55}(壮语借词)
	vɛn^{31}(动物名称)
午	na^{55}(壮语借词)
	moŋ^{33}(动物名称)
未	fat^{33}(壮语借词)
	ŋaŋ^{33}(动物名称)
申	san^{31}(壮语借词)
	mja^{33}(动物名称)
酉	ʑo^{55}(壮语借词)
	ɣa^{55}(动物名称)
戌	sɯ^{31}(壮语借词)
	khui^{33}(动物名称)

亥	kɯ^{33}(壮语借词) va^{33}(动物名称)
节令	la^{33}li^{55}
立春	kaŋ^{55}çe^{33}
寒露	lɛ^{55}po^{55}lɛ^{31}
霜降	va^{33}ŋu^{55}lɛ^{31}
立冬	soŋ^{33}la^{33}ɣo^{55}
小雪	va^{33}bju^{33}lɛ^{33}
大雪	va^{33}ka^{33}lɛ^{33}
天（日）	maŋ^{33}
今天	mai^{33}
今晚	min^{33}
今晨	ga^{55}mum^{31}
昨天	nai^{31}mian^{55}
昨晚	nai^{31}mian^{55}
昨早晨	nai^{31}ga^{55}mum^{31}
前天	ɣu^{33}nai^{33} / ȵe̱^{31}nai^{31}
明天	nai^{31}mian^{55}li^{31}
今后	nai^{33}çe^{55}tha^{31}
以后	ˀaŋ^{33}taŋ^{33}thaŋ^{33}
将来	ɣɛ^{33}tsaŋ^{33}thaŋ^{33}
近来	ˀe^{31}lan^{33}
后来	lɯ^{31}ɣa^{33}lam^{55}
牛	ȵiu^{33}

水牛	$ʔɯ^{55}n̥iu^{33}$
黄牛	$n̥iu^{33}piu^{33}$
公水牛	$ɣɛ^{31}n̥iu^{33}ta^{33}$
公黄牛	$n̥iu^{33}piu^{33}ta^{33}$
阉牛（黄牛）	$n̥iu^{33}piu^{33}ta^{55}$
母牛（生过）	$n̥iu^{44}ma^{33}a^{33}n̥iu^{33}nai^{31}$
母牛（未生）	$n̥iu^{33}ma^{33}a^{33}mɯ^{31}nai^{33}$
生牛	$n̥iu^{33}mɯ^{33}fa^{55}n̥iu^{33}$
小牛	$n̥iu^{33}a^{33}$ / $n̥iu^{33}bji^{55}$
马	$moŋ^{31}$
公马	$moŋ^{31}ta^{55}$
阉马（名）	$moŋ^{31}ta^{55}din^{31}$
母马（生过）	$a^{31}nai^{55}na^{31}$
母马（未生）	$a^{31}mɯ^{31}nai^{55}na^{31}$
狗	$khui^{33}$
疯狗	$khui^{33}dum^{33}$
猎狗	$tsaŋ^{55}khui^{31}$
看家狗	$khaŋ^{33}ɣoŋ^{55}khui^{33}$
公狗	$khui^{33}tat^{55}$
母狗（生过儿）	$khui^{33}tat^{55}$
阉公狗	$khui^{33}tat^{55}dɯ^{31}$
小狗	$khui^{33}bi^{55}$ / $khui^{33}a^{33}$
猫	mja^{31}
公猫	$mja^{31}tat^{33}$

母猫（生过儿）	mja^{31}ma^{33}a^{31}nai^{55}na^{31}
野猫	khaŋ^{33}
野兽	tshoŋ^{33}lɛ^{33}
兔子	va^{33}thu^{31}
猴子	mju^{33}
野猪	ŋ̥a^{33}mum^{31}
狼	tshoŋ^{33}
豺（豺狗）	ve^{31}
豪猪刺（刺猬）	va^{31}kha^{31}
豪猪刺	va^{31}kha^{33}me̠^{33}
白颈乌鸦	ŋa^{55}pao^{31}
穿山甲	khao^{33}
水獭	ɣɛ^{33}ɣam^{31}
老鼠	va^{55}
松鼠	va^{55}lɛ^{31}
黄鼠狼	va^{55}tsɛ^{55}
鸡	ɣa^{13}
公鸡	ɣa^{13}pha^{33}
母鸡（生过蛋）	ɣa^{13}ma^{33}ɣo^{33}na^{31}sɛ^{55}
母鸡（未下过）	ɣa^{13}ma^{31}moŋ^{33}ɣo^{33}sɛ^{55}
阉公鸡	ɣa^{13}pa^{33}dɯ^{31}
阉母鸡	ɣa^{13}ma^{31}dɯ^{31}
鸭子	pi^{55}/ ɣa^{33}pi^{55}
公鸭	ɣa^{33}pi^{55}pha^{33}

母鸭	ɣa^{33}pi^{55}ma^{31}
野鸭	lɛ̠^{33}pi^{55}
鹅	ɣa^{55}ŋən^{33}
鸽子	ɣa^{55}go^{31}
雉（野鸡）	ɣa^{55}ʔoŋ^{33}
箐鸡	ɣa^{55}dʑe^{33}
鸟	ŋa^{55}
鸟窝	ŋa^{55}khui^{33}
鸟巢	ŋa^{55}khui^{33}
雁	tɕhaŋ^{55}ŋɛ̠^{31}
白鹭（鹭鸶）	maŋ^{33}ŋa^{55}
白鹤	maŋ^{33}ŋa^{55}
凤凰	maŋ^{33}ŋa^{55}
老鹰	sai^{33}lja^{55}
猫头鹰	ŋa^{55}xoŋ^{33}
乌鸦	ga^{33}lan^{33}
公蜂	pja^{33}pha^{55}
蜂巢	pja^{33}khui^{55}
蜂盘	pja^{33}khui^{55}
蜂蛹	pja^{33}khui^{55}
蜂蜡	pja^{33}oŋ^{33}
蜂刺	pja^{3}j^{3}ȵe̠^{31}
黄蜂	pa^{33}ŋɛt^{55}ɣit^{31}
小黄蜂	pja^{33}ŋɛt^{55}ɣit^{31}

马蜂（褐色）	pja^{33}ka^{33}
老土蜂	pja^{33}tso^{33}
蜂包	pja^{33}khui^{55}
蝴蝶	pɯ^{33}lju^{33}
蛾子	me^{31}
蜻蜓	gɯ^{31}ʐai^{33}
蟋蟀	pɯ^{31}ʐai^{33}
螳螂	pɯ^{31}kan^{55}
蟑螂	pɯ^{31}lja^{33}
蝉（知了）	gua^{33}nan^{55}
蝗虫	bju^{33}pai^{31}
蚂蚁（黑色）	pɯ^{31}ʐo^{33}na^{55}
黄蚂蚁	pɯ^{31}zo^{31}ȵe^{55}
蜈蚣	pɯ^{31}ɣɛ^{33}ʑi^{33}
蜘蛛	pɯ^{31}ȵa̠^{31}
蜘蛛网	pɯ^{31}ȵa̠^{31}khui^{33}
蚕	tshan^{33}（借汉）
蚕茧	tsan^{33}khui^{33}
毛虫	pɯ^{31}me^{33}
臭虫	pɯ^{31}phe^{55}
跳蚤	khui^{33}ʔɛ^{55}
虱子	phja^{33}ʔɛ^{55}
虱子蛋	ʔɛ^{55}ɣa^{31}
头虱	oŋ^{55}ʔɛ^{55}ɣa^{31}

苍蝇	pɯ^{31}na^{55}
牛拉皮	n̥iu^{33}doŋ^{33}
尾巴	me̠^{31}
马宗	moŋ^{33}me̠^{31}
马尾毛	moŋ^{33}me̠^{31}
鸡冠	ɣa^{33}ɣo^{31}tsoŋ^{33}
鸡翎	ɣa^{33}me̠^{31}
鸡脖子	ɣa^{33}kua̠^{31}
鸡肫（鸡胃）	ɣa^{33}ta^{33}
鸡距（鸡后爪）	ɣa^{33}khɛ^{31}tɕa^{31}
鸡翘（屁股上）	ɣa^{33}ta^{55}
鳃	pan^{55}
鳞	pja^{33}(鱼)lja^{55}
鱼翅	pja^{33}toŋ^{55}
鱼鳔（气泡泡）	pja^{33}poŋ^{33}
树	sɛ^{55}
树干	sɛ^{55}sai^{55}
树叶	sɛ^{55}phja^{31}
树杈	sɛ^{55}ka^{31}
树蔸（树椿）	sɛ^{55}ŋui^{31}
树梢	sɛ^{55}ŋɛ^{55}
树皮	sɛ^{55}gɛ i^{33}
树根	sɛ^{55}tshɛ^{33}
树林	ŋən^{55}

森林	ŋən^{55}ka^{31}
山林	ŋən^{55}
树浆	sɛ^{55}dʑɛ^{31}
木材	mja^{33}moŋ^{55}sɛ^{55}
松树（飞松）	than^{33}
松子	than^{33}ʑaŋ^{33}
松包	than^{33}sɛ^{33}
松香	than^{33}dze^{33}
松明子	than^{33}lju^{55}
松叶（松针）	than^{33}pja^{33}
晚稻	kha^{33}lan^{33}ʑ o^{33}
糯谷	kha^{55}noŋ^{31}
禾苗（苗棵）	sa^{55}nu^{33}
谷粒	kha^{33}mao^{33}
谷穗	kha^{33}mum^{31}
谷芒	kha^{33}na^{13}
秕谷（不饱满）	kha^{33}lja^{33}
谷糠、谷壳	kha^{33}phei^{55}/ va^{33}phei^{33}
稗子	pɯ^{13}
旱谷	mɯ^{31}tso^{33}
高粱	loŋ^{31}ʑ a^{55}
小米	loŋ^{31}la^{33}
荞子	mɯ^{31}ga^{33}
苦荞	ʔ oŋ^{33}so^{55}

甜荞	mɯ^{31}ga^{33}tshao^{55}
燕麦	xaŋ^{33}me^{33}
大麦	xaŋ^{33}me^{33}
小麦	xaŋ^{33}me^{33}
油菜	ɣɛ^{33}ʑo^{33}kha^{33}
菜苔	ɣa^{33}ŋɛ^{55}
玉米	mɯ^{31}xa^{55}
玉米秆	mɯ^{31}xa^{55}ɣɯ^{31}
玉米苞	xa^{55}ka^{55}
玉米苞叶	xa^{55}ko^{55}
玉米核	xa^{55}va^{31}
玉米天花	xa^{55}tso^{33}to^{55}
玉米渣	xa^{55}ŋui^{31}
灰包	xa^{55}mɯ^{31}na̱^{33}
豆壳	no^{55}kok^{55}
甘薯（白薯）	me^{33}
瓜藤	kuak^{31}tsan^{55}
南瓜	kuak^{31}
黄瓜	kuak^{31}
冬瓜	khok^{55}
西瓜	kuak^{33}tɕat^{31}
丝瓜	mɯk^{31}ȵe̱^{31}
苦瓜	kuak^{33}kha^{33}
洋丝瓜	kuak^{33}

瓜瓤	kuak^{31}ɡua^{31}
瓜子	kuat^{31}ȵi^{55}
地瓜（土瓜）	mɛ^{33}kuak^{13}
葫芦	phu^{31}
茄子	man^{55}kɯ^{31}
蕃茄	mɯ^{31}ȵiu^{31}
蔬菜	ɣan^{33}ȵa^{55}
白菜	ɣan^{33}tso^{33}
青菜	ɣan^{33}ʑo^{33}
苦菜	ɣan^{33}kha^{33}
牛皮菜	ȵiu^{33}kɛn^{33}ɣan^{31}
芥兰菜	ɣan^{33}kok^{55}
菠菜	ɣan^{33}tshɛ^{33}ȵe^{55}
韭菜	kot^{31}tsiu^{55}/kok^{31}pjat^{55}
芹菜	ɣan^{31}poŋ^{33}
莴笋	pja^{55}ʑo^{31}
蕨菜	ɣan^{33}tan^{55}
萝卜	ɣan^{31}kot^{31}
圆根（萝卜类）	ɣan^{31}kot^{31}lu^{55}
葱	kut^{31}thoŋ^{33}
黄菓	sɛ^{33}toŋ^{55}
梅子	sɛ^{33}mja^{33}
杨梅	sɛ^{33}ʑa^{33}
梨子	sɛ^{33}pho^{55}

李子	sɛ^{33}tɕa^{33}
板栗	sɛ^{33}tɛt^{55}
毛栗（锥栗）	sɛ^{33}tɛt^{55}mi^{55}
枇杷	sɛ^{33}tsat^{55}
救军粮（稔子）	sɛ^{33}piu^{33}
烟（烟叶）	mɯ^{33}khat^{33}phja^{33}
草（青草）	ȵa^{55}
草（干草）	ȵa^{55}tɕhiu^{55}
茅草（盖房）	ɣɛ^{33}
白苦蒿	ȵa^{55}kak^{31}tso^{33}
黑苦蒿	ȵa^{55}kak^{31}na^{55}
浮萍	pi^{55}sa^{33}
水葫芦	pja^{31}puo^{33}aŋ^{33}
菖蒲	ɣan^{33}lɛi^{55}
金银花	sɛ^{33}phju^{33}vat^{55}
五倍子	mɯ^{31}zei^{33}sɛ^{33}
车前草	ɣan^{33}pan^{13}
花蕊	ȵiu^{31}ȵi^{55}
花朵	ȵiu^{31}vat^{55}
花柄	ȵiu^{33}ɣaŋ^{33}
稻草	kuo^{13}
菌子	mao^{55}
香菌	mao^{55}kuo^{31}
鸡掌菌	mao^{55}luo^{55}

虎掌菌	mao^{55}pu^{55}
太阳穴	phja^{33}kau^{13}
腮睢（腮巴）	mɯ^{33}
腮骨	mɯ^{33}kaŋ^{33}mɯm^{31}
嘴角	mɯi^{33}vɛ i^{33}bjam^{55}
酒窝	mɯi^{33}vɛ i^{33} bjam^{55}
眉毛	tju^{31}me^{33}
眼睛	tju^{31}kot^{55}
眼皮	tju^{31} kot^{55}
前眼角	tju^{31}tɕa^{33}ɣ o^{31}
后眼角	tju^{31}tɕa^{33}ɣ a^{33}
眼珠（眼球）	tju^{31}ma^{33}
黑眼球	tju^{31}na^{55}
白眼球	tju^{31}ʦo^{33}
瞳仁	tju^{31}toŋ^{55}
眼泪	tju^{31}pɛ i^{55}
眼屎	tju^{31}khɛ i^{33}
鼻子	tɛ̱^{31}tu^{33}
鼻孔	tɛ̱^{31} tu^{33}
鼻梁	tɛ̱^{31}kaŋ^{55}
鼻尖	tɛ̱^{31}pho^{33}
耳	pan^{55}
耳垂	pan^{55}ʦhɛ^{55}
耳孔	pan^{55}toŋ^{31}

耳屎	pan^{55}khɛi^{31}
嘴	mɯi^{31}
嘴唇	mɯi^{31}tshɛ^{33}
下巴	mɯ^{31}ka^{31}
牙齿	mɯ^{31}so^{33}
无名指	gua^{31}ʔe^{33}
小指	tɕha^{33}bom^{31}
指纹	la̱^{31}ka^{55}
斗（圆指纹）	la̱^{31}uo^{31}
箕（散指纹）	la̱^{31}uo^{31}mɯ^{31}ti^{33}aŋ^{33}
胸脯	ȵ̥e̱^{33}kɛi^{31}
脊背	tsi^{31}lan^{31}
脊梁骨	tsi^{31}lji^{33}
背膀子	la̱^{31}doŋ^{33}
乳房	ȵ̥iu^{33}
奶头	ȵ̥iu^{33}mɯi^{33}
肚子	ɣoŋ^{33}
小肚	ɣoŋ^{33}a^{33}
肚脐	ɣɯ^{31}lju^{33}
脐带	ɣɯ^{31}lju^{33}
腰	kuo^{55}
脚	khɛi^{33}
脚背	khɛi^{33}tha^{33}
脚底板	khɛi^{33}taŋ^{55}

脚后跟	khɛi^{33}le̱^{31}
脚踝骨	khɛi^{33}kua^{31}
脚趾	khɛi^{33}ʔa^{31}
大腿	khɛi^{33}pao^{55}
小腿	khɛi^{33}ɣom^{31}
小腿肚	khɛi^{55}ɣom^{31}ma^{33}
清鼻涕	naŋ^{55}ɣɛ^{33}
痰	na̱^{31}
口水	mɯ^{31}ɣɛ^{55}
奶（汁）	ȵiu^{33}ɣɛ^{55}
腋子（胳肢窝）	la̱^{31}ka̱t^{33}tan^{55}
麻疹	no^{55}te̱^{31}/ zaŋ^{33}te̱^{33}
屎	khɛi^{33}
尿	tɕho^{33}ɣɛ^{55}
屁（放屁）	pe^{31}/ pe^{31}li^{55}
肛门	tan^{55}kham^{31}
男生殖器	tɕho^{33}/ lja^{31}
女生殖器	tɕho^{33}/ toŋ^{33}
睾丸	tɕho^{33}ta^{31}sɛ^{33}
精子（精液）	ȵa^{33}ɣɛ^{33}
阴毛	toŋ^{33}me^{33}
疮（疥疮）	ʦei^{33}
疔疮	baŋ^{33}
大毒疮	ʦei^{33}kan^{33}/ɣaŋ^{33}mɯm^{33}

癣	ɕam^{31}
痣	tɕhe^{33}khɛi^{33}
脓	bei^{31}
天花	phɯ^{51}
牛痘	mɯ^{31}laŋ^{33}
疟疾	phɯ^{55}tuo^{33}
疾病	na^{33}lɛ̱^{31}
胃病	ɣɯ^{31}loŋ^{33}na^{55}
老人	ɕa̱^{33}man^{33}
长辈	ɣɯ^{33}bao^{33}/ɣɯ^{33}ɕam^{31}
平辈	tɯ^{31}bao^{33}/tɯ^{31}ɕam^{31}
晚辈	ɣa̱^{55}bao^{31}/ɣa^{55}ɕam^{31}
老太太	sɛi^{55}bɛi^{33}man^{33}
成年人	sɛi^{55}kak^{55}
青年男子	la̱^{31}ka^{55}
青年女子	sɛi^{31}me^{33}aŋ^{33}
新娘	sɛi^{31}me^{33}
男傧相（陪新郎）	a^{55}mo^{55}dan^{33}ɡan^{33}ʑi^{31}na^{55}dat^{31}
女傧相（陪新娘）	a^{55}mo^{55}dan^{33}ɡan^{33}ʑi^{31}tso^{33}dat^{31}
媒人	mɯ^{31}ȵe^{33}
后家	ʑo^{33}
儿童（小孩）	ɕa̱^{33}pe^{55}
养子	ma^{31}tsɛ^{55}ʔa^{33}a^{33}tan^{33}
养女	ma^{31}ɕa̱^{31}ʔa^{33}a^{33}tan^{33}

双生子	ȵi^{31}so^{33}ʔ a^{31}
私生子	lan^{33}a^{33}
鳏夫	mɯ^{31}tshao^{33}pa^{33}
寡妇	mɯ^{31}tshao^{33}ma^{33}
孤儿、孤女	mɯ^{31}tshao^{33}a^{33}
独女、独子	a^{31}ti^{31}
朋友	dan^{33}gan^{33}
伙伴	dan^{33}mu^{55}
敌人	dɛ i^{33}ma^{33}
邻居	khɛ i^{33}pa^{55}
县长	ɕ e^{31}tsan^{33}
区长	tɕhi^{33}tsan^{33}
乡长	ɕ a^{33}tsan^{33}
村长	thui^{33} tsan^{33}
社长	sɯ^{31} tsan^{33}
社员	ɕ am^{31}mja^{31}
党员	tan^{33}ʑ e^{31}
团员	thuan^{33} ʑ e^{31}
同志	ɕ a^{33}daŋ^{33}
干部	ʑ et^{31}ŋ ok^{55}/ʑ et^{31}ŋ ui^{55}
群众	ɕ a̱^{31}mja^{33}
百姓	ɕ a̱^{31}mja^{33}
人民	ɕ a̱^{31}mja^{33}
官	laŋ^{33}

军官	pe̱^{31} laŋ^{33}
兵	pe̱^{31}
工人	koŋ^{33}zen^{31}
农民	ʑa̱^{55}mo^{33}ɕat^{31}
商人	ɡa^{55} mo^{33}ɕat^{31}
屠夫	ɣat^{33}sai^{33} ɕat^{55}
猎人	vat^{33}tsaŋ^{33} ɕat^{55}
牧人	ȵiu^{33}dan^{33} ɕat^{55}
老牧人	ɕat^{33}maŋ^{33}ȵiu^{33} dan^{33} ɕat^{55}
牧童	ɕat^{33}a^{33}ȵiu^{33}dan^{33} ɕat^{55}
厨师	mja̱^{33}mo^{33} ɕat^{31}/pu^{31}ɕo^{31}
好人	ɕa̱^{31} laŋ^{33}
坏人	ɕa̱^{31}zan^{31}
熟人	phja^{33}sɛi^{55}(ɕat^{31})
陌生人	phja^{33}mɯ^{31} sɛi^{55}(ɕat^{31})
布依族	dɛ^{33}ʑe^{33} tshu^{31}
纳西族	dɛ^{33}na^{55}si^{55} tshu^{31}
景颇族	dɛ^{33}tsi^{33}pho^{33} tshu^{31}
布朗族	dɛ^{33}pu^{31}laŋ^{31} tshu^{31}
德昂族	dɛ^{33}poŋ^{33}loŋ^{33} tshu^{31}
独龙族	dɛ^{33}ɬu^{31}loŋ^{33} tshu^{31}
怒族	dɛ^{33}nu^{33} tshu^{31}
佤族	dɛ^{33}va^{33} tshu^{31}

阿昌族	$dɛ^{33}a^{55}tshaŋ^{33}\ tshu^{31}$
蒙古族	$dɛ^{33}moŋ^{33}ku^{33}tshu^{31}$
外祖母	$bɛ^{33}$
后代	$ɣa^{33}bo̱^{31}$
曾祖父	$baŋ^{33}pju^{33}$
曾祖母	$bɛ^{33}\ pju^{33}$
祖父	$baŋ^{33}$
祖母	$bɛ^{33}$
父亲	pa^{33}
母亲	ma^{33}
继父	$pa^{33}lat^{55}$
后母	$ma^{33}\ lat^{55}$
父母	$pa^{33}\ ma^{33}$
干爹（干爹）	pa^{33}
干妈（干妈）	ma^{33}
伯父	$pa^{33}kan^{33}$
伯母	$ma^{33}kan^{33}$
叔父	van^{55}
叔母	$ʑaŋ^{33}$
姑父	$baŋ^{33}$
姑母	$bɛ^{33}$
妹妹（哥称妹）	$ɳ̥e̱^{31}$
妹妹（姐称妹）	$ɳ̥e̱^{31}$
丈夫	$ʑo^{31}$

妻子	me̱^{33}/me^{33}
夫妻	me̱^{33}ʑo^{55}
儿子	ʔa^{33}
大儿子	ʔa^{31}vɯ^{33}
二儿子	ʔa^{33}laŋ^{33}ȵe^{33}
三儿子	ʔa^{33}laŋ^{33}ɕat^{33}
四儿子	ʔa^{33}laŋ^{33}se^{55}
幺儿子	ʔa^{31}khuan^{33}
女儿	ʔa^{33}mɯ^{31}
儿女	ʔa^{33}
干儿子	ʔa^{33}moŋ^{55}
干女儿	ʔa^{33}mɯ^{31}maŋ^{55}
儿媳	khei^{33}/sɛ^{33}khɛ^{33}
女婿	ȵe̱^{31}/sɛ^{31}ȵe̱^{31}
侄子	ʔa^{31}san^{33}
侄女	ʔa^{31}san^{33}
孙子	lɛ^{33}
孙女	lɛ^{33}
曾孙	le^{55}
重孙	lak^{33}
姑老表	pɯ^{33}loŋ^{33}
姑表姐	me̱^{33}ȵi^{55}
舅老表	pɯ^{33}loŋ^{33}
舅表姐	me̱^{33}ȵi^{55}

外甥	lɛ^{33}
房屋	khaŋ^{33}
家	khaŋ^{33}poŋ^{33}
火塘	me^{33}daŋ^{55}
火盆	me^{33}pan^{55}
三脚架	tɕaŋ^{33}
锅庄	tsaŋ^{55}
锅（煮菜锅）	tsaŋ^{55}te̱^{31}
吹火筒	pu^{31}thoŋ^{33}
墙壁	mɯ^{31} thoŋ^{33} mɯ^{13}
木板壁	phe̱^{31} mɯ^{55}
柱子	ʑe^{33}
柱石	ʑe^{33}tan^{33}
檩子	ȵa^{55}te̱^{31}
椽子	va^{55}tsɛi^{31}
楼楞	ten^{31}
门	tau^{33}
门槛	tau^{33} tan^{33}
门闩	tau^{33}lja^{55}
门板	tau^{33}phe^{33}
门扣（铁制的）	tau^{33}san^{55}
大门	tau^{33}kaŋ^{33}
后门	tau^{33}taŋ^{55}
窗户	ça̱^{31}fo^{33}

石灰	ŋo^{13}ɣɛ^{33}
砖	tɕe̠^{31}
土基	tɕe̠^{31}sen^{31}
土基模子	tɕe̠^{31}to̠^{31}
瓦	ŋua^{55}
瓦窑	ŋua^{55}boŋ^{33}
托瓦模子	ŋua^{55}toŋ^{55}
木板	phe̠^{31}
鸟笼	ŋa^{55}zoŋ^{31}
窝（鸟窝）	ŋa^{55}khui^{33}
头帕（包头）	pa^{33}
头巾	pa^{33}dʑɛ^{33}
帽子	mau^{31}
包袱	boŋ^{33}
挎包	boŋ^{31}lja^{55}
背布（背小孩）	tɛ̠^{31}
斗笠（篾帽）	xo^{33}
斗笠（毕摩）	xo^{33}kho^{55}
伞	tan^{31}
耳环	pan^{55}
长裙	la̠^{33} va^{33}mɯ^{55}
颈圈	kua^{33}
手镯	la̠^{31}to^{33}
戒指	la̠^{31}nɛ^{33}

珠子	dɯ^{31}loŋ^{31}/ dʑo^{55}
衣服（上衣）	phja^{33}
长衫	phja^{33}maŋ^{55}
单衣	phja^{33}ljam^{33}
夹衣	phja^{33}tsaŋ^{55}
棉衣	phja^{33}bau^{31}
衣领	phja^{33}kua^{31}
衣襟	phja^{33} phja^{31}
衣扣（钮子）	phja^{33}pe̱^{31}
衣袋	phja^{33}po̱^{31}
毯子	ɣau^{33}
垫毡（毡子）	ɣau^{33}
棉絮	ban^{33}sɛ^{51}
床单（垫单）	ban^{33}pe^{33}
席子（总称）	sau^{51}
草席	bju^{13}sau^{51}
凉席（滑席）	sau^{51} bju^{13}
枕头	ma^{55}ɡom^{31}
花布	pha^{33}tɕau^{31}
棉布	bo^{33}pha^{33}
麻布	mɯ^{31}sɛ^{33}pha^{55}
裹腿布	thau^{31}
补丁布	phja^{33}pa̱^{31}
破布	pha^{33}toŋ^{55}

绸子	pau^{33}pha^{55}
缎子	pau^{33}pha^{55}
呢子（毛织品）	pau^{33}pha^{55}
粮食	mja^{33}
米	phju^{33}
白米	mja^{33} phju^{33}
红米	phju^{33}ȵe^{55}
糯米	kha^{55}no^{31}phju^{33}
米粉	tɕe^{33}fen^{55}
米汤	phju^{33}ʔɛ^{33}
小麦面	xau^{33}mɛ^{33}phɯ^{33}
玉米面	xau^{33} phɯ^{33}
荞粑	mɯ^{31}kan^{55}thɛi^{51}
食物	sau^{33}ʑau^{33}
饭	mja^{33}
菜	ɣau^{33}
菜汤	ɣau^{33}ɣɛ^{51}
酒	dʑɛ^{33}
甜白酒	dʑɛ^{33}tshau^{33}
酒糟（烤过）	dʑɛ^{33}pa̱^{31}
酒粮（未烤）	dʑɛ^{33}ɕa̱^{31}/ dʑɛ^{33}mja̱^{31}
酒药（酒曲）	de^{33}
粽子	mja̱^{31}bja^{33}
糍粑	mja̱^{31}dʑɛ^{55}

茶	ɕa^{31}
茶叶	ɕa^{31}phja^{33}
糖	tɯt^{31}
白糖	tɯt^{31}tɕo^{31}
红糖	mɛ^{31}tsɛ^{55}tɯt^{31}
叮叮糖	tɯt^{31}ȵau^{31}
冰糖	va^{33}tɯt^{31}
糠	vɯ^{31}phɯ^{33}
细糠（谷糠）	vɯ^{31}phɯ^{33}nu^{33}
粗糠	vɯ^{31}phɯ^{33}ȵa^{33}
豆糠	no̱^{31}ʑa̱^{31}
荞糠	kau^{33}ʑa^{33}
荞壳	kau^{33}ko̱^{31}
食（猪食）	va^{31}sau^{33}
斧	va^{33}
斧背	va^{33}de^{33}
斧头	va^{33}
刀	va^{33}
小刀	mɯ^{31}aŋ^{33}
长刀	mɯ^{31}aŋ^{33}moŋ^{51}
织布机	ɣa̱^{33}sau^{55}
梭子	ɣɯ^{31}ɣam^{31}
纬线	ɣa̱^{31}po̱^{33}
经线	ɣa̱^{31}khɛi^{51}

纺车	tshɛ^{31}
水车	ɣɛ^{33}tshɛ^{31}
抽水机	ɣɛ^{33}ɣɯt^{31}mja^{31}
锤子（铁制）	ɣam^{31}to^{55}
木锤	sɛ^{55}to^{55}
锯子	kɯ^{55}
推刨	pau^{31}
凿子	va^{33}soŋ^{33}
锉子	soŋ^{33}
钳子	tɕa^{31}tɕhe^{31}
锥子	ŋui^{55}
锛	va^{33}pe̠^{31}
木马	sɛ^{51}ɡua^{33}
墨斗	ma^{51}zo^{31}
墨线	ma^{51}tsau^{55}
木料	khau^{33}so^{55}sɛ^{51}
篾条	mei^{33}
木屑	sɛ^{33}ljam^{31}
锯末	sɛ^{55}bɯɛ^{31}
槌头	sui^{31}tho^{33}
楔子	ljam^{33}
箭	khɛ^{33}mja^{33}
矛	dʑei^{33}
盾	ɡoŋ^{33}

棍子	sɛ^{55}lom^{31}
拐杖	lau^{31}gɯ^{33}
鞍子	moŋ^{33}aŋ^{33}
鞍垫	moŋ^{33}aŋ^{33}ȵa^{55}
鞍秋（后秋）	va^{33}tɕhiu^{33}
鞍珠	moŋ^{33}zau^{55}zoŋ^{33}
马蹬	moŋ^{33}aŋ^{33}khɛ i^{51}na^{31}ga^{55}
缰绳	moŋ^{55}xo^{55}tsa^{55}
肚带	tu^{31}tɛ i^{31}
马蹄	moŋ^{33}gɛ^{33}
马兜嘴	moŋ^{33}zoŋ^{55}
马笼头	moŋ^{33}xoŋ^{55}
簸箕	pɯk^{31}ɣa^{31}
筛子	pɯ^{31}zɯ^{31}
细筛	pɯ^{31}zɯ^{31}de̱^{31}
粗筛	pɯ^{31}zɯ^{31}ȵa̱^{31}
罗筛	dɛ i^{31}pɯ^{31}zɯ^{31}
饭萝	me̱^{31}tson^{55}
磨（石磨）	gui^{55}
腰磨	gui^{55}ka̱^{31}
磨眼	gui^{55}to^{31}
磨心	gui^{55}ȵa^{55}
磨齿	gui^{55}tse^{33}
碓	som^{31}

桶底	toŋ ^{51}dau^{33}
桶箍	toŋ ^{51}ɡam^{31}
水缸	ɣɛ ^{33}kau^{31}
甑子	poŋ ^{33}
甑架	poŋ ^{33}tɕa^{55}
甑耳朵	poŋ ^{33}na^{55}
甑底	poŋ ^{33}tɛi^{55}
脸盆	tju^{51}tse^{31}pan^{55}
木盆（洗菜用）	ɣa^{33}ʑa^{55}pan^{51}
木盆（拌面用）	ɣa^{33}ʑa^{55}pan^{51}
木盆（盛菜汤）	ɣa^{33}ʑa^{55}pan^{51}
酒瓶	tsɛi^{31}bja^{31}
菜刀	mua^{33}puɯa^{31}
砧板	tom^{31}
碗	te^{33}
大碗	te^{33}ka̠^{31}
小碗	te^{33}bi^{55}
瓷碗	ɣɯ^{33}ɣa^{33}te^{55}
钵	pua^{51}
碗箩	te^{33}zoŋ ^{31}
茶壶	tsha^{31}fu^{31}
茶杯	tsha^{31}pɛi^{33}
茶罐（温茶）	mɯ^{31}lo̠^{31}
筷子	the^{51}

筷篓	the^{51}to^{31}
饭勺	mja^{33}ʦo^{33}
木瓢	sɛ i^{55}mɛ̱^{31}
调羹	thau^{31}ken^{33}
盘子	pan^{31}lja^{13}
漆	ʨhi^{31}
柴	sɛ^{51}
细柴	sɛ^{51}ʨa̱^{31}
柴块	sɛ^{51}ʦa̱^{31}
柴堆	sɛ^{51}san^{55}
炭（木炭）	sɛ^{51}la^{33}
火炭	sɛ^{51}me̱^{31}ŋ ɛ^{55}
肥料	ʑ a^{55}khɛ^{33}/ na^{31} khɛ^{31}
粪	khɛ^{33}
灰（草木灰）	laŋ^{33}
灰（土灰）	me̱^{31} laŋ^{33}
垃圾（渣渣）	pom^{33}
路	ka^{33}
公路	ka^{33}
岔路	ka^{33}bɯa^{55}
铁路	ɣ a^{55}mɯ^{31}ka^{33}/xoŋ^{33}ʦhɯ^{33} ka^{33}
大路	ka^{33} ka̱^{31}
小路	ka^{33}bi^{55}
毛毛路	ȵu^{33}zaŋ^{33}ka^{33}

桥	dʑa^{31}
铁桥	ɣa^{55}mɯ^{31}dʑa^{31}
石桥	ŋo^{55}dʑa^{31}
大桥	dʑa^{31}kau^{33}
桥柱	dʑa^{31}ʑe^{55}
桥墩	dʑa^{31} ʑe^{55}
车子	tshɯ^{33}
车轮	tshɯ^{33}lau^{55}
轿子	tɕau^{51}
火车	xo^{33} tshɯ^{33}
纸	zɛi^{33}
笔	be^{31}
钢笔	ɣɛ^{33}be^{31}
铅笔	tɕhɛi^{33}be^{31}
墨	ma^{13}
墨水	ma^{13}ɣɛi^{33}
砚台	ma^{51} ɣɛi^{33}doŋ^{51}ga^{31}
字	ɣɛi^{33}ma^{51}
词	tan^{33}ma^{51}
句	tan^{33}dʑo^{51}
标点	ɣɛi^{33}ma^{55}kɯ̠^{31}la^{33}de^{13}
书	ɣɛi^{33}
信	ɣɛi^{33} la^{51}
图画	thu^{31}xua^{31}

图章、印	ʥan^{33}
歌	la^{51}
民歌	ʥo^{33}la^{51}vɛ^{51}la^{51}
山歌	poŋ^{51}la^{51}
诗歌	poŋ^{51}tau^{51}
故事	tau^{33}ta^{51}
谜语	tau^{33}tɛ i^{51}
对联	tui^{31}lei^{31}
算盘	zoŋ^{51}zo̱^{31}ç e^{51}/ç ua^{31}phan^{31}
尺子	ç et^{31}
电影（影片）	tei^{31}ʑ ei^{33}/ sa̱^{31}la^{51}bat^{31}
球	tɕhiu^{31}
旗子	ʥe^{33}
药	sɛ i^{33}
眼药	djiu^{31}sɛ i^{33}
胃病药	zɯ^{33}loŋ^{33}na^{55}sɛ i^{31}
驱虫药	ɣ o̱^{31}vɛ i^{33}sɛ i^{33}
毒药	to̱^{13}
配方	sɛ i^{33}tɯ^{31}ʥo^{13}
黄连	ɣ ɯe^{51}kha^{31}
拔罐	ȵiu^{31}khau^{33}tsɯ̱^{31}
话	tau^{33}
语言	tau^{33}ma^{51}/ tau^{33}ʥo^{51}
行为	gɯ^{33}la^{51}

良心	ȵe^{51}
声音	thje^{51}
回声	thje^{51} tau^{33}
力气	zɯe^{31}
胆量	ȵe^{51}mam^{33}/ȵe^{51}mɯ^{31}mam^{33}
工作（名）	ʑi^{31}dʑo^{33}moŋ^{55}
事业	ʑi^{31}dʑo^{33}moŋ^{55}
祝福	nɯ^{31}ba^{13}
幸福	ȵɛ^{33}ɕa^{51}/
命运	mei^{33}te̱^{33}/mei^{33}mɯ^{31} te̱^{33}
生命	ɕa̱^{31}mei^{33}
道德	tan^{33}li^{55}nɛi^{33}
恩情	tɕau^{33}ȵi̱^{31}nɛi^{33}
罪恶（罪）	ʑa^{33}kau^{33}
奖品、礼品	ʑau^{33}pɛi^{33}
记性	ȵe^{51}tɛi^{51}/ȵe^{51}mɯ^{31}tɛi^{51}
习惯	lik^{33}a^{33}
脾气	ɕa^{33}mɯ^{33}la^{51}/kua^{33}tau^{33}
实岁	khoŋ^{33}be̱^{33}
虚岁	khoŋ^{33}tau^{51}su^{51}
国家	（dʑo^{51}）ko̱^{51}
政权	tɕhe̱^{31}
政府	tsɯ^{31}fu^{33}
公社	koŋ^{33}sɯ^{51}

社会主义	sɯ^{31}xui^{31}tsu^{31}ʑi^{51}
政治	tsɯ^{51}tsi^{31}
文化	zɯe^{33}ɣa^{51}tɕa^{31}
教育	nɯ^{31}ma^{31}
卫生	dʑo^{51}tɕa^{33}
工厂	koŋ^{33}tɕha^{31}
工业	koŋ^{33}nɛ^{31}
农业	noŋ^{31}nɛ^{31}
科学	kho^{33}ɕo^{31}
技术	tsi^{31}su^{31}
革命	kɯ^{31}me^{51}
运动	ze^{31}toŋ^{51}
政策	tsɯ^{31}tsɯ^{31}
思想	si^{33}ɕa^{31}
觉悟	tɕiu^{31}vu^{31}
报告	pau^{31}ka^{51}
任务	zɯ^{31}vu^{31}
优点	ʑi^{31}te̱^{33}ɣa^{51}
缺点	ʑi^{31}mɯ^{31}te̱^{33}ɣa^{51}
错误	ʑi^{31}ʑa^{31}ɣa^{51}
态度	thɛ^{31}tu^{31}
经验	tse^{33}ʑe^{31}
喂、使吃（使动）	mja^{33}pɯe^{33}
呛（水呛着）	mja^{33}le^{51}

喝（自动）	dam̥^{31}/ ɣ ɛ ^{33}dam^{33}ȵ̥i^{31}
喝（使动）	dam^{31}/ ɣ ɛ ^{33}dam^{33}ȵ̥i^{31}
倒（倒茶水）	ka^{51}
倒（倒水）	ka^{51}
泡（泡茶）	（ç a̱^{31}）tei^{31}
泡（衣服）	（phja^{31}）tei^{31}
斟（斟酒）	（ʥɛ i^{33}）ta^{51}
敬酒	ʥɛ i^{33}nɯ^{31}bɛ̱^{31}
猜拳	la̱^{31}ɣ au^{31}
咬（被人咬）	khui^{33}
咬（被狗咬）	khui^{33}
咬（被蛇咬）	khui^{33}
咬（咬牙）	khui^{33}
蛀（木被虫蛀）	pau^{33}sa^{33}
嚼	ɡua^{33}
舔	ŋ eʔ ^{51}
含	ŋ om^{51}
啃	ɡɛ i^{33}
骨	ɣ au^{33}
剩（剩饭）	ŋ ɛ i^{31}
留（留饭）	ta^{33}
凝结（油凝结）	kha̱^{31}la^{31}
溶化（油溶化）	ʑ a^{31}lɛ̱^{31}
炼（铁）	va^{51}

吞	lju^{33}
咽（嚼咽）	lju^{33}
抓（抓脸、痒）	kɛ i^{33}
抓	ȵam^{31}
抓住	ȵam^{31}
抓（抓人）	ȵam^{31}
拘（拘捕人）	ʑ o^{33}
捧（捧水）	kom^{31}
捂（捂住嘴）	bɯe^{33}
掩（掩耳）	kɛ i^{33}
扶（扶住）	sɯe^{51}
搀（搀扶）	tɯ̱^{31}
托（托腮）	do^{33}
叉（腰叉）	tho^{51}
按（按摩）	sɛ i^{13}
瘙（瘙痒）	kɛ i^{33}
擦（擦火柴）	pɛ i^{51}/khui^{51}
揩（揩擦）	vɛ i^{51}
扭（扭着脚）	som^{51}
搭（搭车）	ta^{33}
披（披衣）	doŋ^{33}
挤（挤进去）	thɯ^{51}
拦（拦住他）	tei^{13}
闪（闪着腰）	ɣ ɯe^{31}

阻（阻止）	toʔ^{31}
压	nei^{33}
硌（石头硌脚）	nε i^{31}
通（跳不通）	thoŋ^{33}
躲（躲起来）	ŋ ua^{13}
避（避雨）	ŋ ua^{13}/ pa^{51}（ɣ ε ^{33}pa^{51}）
替、托（我替你做）	ŋa̱^{31}ta̱^{31}
招（招手）	ljau^{51}
举（举手）	tso̱^{31}
摆（摆手）	ljak^{31}
弯（弯腰）	ko̱^{13}
握（弯）	ɣ oŋ^{33}
挺（挺胸）	kε i^{31}
缩（缩脚）	zoŋ^{51}
拉（向前拉）	ɣ ε i^{51}
拉（手拉手）	ɣ ε i^{51}
拉（拉风箱）	ɣ ε i^{51}
撑（撑船）	daŋ^{33}
划（船）	khε i^{33}
撑（撑伞）	phɯa^{33}
撬（撬石头）	got^{13}
钩（钩住）	gek^{51}
推（推车、人）	tuŋ^{33}
揉（衣服）	nom^{31}

拖（东西）	khuiʔ^{51}
掀（掀窗帘）	lat^{51}
提（提竹篮）	tshe^{33}
卷（卷席子）	lom^{31}
卷（卷袖子）	phe^{51}
拄（拄拐杖）	ɡui^{33}to^{51}
拔（拔刀）	ɡau^{51}
拔（鸡毛）	da^{31}
抹（抹叶子）	ɣ au^{51}
抹（抹苞谷）	bei^{51}
抖（抖灰尘）	ʑ ei^{51}
仰（仰头）	ŋ a^{51}
点（点头）	ŋ o^{51}
回（回头）	po^{51}
回来	kau^{33}
侧（侧头）	vɛ i^{31}
枕（枕头）	ɡoŋ^{31}
蒙（蒙头）	ɣ au^{31}
抱	ta^{51}
搂（搂肩）	va^{31}
围拢	ɡua^{31}
夹（筷子）	tja^{51}
夹（腋下夹）	ka^{51}tau^{51}
夹（火种）	tja^{51}

踢	tsho^{51}
踮	lju^{31}
蹲	ŋ oŋ^{55}
跺	dɯ̱^{31}
翘（翘拇指）	pɛ i^{33}
翘（翘脚）	tso^{51}
踏	dam^{13}
跪	ka^{51}
踩	dʑau^{13}
跳	kɛ i^{51}
站（自动）	ʑ au^{33}
站（使动）	ʑ au^{33}la^{51}
跨（跨沟）	xam^{31}
涉水	ɣ ɯ^{51}na^{31}
骑（自动）	sɛ i^{33}
骑（使动）	sɛ i^{33}la^{51}
睡（自动）	ʑ e^{33}
睡（使动）	ʑ e^{33}na^{31}
打滚（自动）	phɯa^{31}
打滚（孩，使动）	phɯa^{31}
建筑	soʔ^{51}
竖（竖柱子）	toʔ^{51}
拆（拆房）	phja^{51}
垮（房子）	tja^{13}

顶（顶墙）	dʑau^{33}
砌（砌墙）	khem^{51}
垫（垫桌脚）	ȵam^{51}
填（填坑）	djuɯ^{31}
埋（埋东西）	bom^{33}
炸（炸石头）	tsa̠^{31}/ zau^{51}
糊（糊墙）	ʑ e^{33}
抿（抿石灰）	ʑ e^{33}
冲（冲墙）	thau^{31}
盖（盖瓦、草）	ɣ au^{51}/ tau^{33}
搭（搭棚子）	so^{51}
锯（锯木头）	sau^{31}
刨（刨木板）	pau^{31}
凿（凿眼）	thoŋ^{33}
拼（木板）	vɯ^{31}mɛ̠^{31}
弹（弹墨线）	（ma^{55}）bɯ^{51}
箍（箍桶）	ɡau^{33}
锉（锉平）	thoŋ^{33}
淬（淬铁）	dau^{51}
铸（铸犁头）	dau^{51}
连接	vɯ^{31}sa^{33}
接（接东西）	sa^{33}
打（铁）	ɕ a^{33}mu^{51}
打（打枪）	tshɛ i^{31}

打（打电话）	ɕe̠^{51}
栽（栽秧）	ʑo^{33}
晒（谷子）	lau^{33}
增产	ma^{51}ɣa^{31}
减产	lɯk^{31}ɣa^{31}
浇（浇水）	ɕe̠^{31}
放（放水，使动）	ɕe̠^{31}na^{31}
放（放水，自动）	ɕe̠^{31}
捞（捞水草）	khap^{33}
除（除虫）	sɛi^{51}
驱赶	tsei^{33}bau^{33}
施（施肥）	ɕe̠^{51}
割（割肉）	tshɛi^{31}
割（割谷子）	ɣɛi^{31}
间（间补苗）	sɛi^{51}
补（补苗）	lam^{31}
移植	ʑi^{33}tɕa^{31}ʑo^{31}
车	tshɯ^{31}
扇（扇谷子）	dau^{51}
扬（扬谷子）	dau^{51}/ va^{31}
选（选种）	sɛi^{51}
砍（砍树）	phɯe^{51}
砍（柴）	go^{13}
劈、破（柴）	tsɛi^{31}

编（编竹器）	ɣa^{33}
拔（拔秧）	（ȶa^{51}）ɡau^{31}
拔（拔草）	（ȵa^{55}）ɡau^{31}
放牧	tam^{31}
赶（赶牛）	khɛi^{33}
教（教书）	ma^{33}
教（生牛犁地）	fak^{51}
学	ʥau^{51}
学习（文化）	zɯ^{31}ʥau^{51}
考（考试）	khau^{31}
写（写字）	pup^{13}
画（画图）	pup^{13}
划（划界）	ʑe^{33}kɯ̱^{31}/ la^{33}mo^{55}
刻（刻字）	do^{33}
印（印书）	ʑe^{31}
封（封口）	fo^{33}
擦（擦窗）	khui^{31}
改（改正）	kɛi^{33}
贴（贴标语）	mɛ^{33}
摊（摊开）	phau^{33}
铺（铺床）	ȵe̱^{33}
叠（叠被）	loŋ^{31}
收拾（东西）	ȶo̱^{51}
拾起	ɡo̱^{31}la^{33}

整理	go^{33}
煮（煮饭）	mo^{51}
煮（煮菜）	tɕa^{33}
热（热冷饭）	ɣom^{31}
盛（盛饭）	khau^{33}
淘（淘米）	ʑa̠^{31}
煎（煎鱼）	luʔ^{51}
熬、煨（药）	tɕa^{33}
炒（炒菜）	lu^{51}
炸（油炸）	tɕa^{33}
照（照镜子）	so^{51}
搀（搀水）	ʑo^{51}
过滤	liʔ^{31}
杀	sɛi^{33}
切（切菜）	ɣoŋ^{31}
酿（酿酒）	dʑɯ^{55}bo^{31}
榨（榨油）	tem^{31}
割（割蜜）	tshɛ^{33}
腌（腌菜）	lam^{31}
炖（肉）	poŋ^{33}
剁（肉）	sam^{31}
刮（刮猪毛）	kɛi^{31}
刮（刮胡子）	khɛi^{33}
剪（羊毛）	tjam^{31}

缝（衣服、刀口）	kɛ i^{31}
裁（裁衣服）	kɛ i^{31}
连（连衣服）	vɯ^{31}de̱^{31}
纳（纳鞋底）	nam^{31}
绱（绱鞋子）	kɛ i^{33}
绣（绣花）	po^{13}
扎（用针扎）	lam^{31}
扎（扎篱笆）	tau^{33}
砸（砸碎）	bɯa^{33}
扇（扇扇）	xa^{55}pɯa^{31}
插（插刀）	ʔ au^{33}
套（套笔）	ŋ om^{31}
磨（磨刀）	de^{31}
打（赤脚）	khɛ i^{33}pi^{33}
打扮	ç a̱^{31}
洗（洗衣）	sɛ i^{33}
涮（涮衣）	pɯe^{31}
涮（涮碗）	kham^{31}
晾、晒（衣）	lau^{33}
洗（洗手）	dzɯe^{31}
洗澡	qau^{51}qhau^{31}
剃（头）	khɛ i^{31}
削（果皮）	bɛ t^{31}
削（树皮）	khɛ i^{33}

削（铅笔）	bɛt^{31}
削（牛皮）	khɛi^{33}
剖（划肚子）	zam^{31}
刷（刷牙）	dʑau^{13}
染（衣服）	va^{33}
补（衣服）	pan^{33}
梳（梳头）	bɯe^{33}
编（编辫子）	ȵe̠^{33}
编（竹口）	ɣa̠^{33}
扫（扫地）	pɯe^{31}
撮（撮粮）	qhau^{33}
倒（垃圾）	qau^{55}
泼（泼水）	qau^{55}
涂（颜色）	vau^{33}
蘸（蘸辣子）	tja^{51}
开（开门）	phɯa^{33}
开（花开）	phɯa^{33}
关（关门）	pɛi^{33}
堆（柴）	bo^{31}
钉（钉子）	te̠^{31}
漆（桌子）	va^{33}
点（灯）	te̠^{33}
点（苞谷籽）	ɕe̠^{31}
要（我要这个）	ʑo^{33}

想要（我要这个）	ʑo^{33}sɯ^{31}ɣo^{33}
要想（我想要说话）	te^{33} sɯ^{31}ɣo^{33}
得到	ɣa^{33}la^{55}
收（收庄稼）	ɕo̱^{31}la^{55}
寄（信）	tsi^{31}
汇（钱）	xui^{31}
遗失（丢失）	phi^{33}
丢掉（东西）	bja^{33}
寻找	ɣa^{51}
用（自动）	va^{33}
用（使动）	va^{33} na^{31}
用力	tsɯ^{31}mo^{33}
玩耍（游玩）	lja^{31}dʑi^{31}
游泳	qau^{55}ahau^{31}
潜水	ɣɛ^{33}dau^{33}ɣɛ^{31}
踩水	ɣɛ^{33}dʑa^{33}
跳（单脚跳）	（khɛi^{31}lja^{33}）qau^{31}
跳（双脚跳）	（khɛi^{31}soŋ^{33}）qau^{31}
翻筋斗	ɣɯ^{31}po^{31}so̱^{31}
逗（逗小孩）	dam^{31}
赢	khuɶ^{31}
赌（赌钱）	tɯ^{31}lo^{31}（ɕe^{55}）
罚（罚款）	i^{31}ma^{31}
惩罚	i^{31}ma^{31}

表扬	ʑe^{31}bau^{55}
争（去）	çe̱^{31}
让（让路）	ʔɯ^{31}phe̱^{31}
让（让给你）	nɯ^{31}phe̱^{31}
凑（凑钱）	tshɛi^{55}loŋ^{33}
趁（趁热吃）	tshɯ^{31}
问	na^{55}
答	ʔɯa^{33}
借（借钱）	tshɛi^{31}
借（借物）	ŋa^{33}
还（还钱）	khoŋ^{33}
扣（扣钱）	khau^{33}
缴（上缴）	tça̱^{31}
栖（鸟栖树上）	ŋa^{55}sa̱^{31}ŋa^{33}
奖（奖励）	tça^{33}
节约	ʑo̱^{31}
节省	ŋɛi^{31}
浪费	ʔɛi^{31}bɛi^{31}
给（给钱和物）	pɛi^{31}
送（行）	soŋ^{55}
送（鬼）	pe^{55}
送（亲）	（mja̱^{31}）kau^{55}
送丧	soŋ^{55}
赠送	ʔi^{31}soŋ^{55}

嫁	zau^{33}
做（做媒）	mɯ^{31}ȵ.i^{33}
合（合八字）	me^{33}vɯ^{31}va^{55}
订婚	me^{33}na^{55}ta̱k^{31}
过节	va^{55}ɣ o^{33}
告诉	kot^{31}the^{31}
聊天	thɛ i^{31}ʑ au^{33}tɕa^{33}dʑi^{31}
允许	nɯ^{31}phe̱^{31}
许诺	te^{33}ta^{33}
吩咐	thau^{33}ta^{33}/ ɡui^{31}ta^{31}
吹牛	pɯ^{31}ɣ a̱^{31}
告密	ŋ ua^{31}ɡo^{55}the^{33}
告状	vɯ^{31}kau^{55}
商量	vɯ^{31}da^{31}loŋ ^{33}/vɯ^{33}tɕa^{55}loŋ ^{31}
欺负	ko^{33}ȵ.i^{31}
帮助	cɯ^{31}loŋ ^{31}
求（求人）	pei^{31}tɕa^{31}
请（请客）	ʑ e^{31}ɡuiʔ ^{33}
摧（摧工）	ʔ i^{31}tɕuiʔ ^{31}
乞讨	lau^{51}
救（救人）	tɕau^{33}
害（害人）	so^{33}ç e̱^{31}/xɛ i^{33}
医治	sɛ i^{33}ç e^{55}
敷药	sɛ i^{33}pan^{55}

分（配、头发）	bei^{55}
分（家）	bei^{55}/gɛ i^{33}
匀（出来）	sɛ i^{31}
发（发工资）	fat^{31}
发财	sa̱^{31} lau^{33}
发现	mɯ^{33}pau^{33}
欠	pau^{13}
赊（赊欠）	tshɛ i^{33}
要（账）	ʑ o^{33}
陪同	ʑ e^{33}dat^{31}
相碰（物相碰）	vɯ^{31}ta^{33}
骂	tɕe^{13}/ khaɯ^{31}/ ma̱^{31}
咒骂	tɕe^{13}/ khaɯ^{31}/ ma̱^{31}
打架（人）	vɯ^{31}tɕe^{55}/ vɯ^{31}te^{31}
打架（牛）	（ȵiu^{33}）vɯ^{31}kau^{31}
打架（鸡）	（ɣ a^{55}）vɯ^{31}dʑɯ^{33}
打滚（马）	（moŋ ^{33}）poŋ ^{33}lja^{33}ɕ e^{55}
吵架	vɯ^{55}lja^{31}te^{33}
挑唆	kɯ^{31}la^{31}tɕho^{55}
唆使	tau^{33} tɕho^{55}
打（人）	te̱^{31}
逃	qau^{55}
追	tsui^{33}
捉（老鼠）	dʑa^{55}

赶（赶场）	tsɯe^{31}
抢（抢劫）	zɯ^{33} / bɯe^{33}
犯罪	ʑa^{33}
得罪	ŋa^{55}nɛ^{31}ʑa^{31}
错	ʑa^{31}
认错	ŋa^{55}ʑa^{31}xa^{31}
翻脸	tju^{31}mɯ^{31}ʑo^{55}
耍赖	tju^{31}mɯ^{31}ʑo^{55}
诬赖	tju^{31}mɯ^{31}ʑo^{55}
拼命	tsɯ^{33}mo^{33}
连累	ŋɯe^{55}pau^{33}da̱^{31}
报仇	pha^{33}khoŋ^{33}
争夺	vɯ^{31}daɯ^{31}
霸占	ʑe^{33}mo^{33}kui^{33}
知道	sɛi^{33}xa^{33}
相识	vu^{31}sɛi^{55}
懂	sɛi^{33}
猜（谜语）	tɛi^{31}
记得	tɛi^{31}
记住	tɛiʔ^{31}ɣa^{31}
忘记	dam^{33}
想（思考）	daɯ^{33}
想（想念）	ɣa^{33}tɛi^{31}
想象	n̥i^{55}da^{31}

生气	sa^{55}mɯ^{31}la^{55}
气（气坏了）	qau^{31}so^{33}
吓（吓鸟）	ʥo^{55}
恐吓	khoŋ^{55}
着急	ȵe^{33}ɣa^{31}mɯ^{31}pho^{31}
恨	qau^{31}ao^{33}
憎恶（讨厌）	bɯ^{55}
嫌	bɯ^{55}
舍得	la̠^{31}loŋ^{55}
怕	kɛ̠^{31}
慌张	kɛ̠^{31}
害羞	vɯ^{55}tsha^{31}
丢脸	ʨu^{33}
发愁	dau^{33}le^{33}ɣa^{55}mɯ^{31}pho^{31}
痛苦	bɛi^{33}ŋam^{31}
劳累	bɛi^{33}na̠^{31}
后悔、懊悔	koŋ^{33}no^{33}
灰心	ȵe̠^{31}mɯ^{31}dau^{33}
反悔	tau^{55}tɛi^{33}
担心	ȵe̠^{31} tau^{33}mɯ^{31} tɛi^{31}
甘心	ȵe^{55}no^{31}
过（过河）	ɣɛi^{55}ma^{31}xaɯ^{31}
过（吃过）	san^{33}na^{33}
经过	sɛi^{55}na^{31}/ khui^{33}na^{31}

上（上山）	pom^{31}le^{31}
上来	la^{31}la^{55}
上去	la^{31}le^{31}
下（下山）	dan^{31} ʔe^{55}
下来	lat^{31} lεi^{31}
下去	lat^{31} ʔe^{55}
出（太阳）	pɯɐ^{31}to̱^{13}la^{33}
出来	to̱^{13}la^{33}
出去	ʔoʔ^{55}ʔe^{33}
进来	xau^{33}la^{33}
进去	xau^{33}li^{31}
退（后退）	lɯ^{31}ɣa^{33}ʔe^{55}
在（在家里）	nεi^{33}
在（在碗里）	nεi^{33}
在（在桌上）	nεi^{55}
晒（太阳）	lau^{33}
落（太阳）	kεi^{55}
落（树叶）	bja^{55}
破晓	lau^{55}xa^{33}
天亮	mɯ^{33}zau^{33}
下（下雨）	lε̱^{31}
下（下雪）	lε̱^{31}
淋（淋雨）	ɣε^{31}ʔεt^{31}
潲（雨潲进屋）	khau^{33}la^{33}

刮（刮风）	lɛ i^{55}la^{33}
垮（田埂）	nau^{33}lɛ i^{33}
沾（手沾泥）	laʔ^{31}
缺（碗缺口）	bɯa^{51}
缺（刀缺口）	bɯa^{51} / zɯe^{33}
缺（牙缺）	bɯa^{51}
缺（东西）	mɯ^{31}tsau^{51}
露（露牙）	mɯ^{31}so^{33}to^{13}lɛ i^{31}
滚（石头）	lo^{55}
打滚（牛，自动）	pɯ^{31}lja^{33}ɕ e^{55}
打滚（牛，使动）	ʑ i^{31}pɛ i^{31}pɯ^{31}lja^{33}ɕ e^{55}
绊住（脚）	tsau^{55}khɛ ^{33}gui^{31}
旋转	pam^{33} / vɯe^{31}
盘旋（鹰）	tɕhau^{33}
转动（车轮）	paɯ^{33}gei^{31}
震动（机器）	nɯ^{33}gei^{31}
摇动（牙齿）	ʑ e̱^{55}gei^{31}
颠倒（筷子）	ʔ o^{33}tau^{55}ʑ a̱^{31}
颠簸（车子）	bei^{33}dzo^{13}
撞（肩膀）	vɯ^{31}kau^{31} / vɯ^{31}ta^{33}
碾（车子）	lja^{31}
掉（高）	pe̱^{33}
断（绳子断了）	pɯe^{31}
断（断子绝孙）	qhaɯ^{33}

断（扁担断了）	qaɯ^{33} / lom^{31}
朽（木头）	ŋ ɛ i^{51}
腐（木头）	ʦhɛ i^{33}
连（树皮）	zau^{33}
破（罐子）	to^{31}
破（衣服）	to^{31}
蜇（蜂蜇人）	daɯ^{33}
抵（牛抵人）	gau^{13}
生（孩子）	nɛ i^{33}
生（生虫）	（me̠^{31}）te^{33}la^{55}
养（养子女）	taʔ^{31}
长（树长高了）	kau^{55}la^{55}
病（生病）	na^{55}
发抖（冷发抖）	nɛ i^{13}
浮肿	ɣ au^{31}
伤风（感冒）	lɛ i^{55}sa̠^{31}sau^{33}
发热（发烧）	zau^{33}ȵe^{55}
发冷	mo^{55}kau^{55}
晕（头晕）	vau^{33}va^{55}ŋ am^{31}
昏迷	mɯ^{31}tɛ i^{31}
出汗	lo^{55}la^{31}kom^{31}la^{33}
抽筋	khɛ i^{51}la^{31}kom^{31}la^{33}
传染	vɯ^{31}pa^{33}
抽搐	ʣɯ^{33}ʣu^{55}gɛ i^{31}

流产	a^{33}bau^{55}
呻吟	khɛ i^{31}
受伤	ç aʔ^{31}
飞	bau^{33}
吠（狗见鬼）	loŋ^{55}
吠（狗见生人）	loŋ^{55}
守（狗守门）	ɣ oŋ^{55}
摇（狗摇尾巴）	le̱^{51}
嘶（马嘶）	qhɛ i^{31}
嚎（狼嚎）	qhɛ i^{31}
啸（老虎吼叫）	qhɛ i^{31}
啼（公鸡啼）	bau^{33}
叫（母鸡叫小鸡）	qoŋ^{13}
叫（鸡下蛋前叫）	de̱^{31}
叫（鸡下蛋后叫）	de̱^{31}
叫（母牛叫）	ma^{31}
叫（公牛叫）	ma^{31}
叫（猫叫）	ŋ ɛ i^{31}
叫（驴叫）	qhɛ i^{31}
生（鸡下蛋）	ɣ o^{33}
孵（孵小鸡）	qom^{31}
发芽（种子）	ʑ e^{33}ma^{31}la^{55}
发芽（树枝）	ʑ e^{33}no^{33}la^{55}
开（开花）	phɯ^{33}la^{55}

成熟（果子）	te̠^{31}lɛ i^{31}
凋谢（花儿）	pɯ^{31}lɛ i^{31}
结（结果子）	te̠^{31} la^{55}
结巴（口吃）	dan^{33}kɯt^{31}
枯（叶子）	ʨho^{55}la^{55}
垂（杨柳）	do^{51}lɛ i^{31}
烂（瓜）	ʦhɛ i^{33}lɛ i^{31}
霉（衣服）	bom^{13}la^{33}
大	kau^{33}
小	bei^{31}
高	moŋ ^{55}
低	djau^{33}
矮	tja^{13}au^{55}
凹	ʑ a^{31}xau^{33}
凸	ʑ a^{33}bo^{33}
深（水）	ljum^{31}
深（夜深）	mei^{33}ko^{33}/mo^{33}mja^{31}la^{55}
浅（水）	kɛ i^{31}
清（水）	ʦin^{31}
浑（水）	nau^{33}
尖（笔）	ʥoŋ ^{55}
头（秃）	lo^{33}
圆（球）	lu^{55}
圆（圈儿）	vɯe^{31}

扁	pja^{31}
方（桌子）	pɯ̱^{31}
方（四方）	lɛ i^{33} pɯ̱^{31}
长	mo^{55}
短	tau^{33}
粗（粗大）	doŋ^{55}ka̱^{31}
粗（布粗）	za̱^{31}ka̱^{33}
粗糙（东西）	tɕhe̱^{31}
细（线细）	bi^{55}
细（面粉细）	pɯe^{33}
厚	thu̱^{33}
薄	pa^{33}
宽（路）	kei^{51}
斜（线）	vɯe^{55}
侧（侧身睡）	ku̱^{31}dzɯ^{33}
轻	lja^{55}
重	khɯe^{33}
硬	kɛ i^{51}
软	bjau^{33} / no^{33}
脆	gam^{33}
酥（饼子）	gam^{33}
亮（房子）	zau^{33} / khɯe^{33}
亮（玻璃）	zau^{33} / khɯe^{33}
响亮（鞭炮声）	dau^{55}

洪亮（声音）	the^{33}tho^{33}
暗（光线）	ʑom^{31}
晴（天）	(moŋ^{33})mei^{31}/ maŋ^{33}pɯ^{31}to^{13}
阴（天）	(moŋ^{33})ŋau^{31}
旱（天）	(moŋ^{33})zau^{31}
涝	ʑe^{33}
红	ȵe^{55}
黄	ŋɛ^{55}
蓝、绿	ȵa^{55}
白	tso̱^{33}
黑	ȵa^{13}
黑（天黑）	tsɯe^{33}
灰（灰色）	bum^{13}
花（花布）	tɕau^{33}
花花绿绿	tɕau^{33}tɕe^{55}
稠（粥稠）	dei^{33}
密（菜种得密）	dei^{33}
好（人）	lau^{33}
坏（人）	mɯ^{31}lau^{33} / pja^{55}
快（走得快）	ȵa^{55}/ mau^{33}
慢（走得慢）	mɯe^{33}
干（衣服）	pi^{55}
干（柴）	pi^{55}

湿（衣服）	ʔ ea^{33}
潮湿（屋子）	ʔ ea^{33}
新	ɣ ɯe^{33}
旧	li^{55}
生（肉）	sɯe^{33}
熟（肉）	mɯe^{33}
快（刀）	tha^{55}
钝（刀）	lo^{33}
早（早起）	na^{33}
晚（睡得晚）	mja^{31}
晚（很晚才起床）	mja^{31}
迟	khau^{33}
忙	mau^{33}
闲	mɯ^{31}mau^{33} /lau^{33}ȵe̠^{31}
麻木（舌头）	lɯe^{33}
麻木（手脚）	lu^{33}
闷（空气）	sa^{55}sε i^{33}kho^{55}qha^{55}
真	tsɯe^{31}
确实	ʑ a̠^{33}sa^{33}
假	mja^{55}/ʑ e^{31}tsue^{55}mɯ^{31}ŋ ε i^{33}
贵（价值）	phau^{33}khei^{33}
贱（价值）	phau^{33}ljaɯ^{33}
便宜	ɕ e^{33}
合（衣服）	va^{55}za^{33}

荒（荒地）	ʑa^{55}dau^{31}
乱（东西）	ȵo̱^{31}ȵa^{55}
蓬松（头发）	ʔoŋ^{33}ȵu^{55}
模糊（眼睛）	za^{31}
齐（人）	la^{33}kue^{33}/ʔo^{33}kue^{33}
整齐	djau^{33}
均匀	dau^{33}te^{33}
相同	ve^{33}va^{55}
松（绑得松）	lju^{51}
松（工作）	mɯ^{31}mau^{33}
松（土）	ʑa^{51}bja^{33}
松散	sam^{33}sɛi^{51}
紧（绑紧）	nɛi^{33}
紧（衣服）	nɛi^{33}
紧（工作）	mau^{33}
冷（天）	ɡa^{55}
冷淡（感情）	tɕho^{33}
热（天热）	ȵe̱^{31}
暖和（天气）	ʔom^{31}
温和（性情）	no^{31}ȵa^{33}
凉快、凉爽	xɛm^{33}sa^{51}
酸（味）	dʑaɯ^{51}
酸（腰）	pɯ^{31}
甜（味）	tsham^{51}

苦（味）	qha^{33}
辣（味）	phei^{31}
涩（柿子味涩）	pɛ t^{33}
咸（味）	qha^{33}
淡（酒味淡）	Gue^{31}
聪明	kɛ i^{55}
能干	kui^{33}ȵe^{55}
老实	so^{33}ȵe^{55}
直爽	tau^{33}tja^{55}ȵe^{31}
客气	vɯ^{33}mo^{55}ȵi^{31}
孤独（性情）	ʑ a̠^{31}
和睦	gui^{33}va^{51}
沉默	tsha^{31}nɛ i^{55}/ tsom^{31}nɛ i^{55}
骄傲	kui^{33}ʑ a^{33}mu^{55}
大胆	sɛ i^{33}qa^{33}ȵi^{55}
小心（工作）	qa^{55}tau^{31}
公平	ȵi^{51}tja^{55}ȵe^{31}
丰收	mja^{31}ɣ a^{33}
灾荒	mja̠^{31}mɯ^{31}ɣ a^{33}
光彩	ʥau^{33}zau^{33}
万岁	qau^{33}tɕa^{31}sɛ i^{55}tɕa^{31}
愚蠢	kɯ^{31}lau^{33}
糊涂	thu^{55}ta^{55}
傻	te^{33}lau^{33}

驯（野兽）	ma̠^{31}
唠叨	ʔei^{33}ʔɛi^{51}
饶舌（多嘴）	mɯ^{31}mja^{33}/mɯ^{31}lja^{55}tau^{31}
粗心	ȵe̠^{31}mja^{31}/khok^{51}mɯ^{31}khok^{31}
细心	ȵe̠^{31}ʥɛi^{13}
贪心	ȵe̠^{51}mau^{31}
馋嘴	mɯ^{31}ka^{33}ʦha^{51}
好心	ȵe^{55}mɯ^{31}/ȵe^{55}lau^{31}
心毒	ȵe^{55}mɯ^{31}/ȵe^{55}lau^{31}
心软	ȵe^{55}pa^{31}
落后	la^{33}ɣa^{55}ɣa^{31}
反动	mɯ^{31}lau^{33}ɣɛ^{55}ɡɛ^{31}
一	the^{33}
二	ȵi^{33}
三	soŋ^{33}
四	lɛi^{33}
五	ŋa^{33}
六	kho^{33}
七	ɣe^{33}
八	ʑe^{33}
九	kau^{33}
十	sɛi^{51}
十一	sɛi^{51}the^{33}
十二	sɛi^{51}ȵe^{33}

十三	sɛ i^{51}soŋ^{33}
二十	ȵe^{33}sɛ i^{51}
二十一	ȵe^{33}sɛ i^{51}ŋ a^{33}
二十五	ȵe^{33}sɛ i^{51}ŋ a^{33}
三十	soŋ^{33}sɛ i^{55}
七十	ɣ ɯe^{31}sɛ i^{51}
一个	tɯ^{31}ma^{33}/ the^{33}ma^{33}
二个	ȵe^{33}ma^{33}
三个	soŋ^{33}ma^{33}
九个	kau^{33}ma^{33}
百	ʑ a^{31}
千	ɕ ei^{31}
万	fam^{33}
亿	sɛ i^{51}fam^{33}fam^{33}
零（一百零五）	te^{33}ʑ a^{55}tɯ^{31}ŋ a^{33}ma^{33}
堵（一堵墙）	tɯ^{31}kam^{33}
块（一块石头）	ma^{33}
个（一个碗）	ma^{33}
个（一个酒杯）	ɕ e^{55}
棵（一棵树）	dʑam^{31}
筒（一筒树）	lo^{31}
丛（一丛秧）	pau^{33}
把（一把秧）	tom^{31}
蔸（一蔸草）	pau^{33}

列（一列队伍）	ka^{33}
行（一行苞谷）	ka^{33}
枝（一枝花）	kho^{31}
枝（一枝树枝）	ka^{33}
朵（一朵花）	kho^{31}
种（一种水稻）	ʑau^{31}
样（两样东西）	ʑau^{31}
窝（一窝鸡）	to̱^{31}
条（一条狗）	mau^{33}
只（一只山羊）	mau^{33}
只（一只绵羊）	mau^{33}
头（一头猪）	mau^{33}
匹（一匹马）	mau^{33}
条（一条蛇）	mau^{33}
尾（一尾鱼）	mau^{33}
群（一群人）	dʑo̱^{31}
群（一群羊）	ŋau^{33}
只（一只虎）	ma^{33}
只（一只豹）	ma^{33}
只（一只狼）	ma^{33}
条（一条绳）	tsau^{31}
条（一条路）	tsau^{31}
条（一条线路）	tsau^{31}
条（一条裤子）	qau^{31}

条（一条裙子）	qau^{31}
条（一条板凳）	tsau^{55}
条（一条河）	tsau^{55}
层（一层皮）	tau^{55}
身（一身汗）	tɯ^{31}aau^{31}
盘（一盘绳子）	vei^{33}
张（一张纸）	phe^{33}
张（一张桌子）	ma^{55}
张（一张牛皮）	phe^{33}
本（一本书）	pɯe^{33}
封（一封信）	fo̱^{31}
支（一支歌）	dʑo^{31}
首（几首歌）	dʑo^{31}
页（一页书）	ʑe^{33}
句（一句话）	ma^{55}
份（一份文件）	ma^{33}
付（一付扑克）	fu^{55}
面（一面旗子）	phe^{33}
场（一场电影）	tshau^{33}
架（一架飞机）	ma^{33}
部（一部机器）	po̱^{31}
辆（一辆车子）	ma^{55}
根（一根棍子）	tsau^{55}
根（一根绳子）	tsau^{55}

段（一段木头）	lo̠^{31}
盏（一盏灯）	ta^{31}
双（一双鞋）	soŋ^{55}
只（一只鞋）	pau^{55}
双（一双筷子）	soŋ^{33}
庹（两臂伸开）	lam^{31}
拃（拇指与中指）	tho^{33}
拃（拇指与食指）	n̥a^{55}
趟（去一趟）	po̠^{31}
遍（走一遍）	po̠^{31}
觉（睡一觉）	nau^{31}
步（走两步）	tho̠^{33}
脚（踩一脚）	tɯ^{31}
掌（打一掌）	pau^{31}
下（打一下）	pei^{55}
边（走两边）	pau^{33}
回（跑两回）	po̠^{31}
次（两次）	po̠^{33}
寸	ɕ ei^{33}
分	fei^{31}
尺	ɕ e̠^{31}
米	me̠^{33}
亩	mu^{33}
丈	tau^{31}

升	pei^{31}
斗	qha^{55}
两（斤两）	dʑa^{31}
钱	tsan^{33}
斤	kɛi^{31}
市斤	kɛi^{31}
元（一元钱）	phja^{33}
这	ʔe̱^{31}
这个	ʔe̱^{31}na̱^{31}
这么（这么大）	doŋ^{33}ka^{33}
这么（这么做）	ma̱^{31}mo^{55}
这样（那样）	na̱^{31}te̱^{31}
这里	ʔa̱^{31}na̱^{31}
这些	ma̱^{31}pɯe^{33}
那（指平行）	na̱^{31}tja^{31}le^{31}
那儿（上方）	lau^{33}
那儿（下方）	la̱^{31}
那里（近指）	ʔo^{33}to̱^{31}
那里（远指）	ʔo^{33}poŋ^{55}
那么	ma̱^{33}te^{33}
那些	ʔo̱^{33}pɯe^{31}
每（每天）	nɛi^{33}kɯ^{55}nɛi^{33}
每（每人）	pha^{33}kɯ^{55}pha^{33}
谁	sa^{33}mau^{33}

什么	ʑa^{33}ma^{33}
为什么	ȵa^{55}mɯ^{31}ɣa^{31}
怎么	so^{33}le̠^{51}ɣa^{31}
怎样	so^{33}te̠^{33}ɣa^{31}
多么	doŋ^{33}mja^{31}ʑau^{55}
几（几个）	tsi^{55}ma^{31}
各位	sau^{33}ɣa^{55}sau^{33}
哪（哪碗）	a^{33}te^{55}
哪样	so^{33}te^{55}
哪里	ʑau^{33}ma^{31}
全（全国）	tsau^{33}/ɡa^{55}
又（又快又好）	ȵa^{55}kɯ^{31}ȵa^{55}lau^{33}kɯ^{31}lau^{31}
又（又来了）	lau^{33}lo^{31}
就（就去）	ʔe^{55}soŋ^{55}ɣo^{33}
将要（将要去）	ʔe^{55}kɯ^{31}dau^{31}
将来（当老师）	ɣa^{55}le^{31}
一定（一定去）	tho̠^{31}ʔe^{55}
特地（告诉你）	mɛi^{31}ɡo̠^{33}the^{33}
故意（故意问）	mɛi^{51}na^{55}
偏偏（偏偏要去）	tho̠^{31}ʔe^{55}
另外（另外）	ŋɛi^{33}ʑau^{33}
仍旧（喜欢你）	li^{55}ɣa^{55}
当然（批评他）	ŋa^{55}tho̠^{31}
必须（认错误）	na^{55}tho̠^{31}

恰巧（遇见他）	ŋam^{31}ŋam^{31}/ thom^{31}
可能（会下雨）	tsɛi^{33}ȵi^{55}
白（白吃）	ŋɛi^{33}ɣa^{55}sa^{31}
可以（进来）	te̱^{33}ȵe^{55}la^{55}sɛi^{31}
大约（八十岁）	do̱^{31}
好像	ma̱^{31}tɕe̱^{33}le^{31}
原来（是你）	qha̱^{31}tɕe^{33}le^{31}/ li^{33}ɣa^{33}
即使	ma̱^{31}le^{31}ka^{33}
不过	ʔɛ^{33}ɣa^{31}
实在	tho̱^{31}le̱^{31}
究竟	so^{33}ɣa^{33}
又……又……	nu^{33}... nu^{33}...
不（他不来）	mɯ^{31}
不要（你来）	mɯ^{31}ʑo^{33}
没有（来）	mɯ^{31}tsau^{33}
没有（事）	mɯ^{31}tsau^{33}
跟（跟他去）	ta^{31}pa^{55}
跟（跟他借书）	ʑe^{31}tshɛ^{31}
依（依他说）	ta^{31}pa^{55}
比（你比他高）	pi^{51}
比（我比你矮）	pi^{51}
连（连饭不吃）	ʑa^{33}mja̱^{31}tso^{33}sau^{33}
过（你高过他）	sɛi^{55}
的（我的书）	ʔe̱^{31}

得（跑得快）	ɣa^{33}
地（快快地跑）	ɣa^{33}
也	ʑe^{33}
温泉水	ɣɛ^{55}boŋ^{33}duo^{33}
水坝	ɣɛ^{55}doŋ^{55}
水库	ɣɛ^{55}noŋ^{31}
瀑布	ɣɛ^{55}bam^{55}
漩涡	ɣɛ^{55}vi^{55}
泡沫（肥皂）	ɣɛ^{55}ɣo^{31}
冰	（ɣɛ^{55}）va^{55}
冰柱	va^{31}ʑe^{55}
雾	maŋ^{33}ȵi^{55}ɡoŋ^{55}
霜	va^{33}ɣa^{55}
露	pju^{33}ɣɛ^{33}
地（天地）	mɛ^{55}
河	ɣɛ^{33}ma^{31}
河边	ɣɛ^{33}ma^{31}va^{33}
河水	ɣɛ^{33}ma^{31}ɣɛ^{55}
江	ɣɛ^{33}ma^{33}kaŋ^{33}
溪	ɣɛ^{33}l̠a^{31}aŋ^{33}
海	xa^{33}
湖	ɣɛ^{55}not^{31}kaŋ^{33}
池塘	ɣɛ^{33}dam^{33}
井	ɣɛ^{33}khaŋ^{33}

沟（水渠）	ɣɛ^{55}ka^{55}
山峰	poŋ^{33}ɣɛ^{55}
山顶	poŋ^{33}dzo^{55}
山脚	poŋ^{33}tshe^{55}
山腰	poŋ^{33}koŋ^{33}
山箐	poŋ^{33}ka^{31}
山梁	poŋ^{33}ka^{55}
山洪水	poŋ^{33}ɣɛ^{33}ʐam^{31}
山垭口	poŋ^{33}va^{31}
山区	poŋ^{33}dzo^{55}
高寒山区	poŋ^{33}ka^{55}ɣa^{31}
亚热区	ʑi^{31}aŋ^{31}ɣa^{31}
（上）坡	ka^{55}ta^{31}
火石	ŋo^{33}ɣɛ^{33}
石膏	ŋo^{55}tɕa^{55}
磨石	kui^{13}
碎石	ŋo^{55}zɯm^{31}
沙子	ŋo^{55}ŋɯ^{31}
沙石	ŋo^{55}ŋɯ^{31}
沙滩	ŋo^{55}ŋɯ^{31}nai^{33}an^{33}
尘土	pɯ^{33}pe^{55}nai^{55}
煤	mɛ^{55}（借汉）
火	me^{33}
火星	me^{33}ŋɯ^{55}

火花	me^{33} / ljam^{31}
灯花	ʑo^{33}ljam^{31}
火炭	me^{33}ŋɯ^{31} / laŋ^{55}
火灰	laŋ^{55}vu^{31}
火柴头	me^{33}dʑa^{33}
火药	phao^{33}ɕa^{33}（枪）
火塘	ka̠^{55}
烟（炊烟）	me^{33}
锅烟	me^{33}khan^{33}
东	pɯ^{33}to̠^{31}pja̠^{31}
南	ki^{33}pja̠^{31}（下边）
西	pɯ^{33}ki^{33} pja̠^{31}
北	ȵa̠^{33}pja̠^{31}（上边）
前	vu^{33}laŋ^{33}
后	lɯ^{33}aŋ^{33}
后面	lɯ^{33}aŋ^{33}kan^{55}
左	lja^{55}kan^{55}（左边）
左手	la^{33}lja^{55}kan^{55}
右	vɯ^{33}kan^{55}（右边）
右手	la̠^{33}vɯ^{33}kan^{55}
旁边	vɯ^{33}kan^{55}
边（水边）	ɣɛ^{33}vɛ^{31}
边	i^{33}vɛ^{33}
端午节	tan^{33}ŋo^{33}ɣɯ^{33}

七月半	mɯ^{31}va^{33}ɣo^{33}
中秋节	mɯ^{31}la^{33}ɣo^{33}
过冬	soŋ^{33}la^{33}(冬天)
春、春天	mao^{33}ʔoŋ^{33}la̠^{31}(月)
夏、夏天	mao^{33}ȵe̠^{33}la̠^{31}
秋、秋天	mao^{33}xɛi^{33}la̠^{31}
冬、冬天	mao^{33}ta^{55}la̠^{31}
月（月份）	la^{33}
正月	tsaŋ^{33}la^{33} / the^{33}la^{33}
二月	dent^{33}ȵi^{33}（壮语） / ȵi^{33}la^{33}
三月	dɯt^{33}sam^{33} / soŋ^{31}la^{33}
四月	dɯt^{33}se^{55} / lɛ^{33}la^{33}
五月	dɯt^{33}ŋo^{55} / ŋa^{33}la^{33}
六月	dɯt^{33}ʑo^{55} / khoŋ^{33}la^{33}
七月	dɯt^{33}ɕe^{55} / ɣɛ^{33}la^{33}
八月	dɯt^{33}pe^{55} / ʑe^{33}la^{33}
九月	dɯt^{33}ko^{55} / kao^{33}la^{33}
十月	dɯt^{33}ɕo^{33} / ʂai^{55}la^{33}
十一月	dɯt^{33}ʔe^{33}/ʂai^{55}thi^{33}la^{33}
十二月	dɯt^{33}lam^{33}/ʂai^{55}ȵi^{33}la^{33}
上半月	la^{33}ɣo^{33}
下半月	la^{33}tan^{33}
子	ɕo^{55} (壮语借词)
	va^{55}(动物名称)

丑	pja^{55} (壮语借词)
	ȵiu^{33}(动物名称)
寅	ȵi^{31} (壮语借词)
	tshoŋ^{33}(动物名称)
卯	mao^{55} (壮语借词)
	thu^{31}(动物名称)
辰	ɕe^{31}(壮语借词)
	dzoŋ^{33}(动物名称)
后天	san^{33}ɣo^{33}nai^{33}
大前天	ˀo^{55}ɣo^{33}nai^{33}
大后天	san^{33}ga^{55}nai^{31}
大大后天	ˀo^{55}san^{33}ga^{55}nai^{31}
初一	ɕo^{55}ŋɛ^{33}(壮语)
初二	ɕo^{55}ȵi^{33}(壮语)
初三	ɕo^{55}ɕa̱^{31}(壮语)
初四	ɕo^{55}si^{31}(壮语)
初七	ɕo^{55}ɕe^{55}(壮语)
初十	ɕo^{55}ɕiu^{31}(壮语)
初十一	ɕo^{55}ŋɛt^{33}(壮语)
初二十	ȵi^{33}ɕo^{33}(壮语)
初二十一	ȵi^{33}ŋɛt^{33}(壮语)
初三十	san^{33}ɕo^{55} / lap^{33}(壮语)
白天	nai^{33}ga^{33}
早晨	gam^{33}pha^{55}

中午	tshe^{33}san^{33}kha^{55}
上午	tshe^{33}vu^{33}
下午	tshe^{33}ɣa^{55}
夜里、半夜	min^{33}koŋ^{33}
晚上	min^{33}pha^{55}
黎明	moŋ^{33}zan^{33}lan^{55}
现在	mɯi^{33}
刚才	dzam^{31}
从前	ɣo^{33}khɛ^{55}
古代	na^{33}mao^{33}khɛ^{55}
过去	khɛ^{31}
以前	khɛ^{31}
以上	ʔaŋ^{31}ɕe^{55}lan^{33}
以下	ʔaŋ^{31}ɕe^{55}lan^{31}
驴	moŋ^{55}li^{33}
公驴	moŋ^{55}li^{33}tat^{55}
母驴（生过）	moŋ^{55}li^{33}ma^{33}
骡	moŋ^{33}lo^{55}
公骡	moŋ^{33}lo^{55}tat^{55}
母骡	moŋ^{33}lo^{55}tat^{55}
猪	va^{33}
公猪	va^{33}tat^{55}
母猪（生过）	va^{33}ma^{33}a^{31}nai^{55}na^{31}
母猪（未生）	va^{33}ma^{33}a^{33}mɯ^{31}nai^{33}ɕɛ^{55}

阉公猪（名）	va^{55}tat^{55}som^{31}
阉母猪（生过）	va^{55}ma^{33}a^{31}nai˙^{33}na^{33}som^{31}
阉母猪（未生）	va^{33}ma^{33}a^{33}mɯ^{31}nai˙^{33}som^{31}
羊	ŋaŋ^{13}
山羊	ŋaŋ^{13}
公山羊	ŋaŋ^{13}tat^{33} / ŋaŋ^{33}xoŋ^{33}
母山羊（生过）	ŋaŋ^{13}ma^{33}a^{33}nai˙^{55}nai˙^{31}
母山羊（未生）	ŋaŋ^{13}tat^{55}dɯ^{31}
阉公山羊（名）	ŋaŋ^{13}tat^{55}dɯ^{31}
小山羊	ŋaŋ^{13}aŋ^{33}
绵羊	ŋaŋ^{33}bu^{55}
公绵羊	ŋaŋ^{33}bu^{55}tat^{55}
母绵羊（生过）	ŋaŋ^{33}bu^{55}a^{31}nai^{55}na^{31}
母绵羊（未生）	ŋaŋ^{33}bu^{55}a^{31}mɯ^{31}nai˙^{33}sɛ^{55}
阉公绵羊	ŋaŋ^{33}baŋ^{55}tat^{55}dɯ^{31}
小绵羊	ŋaŋ^{33}boŋ^{55}bi^{55}
龙	dsoŋ^{33} / ʐa^{33}
象	luʔ^{31}
象牙	lu̠^{31}mɯ^{31}so^{33}
老虎	tshoŋ^{33}
狮子	tshoŋ^{33}
熊（狗熊）	lai^{33}
人熊（猩猩）	lai^{33}
豹	tshoŋ^{33}po^{13}

鹿	ʑa^{33}
鹿茸	ʑa^{33}khao^{13}
麂	tshɛ^{55}
大黄麂	tshɛ^{55}ta^{55}
小黄麂	tshɛ^{55}ta^{33}bi^{55}
麝香	ɕe^{33}ɕia^{33}(借汉)
喜鹊	ŋa^{55}pao^{31}
八哥	ŋa^{55}tɕa^{55}
斑鸠	ŋat^{55}kuat^{31}
布谷鸟	poŋ^{33}
水花雀	ŋa^{55}ɕa^{33}
啄木鸟	ŋa^{55}tɯ^{33}lo^{55}
燕子	ŋa^{55}tɕa^{33}
鸳鸯	dʑe^{33}ŋat^{55}
画眉鸟	ŋa^{55}tsa^{31}kua^{13}
麻雀	ŋa^{55}ba^{31}
云雀	vat^{31}khai^{33}ŋat^{55}
蝙蝠	va^{55}vai^{31}
青蛙	pu^{33}tum^{31}
蝌蚪	pu^{33}no̱^{31}
石蚌（蛙类）	pa^{33}tsha^{13}
田鸡	pa^{33}
鱼	pja^{31}
黄鳝	ŋa^{31}ve^{33}

泥鳅	me̱^{31}tsɯ̱^{31}
螺蛳	taai^{33}
螺蛳壳	tsai^{33}ko^{55}
蜗牛	ʔlo̱^{31}
龟	ɣɛ^{33}phao^{31}
鳖	ɣɛ^{33}phao^{31}
螃蟹	pɯ^{31}zai^{31}
虾	pao^{33}
蛇	ven^{55}
四脚蛇	ven^{55}lja^{13}
壁虎	kha^{33}la^{55}
萤火虫	me^{33}maŋ^{55}
蜜蜂	pja^{33}ʑe^{33}
蜂皇（蜂王）	pja^{33}ʑe^{33}lan^{33}
缘头苍蝇	pɯ^{31}ȵu^{55}
牛虻	ȵiu^{33}
蚊子	pɯ^{31}ka̱^{31}
幼虫	pɯ^{31}ka̱^{31}aŋ^{33}
蠓（小飞虫）	pɯ^{31}pju^{33}
蚯蚓	me̱^{31}ti^{33}
蛔虫	ɣo̱^{31}ve^{33}
水蛭（蚂蟥）	bɛ^{33}
山蚂蟥	poŋ^{33}bɛ^{31}
蛆	lo^{55}

虫	me̠^{31}
蚜虫（茎叶）	aŋ^{33}me̠^{31}
蛀虫（木头）	sɛ^{55}(木)me̠^{31}
蛀虫（粮食）	mja^{33}me̠^{31}
屎壳郎	ȵiu^{33}khai^{33}pao^{33}
蛋（鸡蛋）	ɣa^{55}ɣo^{31}
蛋白	ɣa^{55}ɣo^{31}tso^{33}(白)
蛋黄	ɣa^{55}ɣo^{31}ʔɛ^{55}(黄)
蛋壳	ɣa^{55}ɣo^{33}ko^{55}(壳)
翅膀	ʔi^{31}toŋ^{33}
毛	ʔi^{31}me^{33}
眉毛	tju^{31}me^{55}
睫毛	tju^{31}lja^{33}me̠^{31}
羊毛（绵羊）	ŋaŋ^{33}me̠^{31}
汗毛	kao^{55}me̠^{31}
猪毛	va̠^{31}me̠^{31}
爪	khɛ^{33}tɕa^{31}
蹄（马蹄）	khɛ^{33}wa^{55}
蹄（羊蹄）	khɛ^{33}wa^{55}
角（牛角）	(ȵiu^{33})khao^{33}
皮	gɯ^{33}
筋	ko^{33}
牛背峰	ȵiu^{33}khao^{55}pao^{31}
杉树	vɛ^{33}no̠^{31}

柏树	sɛ^{55}tso^{31}
栗树	lɯ^{33}ɣa^{33}
板栗树	sɛ^{55}tai^{55}
麻栗树	sɛ^{55}tin^{33}
桃树	sɛ^{55}ɣom^{33}
柳树（垂柳）	dɯ^{31}ze^{55}
白杨树	pɯ^{31}zoŋ^{55}
榕树	ȵiu^{51}
樟木树	kat^{55}
漆树	kai^{33}
酸角树	sɛ^{33}tsan^{55}
香椿树	mɯ^{31}sɛ^{33}
桑树	beŋ^{13}
棕树	tsoŋ^{33}phja^{31}
棕皮	tsoŋ^{33}phja^{31}
苦练果树	mɯ^{31}zɯ^{33}
木棉树	mɯ^{31}bo^{55}
油桐树	mɯ^{31}tɕao^{31}
寄生树	sɛ^{55}so̠^{33}
竹子	ma^{55}
山竹	poŋ^{33}ma^{55}
毛竹	ma^{55}tai^{33}
龙竹	ma^{55}tsɛt^{31}
竹壳	me^{33}ko^{55}

竹节	ma^{33}bo̠^{31}
苦竹	ma^{33}kha̠^{31}
竹笋	me^{33}
庄稼	san^{33}ʑan^{33}
粮种（种子）	ʑan^{33}
稻子	kha^{33}
稻秧	tɕa^{31}
旱稻	kha^{55}na^{31}ʑo^{55}
向日葵	pei^{33}ka^{55}
葵花籽	pei^{33}ka^{55}
洋芋	ʑa^{33}ʑi^{55}（借汉）
魔芋	mo^{31}ʑi^{55}（借汉）
芋头	pin^{33}
山药	ɣɛ^{33}me^{33}
泥沾沾	mja^{33}tai^{55}
荸荠、茨菇	ɣan^{33}tɕam^{31}
甘蔗	loŋ^{33}
花生	tɯ^{31}tin^{55}
芝麻	mɯ^{31}nam^{31}
棉花	bo^{33}
豆子	no^{55}
黄豆	no^{55}tse^{55}
刀豆（四季豆）	no^{55}pam^{55}
豌豆	no^{55}pe^{33}

蚕豆	no^{55}ma^{31}
大白豆	no^{55}tso^{31}
绿豆	no^{55}ȵa^{55}
马豆（饲料）	no^{55}kok^{55}
豆芽菜	no^{55}ma^{33}
豆荚	no^{55}ka^{55}
豆腐	no^{55}fu^{33}
豆花（豆腐脑）	tɯ^{31}fu^{33}no^{33}
豆腐渣	tɯ^{31}fu^{33}ȵa^{33}
豆茎	no^{55}ma^{31}
豆筋	no^{55}ka^{55}ku^{31}
芫荽	ɣan^{31}kat^{31}
蒜	kut^{31}
蒜苔	kut^{31}ŋɛt^{31}
野蒜	poŋ^{33}kut^{31}
姜	tɕaŋ^{33}
辣椒	phɛ^{33}
胡椒	ça̠^{31}lat^{33}
草果（香料）	pom^{33}xaŋ^{31}
八角（香料）	mɯm^{31}kat^{55}
果子	sɛ^{33}
核桃	sɛ^{55}lan^{33}
铁核桃	ŋat^{31}mɯ^{31}sɛ^{33}lan^{33}
泡核桃	phaŋ^{55}sɛ^{33}lan^{33}

果仁	sɛ^{33}ȵi̠^{51}
桃子	sɛ^{33}ɣoŋ^{33}
柿子	sɛ^{33}dit^{13}
野柿子	lɛ^{33}se^{33}dit^{13}
石榴	si^{31}lju^{33}
苹果	phi^{33}ko^{33}（借汉）
荔枝	li^{31}ti^{33}（借汉）
葡萄	sɛ^{33}ɣaŋ^{33}
野泡儿	sɛ^{33}pu^{55}
黄泡儿	sɛ^{33}tha^{55}
黑泡儿	sɛ^{33}na^{55}
藤子	ʦa^{55}
芭蕉	（phja^{31}）bja^{33}
香蕉	（phja^{31}）bja^{33}
柚子	sɛ^{33}ba^{13}
桔子	sɛ^{33}toŋ^{55}
扫帚菌	mao^{55}ʔaŋ^{31}
青头菌	mao^{55}tat^{31}
奶浆菌	mao^{55}ʦhɛ^{33}
木耳	le̠^{31}
种子	ʑe^{33}ʑaŋ^{33}
根（总根）	ʦhɛ^{33}
须根	thɛ^{33}ȵum^{33}
茎	ʑe^{55}mao^{33}

叶子	ʑe^{55}pja^{33}
树枝	sɛ^{55}kat^{31}
芽（种子发芽）	ʑe^{33}no^{33}
核（果核）	ʑe^{33}ȵi^{55}
花	ȵiu^{31}
桂花	kui^{31}xan^{33}
山茶花	ɕa̠^{31}vat^{55}
马缨花	sɛ^{33}tshɛ^{33}vat^{55}
穗（稻穗）	kha^{33}na^{55}mum^{31}
刺	tɕhu^{33}
身体	ɣa̠^{33}thom^{31}
头	ʔoŋ^{33}
头旋	ʔoŋ^{33}mɛi^{55}
头顶	ʔoŋ^{33}tsoŋ^{55}
脑门	den^{33}
后脑壳	den^{33}tam^{31}
额头	den^{33}kan^{55}
头发	ʔoŋ^{33}me̠^{33}
辫子	ʔoŋ^{33}so^{55}
脑髓	ʔoŋ^{33}no̠^{33}
脸	phja^{33}
犬牙	khui^{33}tsi^{55}
臼牙	mɯ^{31}kan^{33}mɯm^{31}
颧骨	phja^{33}kuo^{55}

舌头	mɯ^{31}le^{55}
小舌	lju^{33}ʔ a^{33}
舌苔	mɯ^{31}le̱^{31}tha^{33}
舌尖	mɯ^{31} le̱^{31}ȵiu^{55}
舌根	mɯ^{31} le̱^{31}te̱^{31}
胡子	mɯ^{31}mi^{33}
脖子	kua^{33}
前脖	kua^{33} ʔ oŋ ^{33}
后脖	kua ɣ aŋ ^{55}
喉咙	lja̱^{31}
喉结	lja̱^{31}gɛ i^{33}
肩膀	la̱^{31}poŋ ^{33}
手	la̱^{31}
手掌	la̱^{31}va^{33}
手背	la̱^{31}no^{55}
手心	la̱^{31}va^{33}tuo^{33}
手纹	la̱^{31}ka^{55}
手关节	la̱^{31}boŋ ^{33}
手肘	la̱^{31}gɛ ^{31}
拳头	la̱^{31}bɛ i^{33}
秃手	la̱^{31}ŋ ɛ ^{33}
胳臂	la̱^{31}goŋ ^{33}
手指	la̱^{31}a^{33}
拇指	la̱^{31}ma^{33}

食指	la̠^{31}ȵa^{33}
中指	than^{55}te^{33}
膝盖	khɛ i^{55}khuo^{33}
叉指（六指）	la̠^{31}tsa^{55}
指甲	la̠^{31}sɛ i^{33}
皮肤	ɡ ɛ i^{31}
鸡皮疙瘩	ɣ a^{55}ɣ a̠^{31}to^{55}
骨头	ɣ aŋ^{33}
骨髓	ɣ aŋ^{33}thoŋ^{33}sɛ i^{55}
筋	kuo^{55}
血	sɛ i^{33}
血管	sɛ i^{33}thoŋ^{33}
血液	sɛ i^{33}pan^{33}
脉膊	sɛ i^{33}ɡɛ i^{33}ɣ aŋ^{55}
胃	ɣ ɯ^{33}loŋ^{33}(boŋ^{33})
胰	mam^{51}/ pɛ i^{51}
肾	kaŋ^{55}mam^{33}
肠	ɣ u^{55}
大肠	ɣ u^{55} kat^{31}
小肠	ɣ u^{55}bi^{55}
盲肠	ɣ u^{55}khɛ^{51}
心	ȵe^{55}
心脏	ȵe^{55}
肝	sɛ i^{33}

肺	puɯm^{51}
胆	kɛi^{55}
膀胱	tɕho^{31}buo^{13}
胎包（胎盘）	a^{31}ʑoŋ^{55}
汗（水）	luo^{55}
汗垢	luo^{55}ɣɛ^{31}
鼻涕	naŋ^{33}
麻风	no^{55}te̱^{31}/zaŋ^{33}te̱^{33}
痱子	pa̱^{31}lan^{55}
感冒	na̱^{31}ʔaŋ^{33}
头疼	ʔoŋ^{31}na^{33}
咳嗽	na̱^{31}tso^{33}
肝炎	sɛi^{33}na^{55}
肾炎	kao^{33}ma^{33}na^{55}
伤口	ɕa̱^{31}mei^{33}
伤疤	ɕa̱^{31}ɣa^{55}
扭伤	lja^{55}/ŋui^{55}
瘾袋（大脖子）	kok^{55}te^{33}
瘤	tot^{31}te^{33}
肺病	paŋ^{33}na^{33}
痢疾	ɣo̱^{31}ȵe^{55}ŋa^{31}
瘟疫	dam^{31}lɛi^{33}
抽羊角风	tɕhi^{33}te^{33}
老茧	la̱^{31}baŋ^{33}

尸体	ça̱^{31}ʔɛi^{55}
人	ça̱^{31}
男人	ça̱^{31}bao^{33}
女人	ça̱^{31}ma^{33}
妇人（嫁过）	ça̱^{31} ma^{33}tɕao^{51}
恩人	mɛi^{33}tsau^{31}phao^{31}
师傅	ɣo^{33}tɛi^{55}phao^{31}
徒弟	ɣa^{55}pa^{33}phao^{31}
主人	khau^{33}sɛ̱^{31}
客人	ven^{33}
瞎子	tju^{31}lju^{33}
红烂眼	tju^{31}ȵe^{55}ɣa^{31}
夜盲	ɣa^{55}tju^{31}
新郎	sɛi^{31}ʑo^{55}
聋子	pan^{55}mɯ^{31}kan^{33}
哑巴	tan^{33}tɕam^{31}mɯ^{31}kui^{33}
疯子	zɛi^{33}boŋ^{55}
跛子	khɛi^{55}dja^{33}
驼子	kot^{55}kok^{31}
麻子	na^{33}ka^{55}te̱^{31}
木匠	sɛ^{55}mu^{33}gui^{33}（ça̱^{31}）
石匠	ŋoŋ^{55}mu^{33}gui^{33}（ça̱^{31}）
铁匠	ça^{33}mu^{33}gui^{33}（ça̱^{31}）
男奴隶	ça^{31}pan^{33}tsan^{55}

女奴隶	ɕa^{31}man^{33}tsan^{55}
穷人	ʑa^{33}pha^{33}
富人（富农）	ɕa^{55}pha^{33}
地主（地主人）	me^{33}sɛi^{55}
贫农	ʑa^{33}pha^{13}
中农	mɯ^{31}ɕa^{55}mɯ^{31}ʑa^{31}
主席	ʑe^{33}ven^{33}bao^{33}/tsu^{33}ɕi̠^{31}
总理	tso^{33}li^{33}
部长	pu^{33}tsan^{33}
书记	su^{33}tsi^{33}
乞丐	mja̠^{31}laŋ^{33}ɕa^{33}（ɕat^{31}）
犯人	ɕa̠t^{31}ʑa^{33}
毕摩（祭师）	pu^{31}mo̠^{31}
巫师（端公）	mɯ^{31}dan^{33}pa^{51}
巫婆（司娘）	mɯ^{31}dan^{33}ma^{51}
土匪	ma^{13}
小偷	khaŋ^{13}（bja^{33}）
骗子	ljɛ^{55}le^{33}
皇帝	ɣoŋ^{13}（tɛi^{51}）
土司	pu^{31}laŋ^{31}
医生	sɛ^{33}ɕe^{55}ɕa̠t^{31}
老师	mɯ^{31}na^{55}laŋ^{31}/laŋ^{33}si^{33}
学生	zɛ^{31}ma^{31}a^{33}
代表	tɛ^{33}pja^{33}

模范	mo^{31}fa^{31}
英雄	ʑe^{33}ço^{31}
民族	phau^{33}
本民族自称	mɯ^{33}aŋ^{51}/ȵe^{55}ɡan^{13}mɯ^{33}aŋ^{33}
汉族	dɛ^{33}xau^{55}
彝族	mɯaŋ^{51}
白族	dɛ^{33}pɯ^{31}tshu^{31}
傈僳族	dɛ^{33}li^{31}su^{55}tshu^{31}
哈尼族	dɛ^{33}xa^{55}ȵi^{55} tshu^{31}
拉祜族	dɛ^{33}la^{33}xu^{55} tshu^{31}
苗族	dɛ^{33}mja^{33} tshu^{31}
藏族	dɛ^{33}zan^{55} tshu^{31}
傣族	dɛ^{33}tɛ^{51} tshu^{31}
回族	dɛ^{33}xui^{31} tshu^{31}
壮族	dɛ^{33}ço^{33} tshu^{31}/dɛ^{31}ʑe^{55} tshu^{31}
舅父（母之兄）	pa^{33}/kan^{33}pa^{33}
舅父（母之弟）	pa^{33}/ kan^{33}pa^{33}
舅母（兄之妻）	ma^{33}/kan^{33}ma^{33}
舅母（弟之妻）	ma^{33}bja^{33}
姨父（姐之夫）	pa^{33}kan^{33}
姨父（妹之夫）	van^{55}
姨母（母之姐）	kan^{33}ma^{33}
姨母（母之妹）	ʑaŋ^{31}
祖先、祖宗	pu^{31}ço^{55}

外祖父	baŋ^{33}
岳父	ʑo^{31}pa^{33}
岳母	ʑo^{31}ma^{33}
公公（夫之父）	bau^{33}
婆婆（夫之母）	bɛ^{33}
亲家	aŋ^{55}ɕa̱^{31}tɕe^{55}
亲戚	sɛ^{55}（san^{31}）
家门	pe^{33}
哥哥（弟称哥）	vɯ^{31}
哥哥（妹称哥）	vɯ^{31}
姐姐（弟称姐）	vɯ^{31}
姐姐（妹称姐）	vɯ^{31}
嫂子	me̱^{31}
弟媳	ʑaŋ^{55}
妯娌	me̱^{31}bei^{33} / bei^{33}me̱^{31}
姐夫	vɯ^{31}
妹夫	ʑaŋ^{51}va^{55}
弟弟（哥称弟）	ȵe̱^{31}
弟弟（姐称弟）	ȵe̱^{31}
兄弟姐妹	vɯ^{31}ȵe̱^{31}
房间	khaŋ^{33}poŋ^{33}
堂屋	khaŋ^{33}tja^{33}
房子	tɕaŋ^{55}
正房	pja^{55}poŋ^{33}

厢房	lɯ^{33} poŋ^{33}/phoŋ^{33}pja^{33}
面房	to^{33}kham^{33}
草房	ŋɛ^{33}khaŋ^{33}
瓦房	va^{55}khaŋ^{31}
土房（土掌房）	me̱^{33}ta^{33}khaŋ^{31}
庄房	kau^{31}khaŋ^{33}
看守棚	la^{55}
厨房	mja̱^{31}mo^{55}ɣaŋ^{33}/san^{55}ka^{31}
木板房	phe̱^{31}khuŋ^{33}
公房	la̱^{31}
屋檐	sa^{31}dan^{31}
屋脊	khaŋ^{33}khoŋ^{55}
屋背	khaŋ^{33}tha^{31}
楼	tɕu^{31}than^{31}
楼板	tɕa^{33}phe̱^{31}
楼梯	thi^{33}
托儿所	kɯ^{31}bja^{33}dan^{33}ɣa^{55}
学校	zɛ^{33}ma^{33}ɣa^{55}
教室	zɛ^{33}ma^{33}ɣa^{55}
办公室	zɛ^{33}po̱^{31}ɣa^{55}
商店	mja^{33}ɣoŋ^{33}ɣa^{55}
铺子	mja^{33}pɛ^{31}ɣa^{55}
衙门	dan^{31}ça^{55}ɣa^{33}
监狱	ça̱^{31}zɛ^{31}ɣa^{55}

厕所	khɛ^{31}ɕe^{55}ɣa^{33}
钉子	i^{31}te̱^{31}
锤子	tu^{55}
火钳	tɕaŋ^{55}
钩子	lɛ^{31}
锅（煮饭锅）	loŋ^{33}te̱^{31}
风箱	pau^{33}
铁丝	ɣa^{31}tsan^{55}pi^{55}
铁链子	ɣa^{33}mɯ^{31}tsuan^{33}
城	bɯ^{31}
城门	bɯ^{31}to^{33}/ va^{33}to^{33}
城墙头上	va^{31}tshɛi^{55}dʑo̱^{33}
城墙脚	va^{31}tshɛi^{55}tshɛi^{33}
村子	loŋ^{55}
村头（指上方）	loŋ^{55}ʔu̱^{31}
村底（指下方）	loŋ^{55}tan^{55}
村里	loŋ^{55}toŋ^{55}
村边	loŋ^{55}vɛi^{31}
村口	loŋ^{55}ʔu̱^{31}
坟墓	kɯ^{31}soŋ^{33}/ kɯ^{31}fa̱^{31}
坟地	kɯ^{31}soŋ^{33}ɣa^{55}/ kɯ^{31}fa̱^{31} ɣa^{55}
粮仓	tsɛ^{33}
打场	to^{55}
菜园	ɣaŋ^{33}kam^{33}

篱笆	（ma^{33}）to^{55}
厩（牛厩）	（ȵiu^{33}）kam^{33}
鸡圈	ɣa̠^{31}zoŋ^{55}
鸡窝（下蛋的）	ɣa̠^{31}tu̠^{31}
鸡罩笼（罩鸡）	ɣa^{55}tɕa^{55}
鸡笼（装鸡）	ɣa^{55}tjam^{33}
围腰	tuaʔ^{55}
袖子	phja^{33}tuaʔ^{31}
蓑衣（棕皮制）	do^{55}
草蓑衣	do^{55}
裤子	la̠^{33}
裤腰	la̠^{33}khoŋ^{33}
裤裆	la̠^{33}daŋ^{55}
裤脚	la̠^{33}khɛ^{55}
裤衩	la̠^{33}khɛ^{51}kua^{31}
短裤	la̠^{33}dau^{33}
裤带	la̠^{33}pe^{33}
开裆裤	la̠^{33}dau^{33}kua^{33}
裙子	la̠^{33}va^{33}
短裙	la̠^{33}va^{33}tau^{33}
鞋（布鞋）	pha^{55}gɛi^{31}
胶鞋	tɕau^{33}gɛi^{31}
草鞋	gɛi^{31}tsa^{55}
皮鞋	ȵiu^{31}gɛi^{31}gɛi^{31}

鞋帮	gɛ i^{31}phja^{33}
鞋底	gɛ i^{31}tan^{55}
鞋带	gɛ i^{31}pe̠^{33}
袜子	mɛ^{31}
蚊帐	ban^{33}to^{55}
被子	ban^{31}
被里	ban^{33} mɛ^{33}
被面	ban^{33}ȵɛ^{51}
线被	ban^{33} mɛ^{33}
早饭	na^{31}aŋ^{33}mja^{33}ʑ e^{55}
午饭	na^{31}mja^{31}tshɛ^{33}
晚饭	na^{31}mja^{31}tshɛ^{51}
宵夜	mɛ^{33}pha^{55}mja^{31}ʑ e^{55}
粥	mja^{31}ʔ ɛ^{31}/ bot^{51}ɣ ɛ i^{33}
锅巴	mja^{31}tɕho^{33}
粑粑	mja^{31}tha^{33}
饼子	mja^{31}tshe^{31}
汤圆	thau^{33}ʑ e^{31}
米花球	khau^{33}bo^{31}
油（动物）	（vu^{31}）sɛ^{51}ʑ o^{31}
油（植物）	ʑ o^{31}ɕ a^{31}/ ɕ a^{31}ʑ o^{31}
花油（动物油）	ʑ o^{31}ɕ a^{31}/ ɕ a^{31}ʑ o^{31}
板油	（va^{31}）sɛ i^{51}ʑ o^{31}
猪油	va^{31}sɛ^{55}

酱油	tɕa^{31}ʑo^{33}
辣子酱	phɛ^{33}ʑo^{33}
醋	ɣɛ^{33}tsan^{51}
腌菜（酸菜）	ɣa^{33}tsa^{55}
盐	de̱^{31}
肉	ɣa̱^{33}
牛肉	ȵiu^{33}xo^{33} ɣa̱^{33}
猪肉	va^{31} ɣa̱^{33}
肥肉	ɣa̱^{33}ɕo^{55}
瘦肉	ɣa̱^{33}khoŋ^{55}
臭肉	ɣa̱^{33}tshɛ^{33}
干巴肉	ɣa̱^{33}tɕho^{55}
腊肉	ɣa̱^{33}lam^{31}
冻肉	ɣa̱^{33}nau^{33}
铡刀	mɯ^{31}aŋ^{31}ɕa^{31}
剃头刀	tɛ^{33}
刀刃	mɯ^{31}aŋ^{31}mɯɛ^{33}
刀背	mɯ^{31}aŋ^{31}dɯɛ^{33}
刀鞘	mɯ^{31}aŋ^{31}kau^{51}
刀把	mɯ^{31}aŋ^{31}au^{33}
镰刀	mɯa^{33}ko̱^{33}
锯镰	ko̱^{33}
锄头	bɛ^{31}
板锄	bɛ^{31}tsɛi^{51}

钉耙	bε^{31}san^{55}
锹（铲）	bε^{31}la̱^{31}
十字镐	bε^{31}ʥau^{51}
犁	ɕe̱^{31}
犁弯	khui^{33}doŋ^{33}
犁铧	ɕe̱^{31}ljam^{31}
犁板	phau^{33}
耙	phɯ^{31}sau^{31}
耙齿	phɯ^{31}sau^{31}tsei^{55}
打谷桶	loŋ^{55}
粪箕	khε^{31}pju^{33}
撮箕	ɣɯa^{31}
牛轭（下弯）	pau^{31}oŋ^{33}
牛弯担（上弯）	pau^{31}ʔεi^{31}
机器	tsi^{33}tshi^{31}
拖拉机	tho^{33}la^{33}tsi^{33}
针	tsiu^{31}
大针	tsiu^{31}kau^{33}
小针	tsiu^{31}bi^{55}
线	mε^{33}
棉线	bo^{55}mεi^{31}
麻线	mau^{31}sεi^{33} mεi^{31}
鞋底线	gε^{31}tau^{33} mεi^{31}
丝线	mɯ^{31}sεi^{33}

绳子	tsa^{55}
棕绳	tso^{33}tsa^{55}
麻绳	mɯ^{31} sɛ i^{33} tsa^{55}
皮绳	ɡɯ^{33} tsa^{55}
麻袋	mɯ^{31} sɛ i^{33}bo^{33}
皮口袋	ɡɯ^{33} bo^{33}
疙瘩（死、活）	tsa^{55}tom^{31}
枪	phau^{33}
枪筒	phau^{33}sɛ ^{51}
枪柄	phau^{33}dau^{51}
鸟枪	phau^{33}kem^{31}
炮	phau^{33}ɡat^{31}
子弹	mɯ^{31}xoŋ ^{33}ma^{33}
弓	kha^{33}
弩	khɛ ^{33} djoŋ ^{33}
地弩	tsau^{55}boŋ ^{33}
碓杆	som^{31}sɛ i^{55}
碓窝	som^{31}pan^{31}
盐臼	de̱^{31}to^{33}
杆棒	mɯ^{31}tso^{33}
箭筒	khɛ ^{33} mja^{33} doŋ ^{33}ɣ a^{33}
箩筐	pop^{31}
背箩	kau^{31}/ kha^{31}
屯箩	tua^{33}

提箩	bot^{31}baŋ^{33}
扁担	pɯ^{31}to^{55}
锁	sa^{55}
钥匙	sa^{55}to^{13}
扫帚	po^{31}
锅（炒菜锅）	ɣa^{33}ʦa^{33}ʦau^{55}
锅（煮饭锅）	mja^{31}loŋ^{33}
铜锅（锣锅）	ɡɯ^{33} loŋ^{33}
沙锅	mɛ^{55}lo̱^{33}
铝锅	lui^{33} loŋ^{33}
锅铲	ʨɯɛ^{31}
锅垫	loŋ^{33}tam^{31}
手垫	ʦau^{55} tam^{31}
灶	sau^{31}
灶眼	sau^{31}kau^{31}
灶台	sau^{31}thɛi^{33}
灶口	sau^{31}me̱^{31}
灶门前	sau^{31} me̱^{31}
灶房	sau^{31}khɛ^{31}
盖子（锅盖）	ʦau^{55}ljue^{33}
桶（挑水用）	ɣɯ^{33}toŋ^{55}
桶（背水用）	kha^{55}
瓶子	bja^{31}
桌子	ʦoŋ^{31}

椅子	goŋ^{33}ȵe^{55}
凳子	goŋ^{33}
床	ʑi^{13}sau^{33}
床板	sau^{33}phe̠^{31}
梯子	thi^{33}
箱子	bom^{31}
柜子	gui^{33}
橱柜	te^{33}ze^{55}
供桌	xam^{31}
抽屉	tsho^{33}thi^{33}
盒子	tɕam^{31}
镜子	so^{33}tɕe^{31}
梳子	puɯe^{33}
扇子	xau^{51}
刷子	xɛi^{31}sua^{31}
剪子	dʑau^{33}
肥皂	fɛ^{31}tsau^{31}
香皂	ɕa^{33}tsau^{31}
电话	te^{33}xua^{31}
灯	ʑau^{31}tau^{31}
灯草（灯蕊）	ʑau^{31}me̠^{31}
灯笼（灯罩）	tau^{31}lo^{31}
电灯	te^{33}ten^{33}
电筒	te^{33}to^{31}

蜡烛	la̱^{31}tsu^{31}
火柴	mɯ^{31}dɛ i^{31}
汽车	tshi^{33} tshɯ^{33}
电车	te^{33} tshɯ^{33}
牛车	ȵiu^{31} tshɯ^{33}
马车	moŋ^{33}tshɯ^{33}
自行车	tan^{33}tshɯ^{33}
船	ɣɛ^{51}sau^{31}
竹筏	ma^{33} ɣɛ^{51} sau^{31}
皮筏	gɛ^{33}ɣɛ^{51} sau^{31}
浆（划船用）	ɣɛ^{51} sau^{31}tso̱^{33}
舵	ɣɛ^{51} sau^{31}ɣoŋ^{33}
飞机	fei^{33}tsi^{33}
集市（街子）	xau^{31}dau^{33}
商店	mja^{33}oŋ^{33}ɣɯa^{51}
生意	ga^{51}mu^{51}/vei^{31} ɣoŋ^{33}
钱	phja^{33}
纸币	zɯe^{33}phja^{33}
铜钱（通洞）	phja^{33}toŋ^{51}
铜板	phja^{33}kei^{33}
银元	phju^{51}phja^{33}
财产（田地）	na^{33}ʑa^{51}
房产（房屋）	khaŋ^{33}maŋ^{33}
价钱	phja^{33}tɕa^{51}

银行	phja^{33}bo^{51}
债	vɛ^{51}（pa^{51}）
利息	ɣɯ^{31}li^{33}
利益	ɣa^{33}la^{51}
税	ʑi^{31}lin^{31}
工资、工钱	ɣɯ^{33}ȵɛi^{33}phau^{33}（phja^{33}）
工分	koŋ^{33}fei^{33}
红旗	ʥe^{33}ȵe^{55}
唢呐	ma^{33}pe̱^{51}
箫	tɕhoŋ^{33}
笛	mɯ^{33}ljut^{31}
口弦（弹的）	tɕhoŋ^{33}mem^{55}
口弦（拉的）	tɕhoŋ^{33} mem^{55}
芦笙	ʑaŋ^{33}
哨子	sau^{31}tsi^{51}
月琴、二胡、三弦	lat^{31}ʥi^{33}
羊角号	aŋ^{33}khau^{51}pa̱^{31}
大铜号	kɯ^{33}mɯ^{31}pe̱^{31}
长号	kɯ^{33}mɯ^{31}pe̱^{31}
锣	lat^{31}
铢锣	lja^{33}
鼓（双面）	lɯ^{31}pam^{31}
半面鼓	lɯ^{31}pam^{31}
大鼓（牛皮鼓）	ȵiu^{33}kɯ^{51}la^{33}pam^{31}

钹	gɛ^{33}gau^{51}
大钹	gau^{51}ka̱^{31}
小钹	gau^{51}bit^{31}
钟（敲钟）	tsoŋ^{33}kok^{31}
铃（大的）	li^{55} ka̱^{31}
铃（小串）	li^{55} tsau^{31}
象棋	ɕa^{31}tshi^{31}
磨盘秋	mo̱^{31}tɕhiu^{33}
秋千	mɯ^{31}ʑaŋ^{33}
姓	dʑoʔ^{31}
名字	mɛ^{51}
东西（物品）	ʑau^{33}dau^{33} ʑau^{33}
梦	mat^{13}tau^{51}
影子	ʑi^{31}la^{51}
颜色	ʑe̱^{31}sɯ^{31}
花纹	pɯa^{33}bɯe^{31}
记号	mɛt^{31}tau^{33}
样子	ʑi^{33}koŋ^{33}mo^{51}ta̱^{31}
脚印	khɛ^{33}ɣa^{31}
神	mɯ^{31}ȵe̱^{33}/poŋ^{31}ɕo^{51}
山神	poŋ^{31}ȵe̱^{33}
土地神	mɯ^{31}ȵe̱^{33}
仙人	mam^{33}ȵe̱^{33}
鬼	mɯ^{31}ȵe̱^{33}

祖先灵牌	mɯ^{31} tɛ^{31}
魂	la^{51}
棺材	se^{51}go^{51}
庙	mja^{51}
菩萨	phe^{33}ma^{33}/phe^{33}pa^{33}（男性）
香	ʑe̱^{31}
石碑	ŋo^{51}ʑu̱^{31}
钱、钱纸	mɯ^{31}n̥e̱^{33}phju^{33}/tshau^{33}tsi^{33}
祭奠、祭祀	pɯ^{31}ɕo^{51}pɛi^{33}
经书	na^{31}moŋ^{33}zɛi^{33}
咒语	ʑe^{31}khau^{31}tɛi^{31}
风俗	na^{31}mau^{31}ɕa^{51}
生日	ʑi^{31}nɛi^{51}nɛi^{31}
八字	pa^{33}tsi^{31}
瘾	tɕha^{51}
计划	tsi^{31}xua^{31}
意见	ʑi^{31}tse^{31}
学校	ɕo^{31}ɕa^{31}/ zɛi^{33}ma^{33}ɣa^{51}
民主	mɛi^{31}tsu^{33}/sɯ^{31}mja^{33}tau^{55}ka̱^{31}
自由	tsi^{31}ʑo^{31}/ ʔɛ^{51}nɛ^{51}
私方（财产）	sau^{33}mja^{33}aau^{33}/gɛ^{33}mja^{33}
牲口（牲畜）	n̥iu^{33}moŋ^{33}
野火	phoŋ^{51}me̱^{31}
名誉	phau^{33}/phau^{33}nɛi^{51}/phau^{33}phe^{55}

经济	tɕi^{33}tɕi^{51}/ phja^{33}ɣa^{51}tɕa^{31}
看（看人）	soŋ^{51}/ sa̠^{31}soŋ^{51}
看守	sa̠^{31}ɣoŋ^{51}
窥探	kha^{33}soŋ^{51}/ ŋua^{33}soŋ^{51}
望（远望）	soŋ^{51}/ʑi^{31}ve̠^{51}soŋ^{51}
见（自动/使动）	mɯa^{33}
闭（闭眼）	ȵ̥um^{51}
闭（闭嘴）	ŋom^{31}
张（张嘴）	phɯa^{33}
张（张口袋）	boŋ^{33}phɯa^{33}
睁（睁眼）	dju^{31}phɯa^{33}
瞪（瞪眼）	dju^{31}loŋ^{51}
眯（眯眼）	dju^{31}zɯ^{31}
眨（眨眼）	dju^{31}tso^{51}
瞟（瞟眼）	dju^{31}vɛi^{31}
瞄准	tɛi^{31}so^{33}
皱眉头	dju^{31}ȵ̥iu^{51}
听（被我听见）	ŋa^{51}kau^{33}
听（说给他听）	na^{51} kau^{33}
吃饭（自动）	mja^{33}sa^{33}
吮（吮奶）	pja^{31}
咂（咂嘴）	tɕa̠^{31}
吐（吐口水）	tɛi^{33}
漱口	dʑo^{13}

呕吐	phɛ i^{33}
咳嗽	na^{31}tso^{33}
吹（风吹）	（lɛ i^{31}）pau^{31}
吹（吹口哨）	（fen^{31}）pau^{31}
说	tei^{33}/ tsam^{31}
应声	dau^{51}
答应（许诺）	dau^{51}
吭（不吭声）	the^{33}mɯ^{31}to^{51}
读（读书）	ma^{33}
念（念书）	ma^{33}
背诵	pi^{51}
喊（喊人）	ko^{51}
喊（喊牲口）	ko^{51}
叫（怎样称呼）	ko^{51}
叫（叫他来）	ko^{51}
叫（乱叫）	ko^{51}
闻（耳闻）	ka^{33}
闻（鼻闻）	nom^{31}
拿（拿着）	ʐ u^{33}
持着（持着枪）	som^{31}
拍（拍桌子）	pau^{51}
拍（拍手）	pau^{51}
拍（拍灰尘）	pau^{51}
指（指方向）	tshɯ^{33}

探（探亲戚）	so^{13}
访（访朋友）	so^{13}
交（交朋友）	mo^{51}
秃（头秃了）	ɣo^{33}
脱（锄头）	bja^{33}/ bju̠^{51}
脱（衣服）	le̠^{31}
握（握刀把）	to̠^{31}
握（握手）	ʑei^{31}
摘（摘果子）	kau^{13}
摘（摘花）	be^{31}
搓（搓绳子）	bau^{33}
搓（搓手）	khui^{51}
绩（捻麻）	khuan^{31}
捻（捻毛线）	khuan^{31}
撕（撕纸）	tsat^{13}
划破（手）	tshei^{33}
扎破（手）	tei^{31}
拧（拧毛巾）	som^{31}
拾（拾东西）	go^{13}
掰（掰开）	dɛi^{13}
捉（捉鸡）	ʥau^{13}
扔（扔掉）	bɛi^{13}
撒（撒种）	kha^{33}
撒（撒网）	kha^{33}

撒（撒食）	zam^{31}
掷（掷石头）	dɛ i^{31}
掷（小石子）	dɛ i^{31}
伸手（自动）	la̱^{31}tshɯ^{33}
伸手（使动）	la̱^{31}tshɯ^{33}la^{55}
抖（发抖）	neʔ^{31}
折（折纸）	nom^{31}
掴（打人）	lja^{51}
摸（摸鱼、黑）	dʑau^{51}
扣（扣扳机）	pei^{31}
扣（扣子）	khek^{31}
扣（扣小鸟）	bɯt^{31}
抚摸	ʑ̥ e^{31}va^{31}
勒（绳子）	nɛ i^{33}
弹（三弦）	mɯ^{51}
弹（手指弹）	thjɛ i^{51}
戳（尖物戳）	nam^{31}
甩（甩掉）	be^{13}
绕（绕线）	ljet^{13}
擤（擤住）	ȵ̥eʔ^{33}
擤（擤鼻涕）	ŋ eʔ^{51}
抠、掏（用手）	kɛ i^{33}
抽（抽烟）	dau^{31}
抽（抽水）	ɣ ɯ^{51}

掐（掐手）	kam^{51}
扳（扳树枝）	kau^{33}
端（端碗）	tshɛ^{33}
递（递物）	pɛ i^{33}li^{33}
摇（摇头）	（ʔoŋ^{33}）ŋau^{13}
摇（摇桩）	ŋue^{51}
抬（抬头）	to^{51}
抬（抬死人）	dʑau^{33}
低（低头）	khoŋ^{33}
走	so^{33}
绕（绕路）	ɡua^{31}
跑	kau^{51}
坐	dei^{33}
背（孩，自动）	bak^{51}
背（孩，使动）	bak^{51}la^{51}
背（柴，自动）	pe^{33}
背（柴，使动）	pe^{33}la^{55}
钻（钻洞）	xau^{51}
钻（钻孔）	thoŋ^{51}
镶（镶牙）	ʑo^{33}
跌（跌倒）	ka^{33}
爬（虫爬行）	do^{33}
爬（爬树）	ta^{31}
爬（小孩爬行）	do^{33}

趴（趴在地上）	pau^{31}
靠（人靠着树）	ȵe̱^{51}
挨（挨着坐）	ȵe̱^{51}
住（住家里）	ȵi^{31}
停（停下来）	na^{33}
休息	dam^{33}sa^{33}to̱^{51}
乘凉	mɯ^{33}ɣ ɯɛ^{31}bau^{51}
躺着	ȵe̱^{51}
睡着	ŋ ue^{51}lɛ ^{31}xa^{33}
打瞌睡	ŋ ue^{51}do^{51}
打哈欠	xam^{51}ga^{33}
打鼾	ŋ ue^{51}kak^{31}mɯ^{31}
咬牙	dei^{51}
蜷缩	kjui^{33}nɛ i^{51}
翻身	ʑ i^{33}ɣ a^{55}po̱^{31}
做梦	ma^{31}tau^{51}tau^{33}
说梦话	ma^{31}tau^{51}tau^{33}tɕam^{31}
起床	due^{51}la^{33}
醒（睡醒）	（ŋ ue^{51}） na^{31}
醒（酒醒）	tɕe^{31}
做（做工）	mo^{51}
修理（房屋）	go^{33}
打（记号）	so^{51}
打（鞭子）	bɯɛ^{31}

打（棍子）	bok^{33}
打（拳头）	bɯe^{31}
打（基脚）	kɛ i^{33}
打赌	dɯ^{31}lo^{33}ç e^{51}
打（场）	（la^{33}）do^{51}
打（算盘）	ç e^{51}
搬（搬椅子）	ʦhɛ i^{33}
搬（搬家）	kau^{51}
挪动	ɣ ɯe^{33}
抬（抬菜）	ʦhɛ i^{33}
抬（双人抬）	ʥau^{31}
挑（挑，使动）	bau^{33}la^{55}
挑（挑，自动）	bau^{33}
挑（挑刺）	ʦho^{51}/ do^{33}
扛（肩，使动）	bau^{33}la^{55}
扛（肩，自动）	bau^{33}
犁（犁地）	ç e̱^{31}
犁（生地）	ç e̱^{31}
犁（熟地）	ç e̱^{31}
耙（耙地）	bau^{33}
挖	do^{33}
掘（挖掘）	do^{33}
培（培土）	boŋ^{33}
糊（糊田埂）	tau^{33}

开荒	ʑau^{31}pak^{31}
锄（锄地）	khɛi^{33}
种（种菜）	ʑo^{33}
拴（拴马）	tau^{33}
搅（面糊）	zɯe^{31}
拌（猪食）	gɯe^{31}
调（调蛋）	bɛi^{31}
挤（牛奶）	ȵe^{31}
圈（牲口）	tei^{13}ta^{31}
下（牲畜下儿）	nɛi^{33}
喂（喂鸡）	sa^{33}pɛi^{31}
阉（牛、鸡、猪）	tɯ̱^{31}
牵（牵牛）	sɛi^{51}
织（织布）	ɣa̱^{31}çe̱^{51}/ tha^{33}
量（量布）	tsa^{51}
量（量米）	ta^{51}
买	vei^{31}
赶（街子）	xa^{31}
散（集市散了）	xup^{31}kau^{33}
散（雾散了）	kau^{33}
卖	ɣoŋ^{33}
贩卖	ɣoŋ^{33}
交换	vu^{33}pa^{51}
换（互换工）	vu^{33}pa^{51}

数（数数目）	ɣau^{51}
算（计算）	sua^{51}
加（加法）	vɯ^{31}loŋ^{55}/ vɯ^{31}tɕa̠^{31}
减（减法）	vɯ^{31}dau^{31}
增加	ma^{51}la^{33}
减少	lɯ^{55}lɛ i^{31}
称（东西）	tɕe̠^{33}
蒸（蒸饭）	pau^{33}
滗（滗米汤）	pau^{51}ɣɯe^{33}
铲（锅巴）	mja^{33}tɕho^{33}dzoŋ^{33}
翻（翻粑粑）	po̠^{31}
翻（翻肠子）	po̠^{31}
烤（太阳）	ljum^{31}
烤（粑粑）	ka^{51}
炕（粑粑）	ka^{51}
烤（烤火）	ljum^{31}
点（点火）	te̠^{33}
烧（烧火）	tau^{33}
燃（燃着）	tei^{13}
冒（冒烟）	qhap^{33}
捂（捂火）	pɯ^{31}
烙（烙饼）	qhap^{55}
烧（烧废纸）	tau^{33}
烧（野火，自动）	loŋ^{55}

烧（野火，使动）	ʦhɛ i^{31}
燎（火焰燎着）	ʦha^{33}
吹（火）	pau^{33}
熄（熄灯）	ɣɛ̠^{31}
灭（灭火）	ɣɛ̠^{31}
灌（灌药）	pɛ i^{33}
噎	ȵa^{33}
打嗝	ʔ ɯ^{51}lau^{33}
防（防火）	goŋ^{55}
熏	kho^{51}
烫	ʔ ɛ i^{33}
戒（戒烟）	ʣɯe^{33}
磨（磨面）	kjui^{31}
磨（磨墨）	gui^{31}
簸（簸米）	pɯa^{31}
筛（筛米）	zɯ^{31}
舂（舂米）	thoŋ^{33}
碾（碾米）	ȵe^{33}
舀（舀水）	khau^{33}
端（端水）	ʦhɛ^{33}
穿（衣，自动）	va^{55}/ vɛ^{31}
穿（衣，使动）	va^{55}na^{31}/ vɛ^{31} na^{31}
穿（鞋，自动）	sɛ i^{33}
穿（鞋，使动）	sɛ i^{33} na^{31}

穿（穿针）	ʔei^{33}
戴（戴帽，自动）	kho^{51}
戴（戴帽，使动）	kho^{51} na^{31}
戴（戴头巾）	ɕe^{51}
戴（耳环，自动）	ɕe^{51}
戴（耳环，使动）	ɕe^{51} na^{31}
戴（项圈，自动）	va^{31}
戴（项圈，使动）	va^{31} na^{31}
带（带干粮）	pa^{33}
带（带小孩）	pa^{55}
带（带头）	tɛi^{31}
带（带路）	tɛi^{31}
脱（脱衣）	le̱^{31}
脱（脱鞋）	le̱^{31}
换（换衣）	pa^{55}
挣脱	le̱^{31}lɛ̱^{31}
领（孩子）	tau^{33}
闩（闩门）	lɛt^{31}
敲（敲门）	qo^{51}
敲（敲锣钹）	qo^{51}
锁（锁门）	sa^{51}
敞开	pɯa^{33}bau^{33}
揭（揭盖子）	la̱^{31}bau^{31}
盖（盖锅）	lja^{33}ɣau^{31}

盖（盖被）	ɡau^{33}
放（放置）	ta^{33}
挂（挂，自动）	kɛ i^{31}
挂（挂，使动）	kɛ i^{31} ta^{31}
吊（自动）	lja^{51}
吊（使动）	lja^{51} ta^{31}
解（绳结）	phɯ^{33}
放（鸟，使动）	phi^{33} bja^{33}
放（鸟，自动）	le̠^{31}
放（放牛羊）	tau^{33}
放（债）	phja^{33} phje^{33}
包（包东西）	thau^{51}
捆	zɯe^{31}
绑	tau^{33}
装（装袋）	doŋ^{31}
装（假装）	ʑ e^{33}ʑ a^{33}mo^{55}
塞（洞口）	kɛ i^{33}
埋（地下）	bo^{31}
藏（收藏）	ɡo^{33}ta^{33}
躲	ŋ uaʔ^{31}
挑选	sɛ i^{31}
堆（泥土）	bo^{31}
输	lɯ^{31}
唱歌	tsha^{33}ko^{33}

唱（唱山歌）	la^{33}ɕe̠^{31}
跳舞	tɕhi^{55}
打猎	va^{55}tsau^{33}
钓（钓鱼）	ʐo^{55}
包围	ʐi^{31}gua^{31}
围拢	ʐi^{31}gua^{31}
合并	vɯ^{31}loŋ^{33}
隔开	vɯ^{31}buɛ^{31}
合拢（伤口）	vɯ^{31}kɛt^{31}
射（射箭）	tshɛi^{51}
中（射中）	tshɛi^{51}sa^{31}
对（说得对）	va^{31}
比（比一比）	vɯ^{31}pi^{51}
试（试一试）	tsoŋ^{33}
差（差钱）	mɯ^{31}loŋ^{33}
算了（算了吧）	ʐe^{33}na^{55}na^{31}
完（事完了）	pɛi^{31}kui^{33}ɣa^{31}
管	qau^{55}tau^{33}
同（同去）	ɕa^{33}ʔe^{55}
靠（身上）	ʐe^{31}ȵe^{51}
依靠	ʐe^{31}bau^{33}
招呼	ʐe^{31}gui^{51}
招待	ʐe^{31}ɕe^{31}
随便	so^{33}kɯ^{55}te^{31}ȵe^{55}

轮流	vɯ^{31}pa^{55}mo^{33}
感谢	buæ^{33}bau^{33}
赞扬	ʑe^{31}bau^{55}
入赘（上门）	kɯ^{31}na^{31}ma^{31}xa^{33}
回门（新娘）	ko̱^{33}ʑo^{33}ka^{55}la^{55}
娶	me^{33}ʑo^{55}
怀孕	a^{31}te^{31}la^{55}
接生	a^{31}ȵe^{31}lɛi^{31}
坐月子	kha^{33}la^{33}to^{33}
满月	la^{33}lo^{55}
磕头	ʔoŋ^{33}ɡop^{55}
拜（菩萨）	mɯ^{31}ȵe^{31}ka^{55}
拜堂	kam^{31}ka^{55}
拜年	tɕa^{33}pɛi^{51}
算命	me^{33}suan^{33}
卜卦	tɕha^{33}
赌咒	ʔi^{31}qam^{31}/ʔi^{31}ma̱^{31}
祭祀	pɯ^{31}ɕo^{31}pɛi^{31}
祭天	mau^{31}pe̱^{31}
祭鬼	mɯ^{31}ȵe̱^{31}pe̱^{31}
供神	mɯ^{31}ȵe̱^{31}koŋ^{55}
念经	dʑɯ^{33}la^{55}ɕe̱^{31}
招魂	la̱^{31}zau^{31}
保佑	bja^{33}ko^{55}

祭祖	pɯ^{31}ço^{51}
指路	ɣɛi^{55}me^{33}
追悼	va^{55}
吊念	ʔe^{33}ɣa^{33}ŋa^{33}
下葬	ɣɯe^{55}soŋ^{55}
扫墓（上坟）	kɯ^{31}fa^{31}khɛ^{33}
过年	tɕa^{33}ɣo^{33}
抵押	tiŋ^{51}ʑa^{31}
赎（赎回）	vɯe^{33}
租（租地）	ŋa^{33}
赔偿	khoŋ^{33}
值（值钱）	phja^{33}tɕit^{31}
赚（赚钱）	phja^{33}ɣa^{33}
赔（赔本）	kho̱^{31}/ʔi^{33}ko̱^{31}kho̱^{31}
涨（东西）	ma^{51}
跌（东西）	te̱^{33}/lɯ^{33}
划算	tɕe̱^{31}ɣa^{33}
吃亏	tɕe̱^{31}mɯ^{31}ɣa^{33}
估计	dam^{31}
等候	lau^{33}
打仗	ma^{31}çe^{55}
遇见	vɯ^{31}pho^{33}
守卫	ʑe^{31}ʔoŋ^{55}
碰见	vɯ^{31}mau^{55}

放哨	tju^{31}tau^{33}
相逢	vɯ^{31}pho̱^{31}
引诱	ʑe^{31}lja^{31}
见面	phja^{33}mɯ^{33}
攻打	ʑe^{31}tɛ̱^{31}le^{33}
分别	vɯ^{31}bɛi^{31}
呼吸（气）	sa^{33}kau^{55}
分类	ʑe^{31}tɕo̱^{31}be^{55}
蓄（头发）	ʔo^{33}som^{31}
离开	khɛi^{33}ʔo̱^{33}ʔe^{33}
传染（病）	（na^{33}）vɯ^{31}pa^{33}
跟踪	ʑe^{31}ta^{33}pa^{51}so^{13}
剥削	vɯ^{31}ɣo^{31}kau^{31}
偷	qhau^{33}
骗（钱）	mja^{55}
瞒（隐瞒）	ŋua^{33}
唆（唆狗咬人）	khui^{33}tɕa^{55}
哄（小孩）	lja^{31}
劝（劝架）	ʑe^{31}to̱^{31}
笑	ɣɯe^{51}
微笑	ʔau^{33}te^{31}ɣɯe^{51}
大笑	ɡɯ^{31}la^{55}ɣɯe^{33}
哭	ŋau^{33}
哭诉	ɣɯe^{55}ŋau^{33}

哭泣	ŋau^{33}phju^{55}
哭哭啼啼	phju^{55} phju^{55}phja^{55}phja^{55}
爱（爱小孩）	ʔoŋ^{33}
爱（爱看戏）	ʔoŋ^{33}
好（好喝酒）	ʔoŋ^{33}
疼痛	nau^{55}
心疼（她）	ȵe̠^{55}nau^{55}
喜欢	bau^{33}ʑe^{31}ɣo^{31}
高兴	ʥaɯ^{31}
痛快	ȵe̠^{33}sa^{51}
满意	ȵe^{55}va^{31}
羡慕	ʔoŋ^{33}
爱慕	ʔoŋ^{33}
嫉妒	khau^{33}
相信	ʔi^{31}ʦɯ^{31}
怀疑	ʑa^{55}mɯ^{31}ʦɯ^{31}
叹气	sa^{55}au^{55}
可怜	ʑe^{33}ʑa̠^{31}sa^{33}
心烦	pɯ^{33}xa^{31}
佩服	fo^{31}xa^{31}
尊敬	tei^{13}no^{13}
忍耐	djei^{33}ɣa^{31}
忍受	djei^{33}xa^{31}
撒娇	ȵa^{33}mo^{33}

敢	dau^{33}ɣau^{33}
会（会做）	mo^{51}kɯe^{33}
像（他像你）	ȵe̱^{33}tɕe̱^{31}te̱^{31}
当（当兵）	pe̱^{33}ta̱^{33}
是	ʑa̱^{31}
不是	mɯ^{31}ŋɛi^{33}
有	nɛi^{55}
没有	mɯ^{31}tsau^{31}
来	la^{31}
来了（他来了）	ʑa^{33}la^{33}xa^{31}
去（他去了）	ʑa^{33}ʔei^{55}xa^{31}
去（他明天去）	ʑa^{33}ȵe̱^{31}kam^{31}ʔe^{51}
回（返回）	ko̱^{31}la^{55}
回来	kuŋ^{33}la^{55}
回去	kuŋ^{33}le^{33}
去来（往返）	ʔe^{55}la^{55}soŋ^{33}ȵɛ^{33}
到	ɣo̱^{31}
将要	ŋa^{31}ʔei^{55}ɣa^{55}dau^{31}xa^{33}
应当	ma̱^{31}le̱^{31}
愿意	dau^{33}ȵi^{55}
可以	te^{33}ȵi^{55}
能	kui^{33}ȵi^{55}
刮（刮泥巴）	nɛi^{51}mɛi^{33}bɯ^{31}pa^{33}la^{33}
刮（刮猪毛）	va^{33}mɛ^{33}kɯe^{33}

打闪	mɯ^{31}lau^{33}la^{55}
打雷	mɯ^{31}zoŋ^{33}mɛ m
雷劈	mɯ^{31} zoŋ^{33}tsau^{31}
地震	me^{33}gɛ i^{31}
刺（刺眼）	pɯætju^{31}dʑau^{33}
刺（刺着脚）	tɕho^{33}khɛ i^{55}da̠^{31}
流（流水）	zau^{55}
涨（河水）	zam^{31}
涨（开水）	gui^{55}
溅（溅身上）	tsau^{55}
冲（冲水）	dʑo^{31}
淹（水淹）	bom^{33}
结（结冰）	va^{33}qha^{31}
结（果）	djei^{13}
结（束）	kui^{31} / pɛ m^{31}
凝结（血）	qha^{55} la^{33}
溢	za^{55}lɛ̠^{31}
浮（水面）	po^{55}la^{55}
沉（水底）	dei^{33}ɣ ɛ^{55}dau^{55}ʔ ei^{55}
裂开（墙裂开）	zau^{55}la^{33}/ po^{13}la^{33}
裂（脚开裂）	khɛ i^{33}sa^{31}
皱（皮肤皱）	gɯ^{33}ȵ̥a^{55}
倒塌（房子）	khau^{33}mɛ^{55}thau^{33}lei^{31}
倒塌（墙）	khau^{33}mɛ^{55}thau^{33}lei^{31}

陷落（地面）	bom^{55}ʔ ei^{55}
干涸（水源）	sɛ i^{55}la^{55}
干涸（池塘）	pe̱^{33}la^{55}
破（脚）	to^{31} / zau^{55}
破（房子）	pja^{31}
破坏	pja^{13}bja^{31}
坏（东西）	pja^{13}
浸（浸种）	tje^{13}
泡（饭）	tsɛ iʔ^{33}
泡（豆子）	tje^{13}
渗透（泥土）	dau^{55}ʔ ei^{55}
胀（豆子）	ɣ a^{33}la^{33}
胀（肚子胀）	bau^{33}la^{55}
伸长（橡皮）	dʑe^{33}la^{55}
伸（腿）	tshɯ^{33}
缩（布）	zɯt^{31}
漏（桶）	ʑ au^{33}
洒（洒水）	zam^{31}
滴（水）	dja^{55}
沸（水开）	gui^{55}
变（蛹变蛾）	pei^{55}
繁殖	dʑa^{33}la^{55}
发情（牲畜）	kei^{33}la^{55}
脱（蝉脱壳）	le̱^{31}

蜕（蛇蜕皮）	le̱^{31}
啄（鸡啄米）	do^{33}
啄（啄树）	do^{33}
反刍（牛反刍）	pɯ^{55}ɡua^{31}
驮（物）	ta^{33}
拱（猪拱墙）	tsho^{51}
做（做人）	mo^{51}
做（做窝）	mo^{51}
眼花	tju^{31}me^{33}mo^{31}mɯa^{55}
疯了	tɕhi^{33}te̱^{33}
着麻风病	no^{55} te̱^{33}zau^{33} te̱^{33}
发炎	sɯ^{33}la^{55}
打喷嚏	ʔa^{31}thju^{31}la^{33}
打哈欠	xam^{31}ɡa^{33}
泻（泻肚）	so^{33}
喘（喘气）	sa^{33}ɡa^{55}
疼（头疼）	na^{55}
起（老茧）	pɯa^{33} la^{55}
流（口水）	do^{31}
流（鼻涕）	lɛ̱^{31}
流（流泪）	lɛ̱^{31}
大便	khɛ i^{33}ɕe^{55}
小便	tɕho^{33} ɕe^{55}
喷（水）	fṵ^{31} ɕe^{55}

死了	ɣɛ^{55}sa^{33}
夭折	mɯ^{31}zoŋ^{33}dʑa^{33}
发酵（酒酿）	fat^{31}
褪色（衣服）	bja^{33}lɛi^{31}
生锈	za̠^{31}tɯ^{31}
迷（迷路）	ʑa^{31}
顺（顺路）	ka^{55}tau^{31}pa^{55}
顺（顺风）	lɛi^{51}tau^{31}pa^{55}
逆（逆风）	lɛi^{31}tan^{31}mɯ^{31}pa^{33}
生产	ʑa^{55} mo^{55}
建设	ʑa^{55}dau^{33}mo^{55}
发展	dʑa^{33}la^{55}
提高	ma^{55}te̠^{31}la^{33}/ma^{55}lan^{33}la^{33}
团结	gui^{33}vɯ^{31}va^{55}
互助	vɯ^{31}lo^{31}
开会	kɛi^{33}xui^{51}
讨论	thau^{33}lue^{31}
选举	ɕe^{31}tsi^{33}
领导	ʑo^{31}ŋue^{33}
动员	gui^{33}lɛi^{31}/ te̠^{33}lɛi^{33}
宣传	tɕau^{31}lɛi^{31}
拥护	ʑe^{31}pjɛi^{31}le̠^{31}/ ʑe^{33}tau^{33}qak^{31}
表扬	ʑe^{33}ba^{55}
解放	phei^{33}

胜利	khei^{33}sa^{33}
失败	lɯt^{31}sa^{33}
批评	bei^{13}ʑ e^{31}tɕe^{55}
检查	so^{13}
反对	ʑ e^{33}tat^{31}mɯ^{31}pa^{31}
斗争	vɯ^{31}ɕ e̱^{31} vɯ^{31}ʔ e^{33}
侵略	vɯ^{31}ɕ e̱^{31}ʔ e^{33}
宽（衣）	kei^{51}
窄	kɛ m^{31}
远	vɛ i^{31}
近	dja^{55}
远近	ʑ e^{31}vɛ i^{31}ʑ e^{31}dja^{55}
多	mja^{33}
少	lɯt^{31} / bja^{33}
多多少少	mja^{33}mja^{33}bja^{33}bja^{33}
直（棍子）	dei^{55}
直（线）	dʑei^{55}
弯（棍子）	kui^{33}
弯曲	kui^{31}kuan^{31}
弯弯曲曲	kui^{31}kui^{31}kuan^{33}kuan^{33}
卷曲	lom^{31}
横（横线）	dʑei^{31}
横（横躺路上）	dʑei^{31}
竖	to̱^{31}

平（路）	tja^{33}
陡（坡）	zau^{33}
崎岖	ba^{31}bɯ^{31}zu^{31}lja^{33}
滑（路）	ʑ e^{13}
滑（鱼）	ʑ e^{13}
光滑（石板）	ʑ e^{13}pe̱^{31}
正（帽子）	tja^{33}
反（衣服）	pja^{33}ʑ a^{33}
倒（字写倒了）	ʔ oŋ ^{33}tau^{33}po̱^{31}
歪（帽子）	vɯe^{55}
歪（嘴）	vɯe^{55} / bɯe^{31}
歪（线）	vɯe^{55}
密（筛子眼密）	dei^{33}
焦（糊）	tɕho^{33}
粘	mei^{33}
稀（粥稀）	ʔ au^{31}
稀（庄稼）	ʔ au^{33}
满（水）	bɯ^{33}
饱满（谷子）	koŋ ^{31}
碎（米）	kei^{51}
破破烂烂（衣）	pɯe^{33}pɯe^{33}nɛ i^{33}nɛ i^{33}/toŋ ^{33}toŋ ^{33}tau^{33}tau^{33}
美丽	lau^{33}la^{33}
漂亮	lau^{33}la^{33}
俊（男子）	lau^{33}la^{33}

丑（相貌）	mɯ^{31}/lau^{33}ka^{33}
难	na^{33}la^{33}
胖	so^{51}la^{33}/ɣɯa^{33}phɯ^{33} ɣɯa^{33}la^{33}
肥（猪）	so^{51}
肥（地）	so^{51}
瘦（肉）	kom^{33}
瘦（人）	kom^{33}
瘦（地）	kom^{33}
干净	ŋau^{55}
脏	ŋem^{33}
毒（蛇）	do^{13}
老（人）	mau^{33}
老（菜）	mau^{33}
年轻	la^{31}kha^{55}/ sa̱^{31}nu^{31}
嫩（芽）	nu^{33}
耐用	ma^{55}za^{33}
牢固	ma^{55}za^{33}
牢靠（指人）	ŋau^{55}te̱^{31}
结实（绳子）	mau^{31}za^{31}
足够	lo^{31}xa^{31}
久（好久）	mju^{33}
急（水流）	qha^{33}
急（心里）	ȵ̥i^{55}ȵ̥e^{55}
紧急	kau^{33}mau^{33}sɛi^{55}mau^{33}

着急	ȵe^{55}toŋ^{31}mau^{33}
旺（火）	vɯt^{31}
稳（桌子）	mau^{31}
静	dʑom^{55}
静悄悄	dʑom^{55} dʑom^{55}
平安	ȵe^{33}sa^{55}
方便	va^{33}sa^{55}
费力	zɯ^{31}kum^{31}
妥当	mo^{55}ɣa^{33}sau^{31}
灵验（药方）	de̱^{31}za^{33}
奇怪	fo^{31}sa^{33}
容易	sa^{55}za^{31}
难（工作）	na^{33}
困难（生活）	ʐa^{33}ɣa^{33}ŋa^{31}/na^{33}ɣa^{33} na^{33}ŋa^{31}
麻烦	na^{33}ɣa^{33}ŋa^{31}
嘈杂	djɛi^{13}
拥挤	thɯ^{55}
空（箱子）	koŋ^{33}
空（说空话）	tau^{33}ŋɛi^{33}
空心（树）	ȵe̱^{31}kho^{31}
空手	la^{31}pe̱^{55}ma^{31}
浓（茶）	no̱^{31}
味美可口	khɛi^{31}ɣa^{31}/ mɯ^{33}va^{31}za^{31}
新鲜	ɣɯe^{31}tat^{31}

香（花）	khɛ i^{33}ge̱^{31}nom^{31}
臭	tsha^{33}ge̱^{33}nom^{55}
臭哄哄	tsha^{33}ge̱^{33}be^{55}nom^{55}
腥（腥气）	sɛ i^{33}ge̱^{33}nom^{31}
臊（尿臊）	nom^{51}
饱	bo̱^{31}
饿	mɯe^{31}
渴	lju̱^{31}pe^{51}/ qa^{55}pe^{55}
累	dam^{31}
累赘	dam^{31}mɯ^{31}ŋ am^{31}
痒	khui^{33}
痒（喉咙）	khui^{33}
痛	na^{55}
辣疼（针刺）	phei^{33}na^{55}
辣疼（伤口）	dʑa^{33}na^{55}
厉害（病）	pe^{55}na^{55}
嘴甜（嘴巴甜）	mɯ^{33}ʑ e^{55}/ mɯ^{33}gui^{33}
嘴笨（口才差）	mɯ^{33}mɯ^{31}gui^{33}
瞎	dju^{33}
聋	pau^{55}mɯ^{31}ka^{31}
笨（耳）	pau^{55}kuai^{31}
笨（手脚）	khɛ i^{33}mɯ^{31}kuai^{33}
哑（嗓子）	zɯ̱^{31}
瘸（脚跛）	dja^{33}

强壮（身体）	pau^{33}
瘦弱（身体）	kom^{31}
节俭	ʑom^{31}
吝啬（小气）	vei^{55}ȵi^{31}
勤（勤快）	khɯe^{33}
努力	ʦɯ^{33}mo^{33}
匆忙	bɯe^{33}mau^{31}
巧（手）	la̠^{31}kui^{33}
闹（人）	dje^{55}
乖（小孩）	ɡui^{55}ka^{31}
知事（小孩）	sɛi^{33}ŋo^{33}sɛi^{33}
娇（孩子）	ȵa^{33}mo^{55}
娇滴滴	ȵa^{55}pei^{55}mo^{55}
顽皮	khei^{55}
懒	lja^{55}
高兴	pɛi^{33}ʥa^{13}/ pɛi^{33}khoŋ^{33}
穷	ʑa^{33}
富	sa^{55}
光明	zau^{33}khɯa^{31}
光荣	ʑiŋ^{33}ko^{55}
伟大	bei^{55}te̠^{31}
渺少	bei^{33}bi^{55}
正确	bei^{33}va^{33}
幸福	sa^{55}ɣa^{33}ŋa^{31}

幸运	sa^{55}ɣo̱^{31}
痛苦	na^{33} ɣo̱^{31}
敢	dau^{33}ɣa^{33}
胆怯	kɛi^{31}
积极	ʦi^{33} lɛ^{31}
消极	mɯ^{31}ʦa^{55} lɛ^{31}
先进	ʔo^{33}lau^{33}ɣa^{55}
第一	dɛi^{33}ʔe^{33}
第二	dɛi^{33}ȵi^{33}
第五	dɛi^{33}ŋa^{55}
半（一半）	kau^{55}
半（一个半）	kau^{55}
半（半年）	kau^{55}
半（一年半）	kau^{55}
半（半天）	tɯ^{31}ʦau^{33}/tɯ^{33}gau^{31}mɯ^{31}
半（一半天）	kau^{55}
半（半桶）	tɯ^{31}zam^{33}
半（一桶半）	tɯ^{31}toŋ^{31}tɯ^{31}dɯ^{31}zam^{33}
一天	tɯ^{31}nɛi^{33}
整天	tɯ^{31}nɛi^{33}kɛi^{55}
单数	ʑe^{33}le̱^{31}
双数	ʑe^{33}som^{33}
一些	tɯ^{31}pɯe^{31}
一点儿	tɯ^{31}bau^{33} / tɯ^{31}ŋet^{31}

很多	bei^{33}mja^{31}
若干（人）	sɛ i^{33}mja^{33}
几个（人）	ʦi^{33}pa^{31}
倍（几倍）	ʦi^{33}ko^{31}
几分之几	ʦi^{31}ko^{31}toŋ^{33}ʦi^{31}ma^{31}
个（一个人）	pha^{33}
家（一家人）	khau^{33}
代（一代人）	boŋ^{33}
所（一所房子）	dɯe^{55}
间（一间房子）	poŋ^{33}
层（一层楼）	tau^{33}
扇（一扇门）	phe^{33}
年（一年四季）	kho^{33}
月（一月）	la^{33}
天（一天）	nɛ i^{33}
时（一时）	ɕ e^{31}
起（一起）	phe^{33}
算（一算）	tɯ^{31}pau^{33}tɯ^{31}sau^{33}
抱（一抱柴）	ta^{55}
背（一背柴）	vam^{31}
把（一把刀）	khau^{33}
把（一把锄头）	khau^{33}
把（一把谷子）	to̱^{31}
把（一把草）	to̱^{31}

把（一把筷子）	to̱^{31}
把（一把米）	to̱^{31}
把（一把椅子）	ma^{33}
筒（一筒米）	pɯ^{55}
筒（一筒竹子）	qha̱^{31} / bɯe^{33}
袋（一袋米）	bo^{31}
筐（一筐菜）	bo^{31}
桌（一桌菜）	tso^{31}
顿（一顿饭）	pja^{33}
顿（打一顿）	pa^{55}
碗（一碗饭）	tei^{55}
捧（一捧豆子）	ɡoŋ^{51}
盒（一盒糖）	bo^{33}
瓶（一瓶油）	bja^{31}
锅（一锅肉）	dau^{55}
块（一块肉）	ljum^{31}
串（一串鱼）	ɡoŋ^{33}
节（一节竹子）	ɡoŋ^{33}
捆（一捆柴）	ŋ ɛ i^{55}
堆（一堆谷草）	po^{31}
堆（一堆肥料）	po^{31}
粒（一粒米）	ma^{55}
颗（一颗星）	ma^{55}
阵（一阵雨）	tsau^{55}

座（一座山）	ma^{55}
片（一片田）	doŋ^{33}
块（一块田）	doŋ^{33}
滴（一滴水）	lja^{55}
杯（一杯茶）	pei^{33}
桶（一桶水）	toŋ^{55}
担（一担水）	bau^{33}
口（一口锅）	ma^{33}
口（一口饭）	kua^{31}
件（一件衣服）	qau^{55}
件（一件事）	dʑo^{33}
套（一套衣服）	thau^{31}
床（一床被子）	qau^{55}
床（一床被毡）	qau^{55}
块（一块布）	bei^{51}
块（一块地）	la^{31}
顶（一顶帽子）	mau^{33}
匹（一匹布）	tom^{33}
对（一对手镯）	som^{33}
对（一对耳环）	bɛ i^{33}
个（一个戒指）	ma^{33}
段（一段路）	lo̱^{31}
吨	tue^{33}
多少	ʔ e^{33}doŋ^{33}

角（一角钱）	xau^{33}
我	ŋa^{33}
我的	ŋεi^{13}ʔe^{31}
我们	ŋo^{51}
我家	ŋεi^{31}khau^{33}
我俩	ŋεi^{33}ȵu^{51}
我们的	ŋo^{51}ça^{33}ma^{33}
咱们	ʥo^{33}ça^{33}
大家	ʥo^{33}ça^{33}
你	na^{55} / nεi^{51}
你的	nεi^{51} ʔe^{31}
你们	no^{55}ça^{33}/ nu^{55}
你俩	nεi^{51}ȵo̱^{31}
你家	nεi^{51} khau^{33}
他	ʑa^{51}
他的	ʑe^{31}ʔe̱^{31}
他们	ʑo^{51} ʔe̱^{31}/ ʑo^{51}
他俩	ʑεi^{51} ȵu^{51}
自己	ŋεi^{51} ʔe̱^{31}
我自己	ŋa^{55}kui^{31}
你自己	na^{55}kui^{31}
他自己	ʑa^{55}kui^{31}
我们自己	ʥo^{33}kui^{33}
你们自己	no^{55}kui^{33}

他们自己	ʑo^{55}kui^{33}
各人自己	sa^{33}ʔe^{55}sa^{33}
人家	ve^{33}
别人	ve^{33}
刚才	dʑau^{31}
刚刚	me^{33}tɯ^{31}no^{33}
先（先去）	ʔo^{33}ʔe^{55}
前面	ʔo^{33}lau^{33}/ʔo^{33}qau^{55}
后（后去）	ɣa^{33}ʔe^{55}
后面	ɣa^{33}qa^{55}
左边	lja^{31}qau^{51}
右边	vei^{33}qau^{51}
立刻	dʑo̠^{31}tɕa^{51}
马上	dʑo̠^{31}tɕa^{51}
常常	ta^{31}ɕau^{33}
经常	ta^{31}ɕau^{33}
慢慢（慢慢走）	mei^{33}mei^{33}
很（很小）	bei^{33}be^{31}
较（较好）	bja^{33}kau^{33}lau^{31}
最（最好）	bei^{33}lau^{31}
更（更好）	ma^{51}lau^{31}
极（好极了）	lau^{31}ʦei^{33}mo^{55}
太（太多了）	mja^{33}ɣa^{55}sɛi^{51}
非常（非常高兴）	bei^{33}dʑa^{13}

更加（更加努力）	ma^{55}
差不多	ʔe^{33}mɯ^{31}ɕe^{55}
都（都去）	ɕam^{33}
再（明天再来）	tɯ^{31}po̱^{31}
越……越……	ɣa^{33}…ɣa^{33}
开头	ʑe^{33}tau^{31}pau^{33}
后来	lɯ^{31}ɣa^{33}lau^{31}
完全	ve̱^{31}nmɯ^{31}va^{55}
未曾（见她）	mɯ^{31}sɛi^{33}ka^{31}
别（别去）	sɛi^{31}
还（还要）	a^{31}nɛi^{33}
继续（讲下去）	nau^{33}
连续（跳）	nau^{33}
忽然（下雨了）	tɯ^{31}thoŋ^{33}
一会儿	tɯ^{31}koŋ^{33}
渐渐地	me̱^{33}me̱^{33}na^{31}
慢慢地	me̱^{33}me̱^{33}na^{31}
快快地	mau^{33}mau^{33}na^{31}
已经	khui^{33}la^{55}
和（我和你）	ɕam^{33}
或者	thɛi^{33}pan^{33}
如果	thɛi^{33}pan^{33}
因为	ma̱^{33}le̱^{31}
所以	ma̱^{31}te̱^{31}

只要	ʔa^{31}ʑo^{55}
为了	ʔa^{31}the^{33}ɣa^{33}
把（把它扔掉）	bei^{55}
被（羊被虎吃了）	sau^{33}bei^{33}
给（碗给打破了）	ʑe̱^{31}pɛi^{31}
从（从昆明来）	ʔa^{31}ɕe̱^{31}
由（由你分配）	nɯ^{31}pe̱^{31}
在（在这里玩）	ʔa̱^{31}dʑe^{31}
在（在家吃饭的）	ʔa̱^{31}sa̱^{31}
到（回到家）	kau^{33}ɣo^{33}
向（向东边走）	pɯe^{33}pɛ̱^{31}
往（往外走）	no^{33}ka^{55}ʔe^{33}
用	pɛi^{31}
沿（河边走）	tsau^{55}tsa^{31}
着（进行态）	lɯ^{33}tsau^{33}
了（完成态）	kue^{33}
过（过去态）	na^{33}
呀	ʑa^{31}
啦	la^{33}
吧	pa^{31}
吗	ma^{31}
呢	ȵi^{33}
啊	a^{31}
哎	ei^{31}

参考文献

[1]中国大百科全书总编辑委员会《语言文字》编辑委员会. 中国大百科全书·语言文字. 北京：中国大百科全书出版社，1988.

[2] 云南省少数民族语文指导工作委员会编撰. 云南省志·卷五十九. 云南少数民族语言文字志. 昆明：云南人民出版社，1998.

[3] [澳] D. 布莱德雷著. 乐赛月，陈康，鲁丁译. 彝语支源流. 成都：四川民族出版社，1992.

[4] [美] P.K.本尼迪克特著. 乐赛月，罗美珍译. 汉藏语言概论. 北京：中国社会科学院民族研究所语言室，1984.

[5] [美] 麦迪森. P. 拉狄福其特著. 陈康，王贤海译. 中国四种少数民族语言中的"紧音"和"松音"//民族语文情报资料集·第8集，1987.

[6] [美] 爱德华·萨丕尔. 陆卓元译. 语言论——言语研究导论. 北京：商务印书馆，1985.

[7] [美] 布龙菲尔德. 语言论. 袁家骅，赵世开，甘世福译. 北京：商务印书馆，1997.

[8] 陈其光. 语言调查. 北京：中央民族大学出版社，1998.

[9] 陈康，巫达. 彝语语法. 北京：中央民族大学出版社，1998.

[10] 陈士林，边仕明，李秀清编著. 彝语简志. 北京：民

族出版社，1985.

［11］戴庆厦．藏缅语族语言研究（一）．昆明：云南民族出版社，1990.

［12］戴庆厦．藏缅语族语言研究（二）．昆明：云南民族出版社，1998.

［13］戴庆厦，黄布凡等．藏缅语十五种．北京：北京燕山出版社，1991.

［14］戴庆厦，徐悉艰．景颇语语法．北京：中央民族学院出版社，1992.

［15］戴庆厦，崔志超编著．阿昌语简志．北京：民族出版社，1985.

［16］戴庆厦，岭福祥．彝语词汇学．北京：中央民族大学出版社，1998.

［17］丁椿寿．彝语通论．贵阳：贵州民族出版社，1993.

［18］丁椿寿，朱文旭等．现代彝语．北京：中央民族学院出版社，1991.

［19］傅懋勣．论民族语言调查研究．北京：语文出版社，1998.

［20］盖兴之编著．基诺语简志．北京：民族出版社，1986.

［21］盖兴之．藏缅语的松紧元音．民族语文，1994（5）.

［22］高华年．彝语语法研究．北京：科学出版社，1958.

［23］黄布凡主编．藏缅语族语言词汇．北京：中央民族学院出版社，1992.

［24］和即仁，姜竹仪编著．纳西语简志．北京：民族出版社，1985.

［25］江荻．汉藏语言演化的历史音变模型——历史语言学

的理论和方法探索．北京：民族出版社，2002.

［26］刘叔新．汉语描写词汇学．北京：商务印书馆，2000.

［27］刘叔新，周荐．同义词和反义词．北京：商务印书馆，2000.

［28］刘尧汉．彝族社会历史调查研究文集．北京：民族出版社，1980.

［29］马学良主编．语言学概论．北京：华中理工学院出版社，1981.

［30］马学良，瞿蔼堂等．普通语言学．北京：中央民族大学出版社，1997.

［31］马学良．云南彝族礼俗研究文集．成都：四川民族出版社，1983.

［32］马庆株．汉语语义语法范畴问题．北京：北京语言文化大学出版社，1998.

［33］瞿蔼堂，劲松．汉藏语言研究的理论和方法．北京：中国藏学出版社，2000.

［34］孙宏开．六江流域的民族语言及其系属分类——兼述嘉陵江上游、雅鲁藏布江流域的民族语言．民族学报，1983（3）.

［35］孙宏开．纳西语在藏缅语族语言中的历史地位，2001（1）.

［36］孙宏开．原始汉藏语中的介音问题——关于原始汉藏语音节结构构拟的理论思考之三．民族语文，2001（6）.

［37］孙宏开．原始汉藏语的复辅音问题——关于原始汉藏语音节结构构拟的理论思考之一．民族语文，1999（6）.

［38］孙宏开．论藏缅语动词的使动语法范畴．民族语文，1998（6）.

［39］孙宏开．论藏缅语的语法形式．民族语文，1996（2）．

［40］孙宏开等．藏缅语语音和词汇．北京：中国社会科学出版社，1991．

［41］孙宏开主编．徐世璇著．毕苏语研究．上海远东出版社，1998．

［42］施向东．汉语和藏语同源体系的比较研究．北京：华语教学出版社，2000．

［43］吴安其．汉藏语同源研究．北京：中央民族大学出版社，2002．

［44］吴安其．汉藏语同源问题研究．民族语文，1996（2）．

［45］邢公畹主编．现代汉语教程．天津：南开大学出版社，1992．

［46］徐通锵．历史语言学．北京：商务印书馆，1991．

［47］徐通锵．语言论．长春：东北师范大学出版社，1998．

［48］徐世璇．缅彝语几种音类的演变．民族语文，1991（3）．

［49］徐琳，赵衍荪编著．白语简志．北京：民族出版社，1984．

［50］徐琳，木玉璋，盖兴之编著．傈僳语简志．北京：民族出版社，1986．

［51］徐悉艰，徐桂珍编．景颇语简志（载瓦语）．北京：民族出版社，1984．

［52］尤中．云南民族史．昆明：云南大学出版社，1997．

［53］袁家骅．语言学专刊·第五种．北京：科学出版社，1953．

［54］《彝族简史》编写组．彝族简史．北京：云南人民出

版社，1987.

［55］中国科学院民族研究所，四川少数民族社会历史调查组编．彝族简志（上编）（初稿），1963.

［56］中国科学院民族研究所，云南少数民族社会历史调查组编．彝族简志（下编）（初稿），1963.

［57］曾晓渝．汉语水语关系词研究．重庆：重庆出版社，1994.

［58］曾晓渝．论水语声母 s->h-的历史音变．民族语文，2002（2）.

［59］曾晓渝．见母的上古音值．中国语文，2003（1）.

［60］曾晓渝．论壮傣语水语古汉语借词的调类对应．民族语文，2003（1）.

［61］曾晓渝．水语里汉语借词层次分析方法例释．南开语言学刊，2003（2）.

［62］中央民族学院少数民族语言研究所编．中国少数民族语言．成都：四川民族出版社，1987.

［63］朱德熙．语法讲义．北京：商务印书馆，2000.

［64］周德才．他留话研究．昆明：云南民族出版社，2004.

［65］周德才．他留话概况．民族语文，2002（2）.

［66］周德才．彝语松紧元音的音系分布特点//语言研究论丛．天津：天津人民出版社，2002.

［67］高永奇．布兴语研究．北京：民族出版社，2004.

［68］戴庆厦，蒋颖，孔志恩．波拉语研究．北京：民族出版社，2007.

［69］李旭练．徕语研究．北京：中央民族大学出版社，1999.

图书在版编目（CIP）数据

末昂语研究/周德才著．-北京：民族出版社，2014.2
（中国新发现语言研究丛书/孙宏开主编）
ISBN 978-7-105-13133-4

Ⅰ.①末…　Ⅱ.①周…　Ⅲ.①彝语支—研究—富宁县
Ⅳ.①H217

中国版本图书馆 CIP 数据核字（2014）第 031473 号

策划编辑：欧光明
责任编辑：杨蜀艳
出版发行：民族出版社
地　　址：北京市和平里北街 14 号
邮　　编：100013
网　　址：http：//www.e56.com.cn
印　　刷：北京市迪鑫印刷厂
经　　销：各地新华书店
版　　次：2014 年 3 月第 1 版　2014 年 3 月北京第 1 次印刷
开　　本：850 毫米×1068 毫米　1/32
字　　数：250 千字
印　　张：10.75
定　　价：55.00 元
ISBN　978-7-105-13133-4/H·900（汉 288）

汉编二室电话：010-64228001　　发行部电话：010-64224782